五菱之光

一部造车史

林雪萍 · 著

电子工业出版社
Publishing House of Electronics Industry
北京·BEIJING

内容简介

本书是一本关于中国制造力成长的企业发展史。它采用一种直线时间轴的方式，描述了一个地方车企如何不断进化、向死而生，最终成长为一个国际化企业的故事。而这背后，则始终浮现和跳动着一个宏大的中国工业发展的轮廓，此轮廓还原了中国汽车发展六十多年的惊心动魄的经历。

这是一个关于持续成长的故事，展示了本土力量与国际化力量如何相互融合、相互借力。而企业家的奋斗、制造系统的进化和中国制造的时代发展趋势，则是三条相互交织在一起的主线，呈现了一幅波澜壮阔的工业画卷。

未经许可，不得以任何方式复制或抄袭本书之部分或全部内容。
版权所有，侵权必究。

图书在版编目（CIP）数据

五菱之光：一部造车史 / 林雪萍著 . -- 北京：电子工业出版社，2022.10
ISBN 978-7-121-44372-5

Ⅰ. ①五… Ⅱ. ①林… Ⅲ. ①汽车企业 – 工业史 – 中国 Ⅳ. ① F426.471

中国版本图书馆CIP数据核字(2022)第182950号

责任编辑：管晓伟
印　　刷：天津画中画印刷有限公司
装　　订：天津画中画印刷有限公司
出版发行：电子工业出版社
　　　　　北京市海淀区万寿路173信箱　　邮编：100036
开　　本：720×1000　1/16　印张：20.5　字数：529千字
版　　次：2022年10月第1版
印　　次：2022年12月第2次印刷
定　　价：88.00元

凡所购买电子工业出版社图书有缺损问题，请向购买书店调换。若书店售缺，请与本社发行部联系，联系及邮购电话：（010）88254888，88258888。
质量投诉请发邮件至zlts@phei.com.cn，盗版侵权举报请发邮件至dbqq@phei.com.cn。
本书咨询联系方式：（010）88254460；197238283@qq.com。

前言

汽车工业是所有制造业中最具魔力的产业。且不说它创造了巨大的社会价值、拥有庞大的就业人口，以及承载了各种创新技术的落地，单单它所激发的工业文化，就远远超越了一个产业。福特汽车创立了大规模生产的方式，流水线也成为美国政府在第二次世界大战期间致力于向外输出的文化；另外一种则是更广为人知的好莱坞电影。日本工业的全部魔法和精髓，似乎都跟汽车界绑在一起，更准确地说是跟丰田绑在一起。丰田汽车的精益生产，以一己之力在世界各地为日本制造理念开启了耀眼的"灯塔"，所有的日本制造商都是这温和光泽中的一部分。而占据了整个国家GDP的5%和就业人口的4%的德国汽车产业，仅仅以德国汽车的品质，就足以说明德国制造的全部。

汽车具有强大的公众财富效应，可以将创造个人财富、集体财富和民生捆绑在一起。它决定性地改变了一个国家或地区的产业命运，无论怎样赞颂这样的产业都不为过。

如果没有了汽车文化，工业文化的长卷将是多么贫乏，就像是讲述中国古代文化却遗漏了唐诗。没有任何一个产业可以像汽车这样，跨越时代地掀起一波又一波令人振奋的文化热潮。那些耳熟能详的汽车大亨们，哼着动人的曲调走过一排又一排，身后是一个又一个闪亮的汽车标志。人们为之激动，为之呐喊，当然也有遗憾和不屑。

这些鲜活的人和车，让我们期望有更多的故事来刻画那些引发情绪反应的细节，以迎合心中的情愫。

中国汽车行业，起步时间不长。在世纪之交前二十年的大部分时间里，汽车产业的定位一直就像拔河比赛一样，争论声一直陪伴着进退的脚步。在更早的时间，拖拉机才是主角。从21世纪开始，中国才算正式进入赛道、踏下油门。而一旦企业家们各就各位，就会像车手们一样迸发出巨大的速度与激情。全球汽车产业最惊心动魄的故事，就在中国这片热土上发生……

本书试图从一个汽车制造企业的发展史来还原这样一段激荡的历史。企业家无疑是这段历史的主角，而时代本身也是不能被忽略的。时代是强势的存在，它交给企业家的永远都是半面是苦、半面是糖的棒冰，苦甜交错。衰落的企业，最后只剩下苦面；而活下来的企业，则同时品尝了其中的甘甜。

那么，一个企业的发展史，应该如何书写？书写历史，不能"马后炮"。所有的成功学（或者失败的教训），其实都是后视镜哲学，它很好地看到了过去，但却无法面向未来。

活在当下，我们永远停留在时间之轴的这一边。时间就是一面不断移动的墙。回头看过去，一切都是透明的；向前看未来，墙堵在前面遮蔽了一切。所有的决策者，都是墙这边的受困者。这正是撰写企业发展史最大的阻碍。

企业发展史最自然的陈述方式，就是随着时间轴自然去延伸，就像顺着河流划船一样。只向前，不退后。但是，如果单纯只按照时间轴徐徐展开画卷，很多大事件的前因后果则很难解释清楚。正如黄仁宇先生在其倡导的"大历史观"所宣扬的那样，一个革命性的历史事件，其实也没有那么重要，那是前面五十年甚至一百年历史线索的一次总引爆。换言之，如果不是这样的引爆方式，就会是那样的引爆方式。而那些毫无价值的人生琐碎之事，反而是万物秩序最严密、最工整的镜像。就像《万历十五年》一书是从万历十五年间的一次误传百官上朝的闹剧而开始的：一次无关紧要的君臣互动、一个无关紧要的年份，却藏着整个明朝兴与衰的密码。必须要往回看很远，才能清楚每个事件的深层意义。

于是，对于企业发展史，还可以采用另外一种叙述方式，那就是写成专题。一个企业的发展总是可以找到一些标志性事件。对于这些事件，都可以从开始贯通到最后。这种聚焦主题的方式，可以在时间王国里来回穿梭。每件事的前后因果关系，都可以讲得很清楚。但是，这种叙事的方式，使得时间的权威性，丧失殆尽。如果时间成为可以被自由穿越的无影墙，人生苦难的悲剧性就将大打折扣，每个企业家则都可以成为无所不知、反复穿梭历史的超人。对于读者，往往也就失去了好奇的代入感。

还好，本书找到了一种笔者称为"时间滑块"的方法。就像通过手机看视频一样，手指可以左右拖动时间进度条，看不懂的地方，可以回放到前面去，然后再回来。在个别的情况下，也可以滚动时间条向前看一段。但是，时间整体顺序是被大致遵守的。

这种叙事方式，在乔治·帕克描述美国制造业逐渐解体并瓦解了很多底层人生活的《下沉年代》一书中，运用得淋漓尽致。从目录来看，该书是严格的断代史，将1978年到2012年切成十几个不同的时间段，各种小人物和大人物轮番登场，部分人会重复出现。它将美国制造业解体和信息化技术引领创新再生这两种宏大的历史主题，编织在日常的自来水账单、庞蒂亚克二手车、PayPal创始人那循环往复的青年危机，还有政客的誓言之间。就在眼前，扬斯顿的钢铁厂不见了，从通用汽车零部件部门剥离出来的德尔福也破产了。制造业解体之后，所留下的只有飘扬的铁锈和绝望的荒草：时间停滞，时代在原地踏步。一个阶层在下沉，而另外一个阶层在崛起，新的财富巨轮开始出现。在每个人物的每个节点的故事中，"时间滑块"来回切换，主人公可以在三四句没有句号的话语中，从城南跑到城北再跑到城东，切换之间十年已经过去了，还是那辆庞蒂亚克车。

这种方法，在我看来是一种描述企业发展史非常好的方法。这种时间上的眩晕只是一个摄影机的小视角。如果稍微往后撤一步，看到个人所在的大时代洪流时，这种局部晃动的时间片段，依然遵循着历史长河浩荡的秩序。于是，本书也严格按照时间轴来描述，就像是徐徐展开的画卷：没有展开的画面是不能透露情节的，亲历者和你、我一样都只能猜。而对于展开的画卷，必要的时候，我们会启动时光机倒流回去，找到一段往事，然后重新回归到当下时间点。采用单行道的时间轴与"时间滑块"相结合的陈述方式，既能维护时间的尊严，人们永远猜不透时间之墙后面的安排；又能搞清楚那些曾经被忽略的历史线索，从而让当下立足之地更加真实。

好了，解决了写作的困难之后，聚光灯就可以投射在故事的主角身上了。

可以说，企业家是跟时代博弈最多也是竞争最残酷的一个群体。时代负责出牌，企业家负责猜牌。猜对了，进入下一关。猜错了，罚分一次还要接着猜，但选择机会越来越少。能够看透每一张牌的英雄，其实是不存在的。汽车行业由于投资巨大，每款新车型都是一次超级"赌博",因此竞争格外残酷。中国汽车界如今取得了巨大的成就,并不都是靠着一路猜对的好运气。每个企业家都经历了挫折与欣喜、罚酒和敬酒交错的时空迷宫,只有信念的热火持续,才可以支撑到今天。任职达19年之久的美国前联邦储备委员会主席格林斯潘在他的《繁荣与衰退》中对企业家的创新精神给予高度的评价,"伟大的企业家从来不休息,他们需要不断的破坏性的创新,确保自己的存活"。毁灭与生存,是企业家永恒的话题。

本书的主角上汽通用五菱是一个地方老国企,通过混合股改,最后成为国际化的先锋。线索清晰而简单,但在一个缺乏人才、物流落后、没有供应链的华南城市,从造车"小白"开始,却依然能够崛起,引领柳州成为中国汽车城市的一个显著性的存在,真的是令人惊讶的传奇。而且,这里创造了很多令人惊讶的畅销"神车",很多热闹的市民故事围绕这些不同的车型而来。它给人们带来了津津乐道的话题,也凸显了汽车的文化属性和市民的烟火气息。柳州这座安静宜居的城市,居然孕育了翻江入海的一个企业。政府与企业的互动、一座城市与一辆汽车的应答,共同上演了一场区域产业升级的大戏。这些,都使得它跟任何一家汽车企业——尽管都是九死一生,却拥有如此迥然不同的特质。

本书没有过于强调企业家的英雄气概,更多的是希望为读者展现管理者犹疑不决的一面。每个人都有软弱的时候,面对沼泽之地,那些拽着自己头发硬趟过去的人成为最后的勇者。在上汽通用五菱的发展过程中,自合资之后,实现了五菱之光、五菱宏光、宝骏730、宏光Mini等车的大卖。这些型号代表了二十年的光荣岁月,但管理者们一直头悬利剑,如履薄冰。福特公司大幅度降低了汽车的价格,通用汽车公司则以满足用户多样性的需求而崛起,大众汽车用铠甲品质征服了人们柔软的心灵,丰田汽车用精益生产改变了机器的节拍,而横空出世的特斯拉则擦掉百年黑板上的公式重新设计了汽车的骨骼。在中国,来自柳州的汽车造物者,则看透了中国社会在高速扩张过程中社会心理的急剧变化,为热情洋溢的奋斗者送上了恰如其分的礼物。这是中国汽车界在社会心理学考场上的一次巨大胜利。然而,社会潮流、消费者口味是多变的，这使得企业家就像是参加在悬崖边上举行的马拉松比赛。对于一家车企而言，即使有一两个型号大卖，即使有三五年的风光，也远远不能高枕无忧。因此，在汽车行业，恐怕至少要用十年的时间跨度，才能看清楚一家车企是否真的拥有了阶段性的胜利。企业家是艰难的，而能够穿越周期的企业家，则更是难上加难。本书希望记录这样一群绝地行走的群体。而记录的方向，采用了夜行汽车前照灯的视角，往前穿透的都是黑暗、未知和不安。

与此同时，一部分镜头转向了时代大趋势。还原潮流的面貌，才会更好地理解企业家的处境。这是本书的副标题"一部造车史"的由来。一家车企，就是一个时代浓缩的样本。本书要感谢李安定先生创作的《车记——亲历中国轿车30年》，以鲜活的素材和亲历者的感受，为中国汽车业的发展留下了宝贵的记忆，其采用的是非常值得赞赏的视角。本书还有一部分剧情，留给了中国的制造业系统。我一向觉得，中国制造需要一个好的叙事框架，来展示工厂里不动声色但影响深远的贡献。来到中国工厂里的编剧太少了，很多卓越的故事寂寞地躺在车间地板上。车间里发生的制造改善和质量提升，微小得似乎不值一提，然而这正是中国制造的精髓之一。我们要用更多的镜头语言，用新奇的方式，展示制造之美的深藏不露。中国制造的现场，自有璀璨的价值。上汽通用五菱的工厂有着大量优秀的制造工程师，他们从零开始学习造车的技术，却成就了制造能力的巅峰，这也是美国汽车产业逐渐丢失的制造力。连通用汽车前CEO瓦格纳，也为柳州这里发生的一切而赞叹不已。商业传奇，背后都站着沉默的造物工程师。这些不起眼的浪花，本书也试图采摘一二。

时代之势、管理之道和制造之美，构成了本书想为读者呈现的三条主线。这将成为我今后书写企业发展史的题材三宝。对，还有一个"时间滑块"！

希望本书可以成为书写中国企业发展史的一个良好开端。中国企业家，是非常值得尊敬的群体，他们酿造了中国制造的好酒。现在，芳香打开，邀人共赏。

林雪萍 写于北京陶然亭

目录

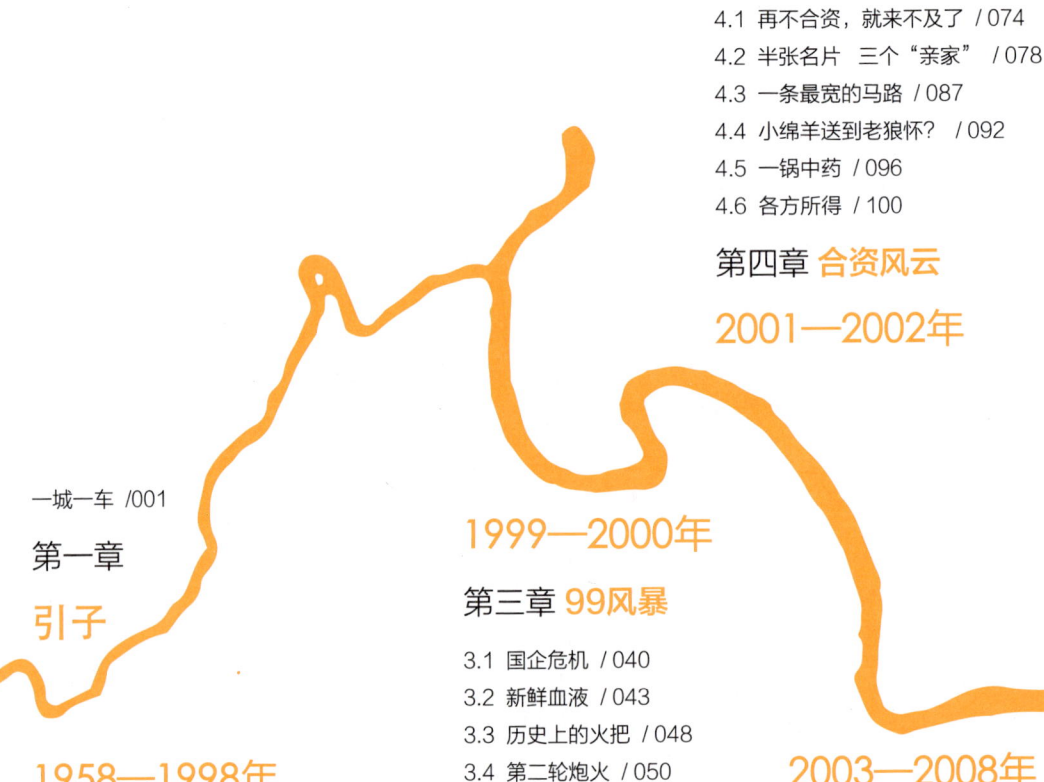

一城一车 /001

第一章
引子

1958—1998年

第二章 柳江往事

2.1 全国敲打汽车梦 / 008
2.2 不知道干什么 / 010
2.3 喜乐不过是抛物线的两头 / 014
2.4 微车乍起 / 017
2.5 "管"字当头照 / 019
2.6 两个城市的主动放弃 / 023
2.7 企业的精气神 / 029
2.8 暗流潜伏：坚守者，将得到厚报 / 034

1999—2000年

第三章 99风暴

3.1 国企危机 / 040
3.2 新鲜血液 / 043
3.3 历史上的火把 / 048
3.4 第二轮炮火 / 050
3.5 九千岁的威风 / 053
3.6 哭泣的车 / 056
3.7 上来就要王炸 / 060
3.8 塑造制造基因 / 065
3.9 重石与利剑 / 070

4.1 再不合资，就来不及了 / 074
4.2 半张名片 三个"亲家" / 078
4.3 一条最宽的马路 / 087
4.4 小绵羊送到老狼怀？ / 092
4.5 一锅中药 / 096
4.6 各方所得 / 100

第四章 合资风云

2001—2002年

2003—2008年

第五章 神车时代

5.1 平头车之死 / 104
5.2 先干他一仗 / 109
5.3 一根弹簧的心思 / 114
5.4 就是个笑话 / 118
5.5 被掀开的天花板 / 123
5.6 质量的进化 / 129
5.7 南北插旗 / 132
5.8 发疯的策略 / 138
5.9 话语权之争 / 141

7.1 自主时分 / 182
7.2 宝骏首战 / 185
7.3 平行小分队 / 192
7.4 首席试车员 / 198
7.5 借船出海 / 202
7.6 单飞的洗礼 / 209
7.7 寻找独特的气质 / 214
7.8 巅峰两侧知阴阳 / 221
7.9 智能化陷阱 / 225

第七章 乘用化蝶

2011—2019年

8.1 "950"，救五菱！ / 234
8.2 假如没有补贴 / 241
8.3 "三好学生"与柳州模式 / 244
8.4 小即挑战 / 248
8.5 意外的改变：人民需要什么 / 252
8.6 异地大转移 / 255
8.7 小叶榕的气生根 / 259

第八章 极简主义

2020年

10.1 电感时代 / 304
10.2 全面2C / 306
10.3 从漏斗到沙漏 / 308
10.4 往事回甘 / 311

第十章 未来之路

2022年—

2021年

第九章 为国征战

9.1 进退之间 / 268
9.2 供应链绞杀 / 272
9.3 文化迷雾 / 277
9.4 一路闯关 / 281
9.5 学会本土化 / 285
9.6 最好的外交 / 288
9.7 陡峭的爬坡之路 / 291
9.8 退化与逆袭 / 294

2009—2010年

第六章 百万山岗

6.1 全世界的眼睛 / 148
6.2 质量封神 / 153
6.3 漫长的4S店建设 / 160
6.4 感知质量 / 166
6.5 地球上最重要的车 / 169
6.6 全球进退，通用心思 / 174

第 一 章

引子　一城一车

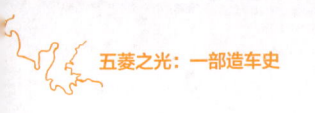

柳州是一个美丽但容易让人产生错觉的城市。喀斯特地貌，给这个城市带来了独特的魅力。青山滴翠，独立成峰，它们拥有奢侈的空间，闲云野鹤般的自由，拔地而起却按兵不动。山峰环绕着城市，城市掩映着峰巅，比肩齐欢。不经意间抬起头，在城市高楼方正齐平的缝隙里，会蓦然出现独峰的曲线轮廓。更远处，峰林则托撑起那片高远明亮的天空。城市里的空间变换，有着更复杂的几何要素。

这里的水干净且自成一派。柳江是柳州的生命之河，它自上游贵州省滚滚而来，从西北方向的三江口进入城市之后突然向北拐道，然后又调头回首，摇曳着向东南而去，仿若醉酒之仙一步三摇，勾勒出一盏茶壶的样子。由于柳江的茶壶形状，柳州的别名为"壶城"。这里有着非常好的水质，就像放在壶里的水，随时待饮。穿越这座城市，有时候需要三次过江，难免会让人产生时空倒流的感觉。

进入柳州城内，科幻的感觉扑面而来。这似乎是一个空间失调的城市，人们需要重新寻找对车、城市、空间的认识。在川流不息的公路上，到处都是小型车。它们与常规车的车身长度相差甚至超过一半，在穿梭间形成了鲜明的对比。初到柳州的人难免会产生比例失调的错觉，好像置身于一部科幻电影之中，自己的身体仿佛变大了，眼前的空间变得开阔，甚至会感觉到突然的心跳加速。多年建立的几何空间平衡感，此刻被彻底打破，比例需要重新校正。川流不息的车辆从眼前一闪而过，生成似曾相识却迷惑的幻象，有时候会觉得它们就是机器人，而自己穿越到一个科幻空间中，人与机器共生。

摊开来倚坐的山头之绿，弯曲着前涌的江水之清，加上街道上移动的颜色之纯净，几笔就勾勒出迷人的城市画卷。这是一辆辆小汽车所带来的特殊的马卡龙色，温润平和，即使在耀眼的阳光下也不会觉得刺眼。马卡龙是一种圆形法式小甜点，它的诱惑更在于颜色。这种甜点的颜色受到了时尚界的追捧，便诞生了"马卡龙色"这一独特的配色方案。它是在粉色、黄色、绿色等纯色的基础上，加入 10%～30% 的灰度。这种低饱和度色系看起来非常绚丽，充满了诱惑的暖意。甜点和颜色，相互成就，成为很多女孩的最爱，激发了一种欢乐的影像。

柳州是一座安静的城市，柳江的水拍打两岸的声音，竖耳可闻。而这些川流不息的马卡龙色，或甜美、或干净、或梦幻，熠熠生彩，形成了柳州最与众不同的颜色。

这些奇幻颜色和梦幻机器，都是来自同一家汽车工厂。它是柳州这个昔日工业重镇的常青树，是少数幸存下来的工业之花。上百万年的风雨侵蚀，才能留下的岩溶地貌的沧桑；而几十年的岁月，则足以构筑起一个伟大企业的根基。这家企业出品的小型电动汽车成就了一个奇迹，成为全球电动汽车单一车型的销量冠军。连"微车之王"——日本，也在反复拆解这辆车，破解它何以流行"霸屏"的密码。

五花八门的色彩、挑战极限的尺寸，混搭着各种传统车，让整个城市变成了一个行为主义的戏剧舞台，绽放出全新的生命力。与广西壮族自治区柳州市政府的通力合作，开启了"人、机、社会"的新实验剧。

一个城市的活力，就这样被点燃了。这些汽车就像跳动的音符，在城市中演奏生命的乐章。一个城市和一辆汽车之间，会有许许多多的故事要讲，正如日本爱知县之于丰田汽车所构成的百年知音。

柳州是中国唯一同时拥有一汽、东风、上汽和重汽四大汽车集团整车生产基地的城市，这四大汽车集团加上广西汽车集团，可以称为"广

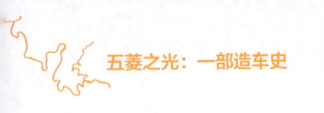

西汽车五虎上将"。作为老牌工业城市，柳州几乎是中国近代工业进程的缩影。然而，由于柳州地处广西中部偏东北，无论是交通、配套设施，还是高等教育，与其他城市诸如上海、长春、武汉、合肥等相比，差距不小。但正如从不歇脚休息的柳江，这里也从未停歇迈步向前的工业化进程。

在棉纺织厂旧址上改造的柳州工业博物馆，承载着规模庞大的工业印记。博物馆入口处，扑面而来的就是犹如擎天柱一样的"变形金刚"，那是高达 10 米的大型汽车部件冲压机。这台重达 150 吨的冲压机，安静得就像是一个夏日午后摇椅上的老人，无人知晓其昔日的沙场百战。这台冲压机，曾经于 20 世纪 50 年代在法国雷诺汽车厂显赫一时。而在 20 世纪 80 年代，它像宝贝一样被从法国引进来。当时，钢铁就是一切力量的总和，也是通向未来的大门。

好奇的人们一定会在博物馆里找到各种令人叹为观止的展品。无论是机床或者发电机，还是电视机和冰箱等，这些满身沧桑的老物件，无不洋溢着柳州工业昔日的烟火。令人惊讶的是，这都是由柳州生产制造的。如今它们都不再"开口"，只是用褪色的光泽将一切的荣耀化为无声的告白。

在工业博物馆二楼展示的一张褪色的照片中，可以找到门口那台冲压机的昔日的主人。它的钢铁血脉，已经注入即将登场的主角身上。这家企业，在柳州是一个别有意味的存在。它将竞争最残酷的汽车行业，引入中国华南最安静的城市之一。一股不曾散去的战火，在这个大约 400 万人口的城市上空持续燃烧。担任通用汽车总裁长达 23 年并彻底重塑了汽车制造业形态的斯隆坚信一点：竞争是一种信仰的较量，是一种进步的途径，是一种生活的方式 [1]。从这个角度来看，这家企业的骨子

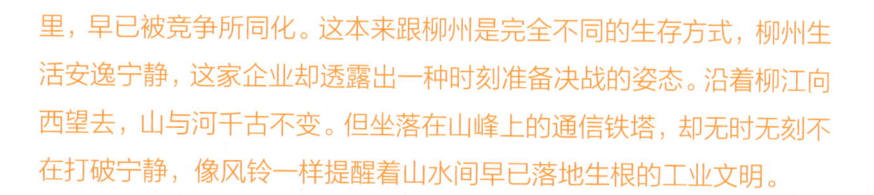

里，早已被竞争所同化。这本来跟柳州是完全不同的生存方式，柳州生活安逸宁静，这家企业却透露出一种时刻准备决战的姿态。沿着柳江向西望去，山与河千古不变。但坐落在山峰上的通信铁塔，却无时无刻不在打破宁静，像风铃一样提醒着山水间早已落地生根的工业文明。

跟随那台冲压机照片的指引，可以一路追寻到这家企业位于柳南区的河西基地。大门旁边的红砖墙上雕刻着"艰苦创业、自强不息"八个醒目的大字，在时光的流淌中沾染了岁月的痕迹，传递着一种记忆的沧桑。进入厂门，可见几株椰树摇曳，丛林下的人们则在专心致志地走路。不远处，一幢四层高的红色砖墙建筑肃静屹立。小楼呈现了低－高－低的"凸"字形结构，没有任何花哨的修饰，直白而坦然。小楼后面耸立着一座白色涂装循环塔，就像士兵一样，肃穆地看着远方。而门前开阔的广场，可以一览无余，几只锦鲤在不大的水池中悠然游弋。看上去，这里似乎没有什么要倾吐的故事，也没有任何会引起激动的景象。

不需要言语的描述，这幢红楼就是这个故事的谜面。而门口八个字是它唯一想说的话。

---

[1] 艾尔弗雷德.斯隆：《我在通用汽车的岁月》，刘昕 译，华夏出版社，2017，第6页。

第二章

1958 —

1998年 柳江往事

2.1 全国敲打汽车梦
2.2 不知道干什么
2.3 喜乐不过是抛物线的两头
2.4 微车乍起
2.5 "管"字当头照
2.6 两个城市的主动放弃
2.7 企业的精气神
2.8 暗流潜伏：坚守者，将得到厚报

2.1 全国敲打汽车梦

柳州的制造与它的交通位置密不可分。岭树重遮千里目，江流曲似九回肠。弯曲是它的本性，流通则是它的特长。作为广西通往广东的重要江河航道，柳州自古就是"桂中商埠"，手工业与小商业一直很发达。从民国期间桂系军阀的兵工厂开始，这里就有跃跃欲试的制造传统。烧木头的汽车、航空飞机都是这里曾经有过的工业启蒙。

中华人民共和国成立初期，全国各地都在渴望中央政府资源的支持。而其中作为中国重工业的开山之作，著名的"156项工程"最为引人关注。作为苏联援助中国的大型工业项目，"156项工程"奠定了中国此后工业的整体布局，也深刻地影响了中国工业的区位分布。最重要的是确立了今后不同的城市地位，得工业者富甲一方。然而，由于处于援越的前沿地带[1]，没有一滴"156项工程"的甘露降临到广西这片土地上。不等不靠，柳州市民依靠既有的资源禀赋，推进了铅锌厂、砖瓦厂的发展。局面从"二五"[2]时期开始好转，手中无一寸钢铁、脚下无半点化肥的广西，得到了中央大力发展重工业的支持。中央在广西重点部署和建设了三个工业区，南宁、桂林和柳州都在其中。一时间，来自上海、沈阳等地的厂房建设援助，纷纷来到了广西的南宁、桂林和柳州。工业重镇的上海人民，给柳州带来了针织厂、搪瓷厂和毛巾厂等六个工厂。而广西则给予了上海职工特殊的待遇：来自上海的职工，保留了高于广西职工工

---

[1] 柳州工业博物馆：《从桂中商埠到工业名城——柳州工业发展史话》，广西师范大学出版社，2013，第 64 页。

[2] 中国第二个五年计划是指 1958-1962 年的国民经济发展计划，简称"二五"计划。

资的上海工资，原来的农村户口可以转为城市户口。在艰难而贫瘠的土地上，人们凭借热心和诚意，埋下了工业的新种子。

1958年3月，广西壮族自治区成立。同年，柳州开始落实冶金、化肥、制造等十大项目，包括柳州钢铁厂、柳州动力机械厂、从上海华东钢铁建筑厂迁过来的柳州建筑机械厂（后改为柳州工程机械厂）等工厂纷纷登场。它们给柳州工业打下了一根根坚实的支柱，柳州的钢铁、汽车和工程机械的故事，都从此时开始。

1958年可以看成柳州的工业化元年。当时，"大跃进"运动已然拉开帷幕，也是中国第一轮兴起的"汽车潮"。各地大干快上搞汽车，同时也建立了数百家汽车配件厂。然而，热情、干劲固然十足，但条件却实在简陋，只能像干铁匠活、木工活似的"敲敲打打"。有的工厂没有测试手段，甚至直接照搬一汽解放牌汽车的零部件，用实物来做量规，进行测量。各地几乎像造玩具一样制造汽车，而这样造出来的车，自然也很难跑起来。这其中，上海牌和南京跃进牌，都是属于轻型载货汽车的佼佼者。但这些车辆，基本上都由于"短命、漏油、乱响、缺件"等原因被减产和整顿。大量汽车修配厂在"强调积极性、忽略科学性"的热潮之下，一哄而起，最后的结果也自然是四散倒下[3]。

汽车工业是一块坚实的工业化之玉。它有迷人的外表和冷酷的内心。非专业化的技术积累，完全无法叩开它的心扉。一切关于汽车的梦想，都是奢侈的。中国初始的工业婴儿，还在蹒跚学步……

---

[3] 中国汽车工业史编辑部：《中国汽车工业专业史：1901—1990》，人民交通出版社，1996，第127、431页。

2.2 不知道干什么

起步于军工产品生产的柳州机械厂是广西机械工业的摇篮，如同柳江之水，哺育着这个城市的工业化进程。1958年，为了适应船舶行业大发展的需要，柳州机械厂扩建了生产基地，成立柳州动力机械厂，开始研制生产柴油机。自古以来，广西运输多靠水路，出海口在广州。西江、柳江都通往广州口岸，柳江则直通广州港，实乃上下通衢之地。柳州动力机械厂以生产500马力（1马力≈0.735千瓦）的船用柴油机为主，主要瞄准广西水陆出海口用船的需要。

然而，落地即落伍。到处都是穷人家的孩子，出生就饿着肚子。1959年，中国处于极度的经济困难时期，基本没有生产船舶的需求。柳州动力机械厂已经无法按照原来的计划去发展。嗷嗷待哺的初生企业，一边继续扩建工厂，一边苦苦寻找着一丝丝可能养活工人的机会。

这是一个"跃进"的时代，到处充斥着热情勃勃的工业化。

农业生产依然是中国最迫切的需要，农业机械化成为举国上下的梦想。1960年6月，当时的国家农机部提出要在广西建设一家制造水田拖拉机的工厂。广西壮族自治区政府批准了柳州机械厂建设拖拉机工厂的项目，该项目中还包括生产发动机和齿轮。这是个令人喜出望外的好消息，工厂从生产柴油机转向生产拖拉机，柴油机攻关小组也随之转变成拖拉机攻关小组。

1961年到1962年是中国最困难的调整时期。计划赶不上变化，攻关小组的成员们还没来得及享受试制拖拉机带来的喜悦，拖拉机工厂就已经被列为缓建项目。正在试制的柴油机和拖拉机全部被迫停工，近半数设备被封存，近一半员工被裁减。

而在这个时候，根据广西壮族自治区政府的指示，从柳州机械厂扩建派生的柳州动力机械厂正式脱离母厂，实行单独经济核算。从此，柳州动力机械厂开始了独立门户的生涯。

此时工厂虽然建起来了，但还没有围墙，因为没有预算能留给围墙。彼时，四个车间和一座办公楼孤零零地立在一片荒原上，附近农民养的牛经常会跑到车间门前来吃草。后来，还是有工人灵机一动，在厂区周围栽种下了茂密的竹林。第二年竹子迅速拔高，绿油油地连成一片，将工厂合围起来。自从有了这些天然的"竹篱笆围墙"，农民的牛再也进不了厂区了。然而，此时的柳州动力机械厂就像是个迷了路的孩子，茫然四顾，并不清楚下一步要走的路应在何方，也没有人能够给出答案。

田野里咆哮的拖拉机，吸引了人们的注意力。拖拉机，这可是当时生产力的集大成者，也是时代的奢侈品。柳州动力机械厂，决定死磕制造出一台拖拉机，为自己端上一口饭。在经历了五年的样机试制后，柳州动力机械厂终于在1965年12月成功拿到了批文，红河牌丰收-37型拖拉机被列为国家定型产品，当时的国家计划委员会批准其年产5000台拖拉机的计划任务。

只有靠技术，才能找到饭碗，才能给企业留下活路。这种最朴素的生存法则，已经开始触人心弦。

然而，当时拖拉机只是能生产而已，离可以量产的差距还很大，根本养不活厂里的工人。1965年，时任厂长秉着"以杂养专"的理念，通过做机加工来"养"拖拉机厂，柳州动力机械厂为柳州机械厂生产汽油摩托锯做配套零部件，这其中有90%的产品都销往了东北林场。为此，柳州动力机械厂甚至还在北京专门设立了总装厂。

1966年1月，柳州拖拉机厂挂牌成立，取代了原来的柳州动力机械厂。经过八年的奋战，企业终于找到了发展的方向。这一年，正是国家"三五"计划开始执行之年。

然而，拖拉机来得并不是时候。正值"文革"时期，人们的心思已经无法专注于生产。随后五年，柳州拖拉机厂的年产量仍然与计划产能相去甚远。

这期间，柳州农业机械厂制造了柳州第一辆汽车，柳州特种汽车厂也诞生了[4]。人们在尝试着各种制造，以寻求糊口和填饱肚子的方法。多年之后，这两家企业分别与东风汽车集团、一汽集团合作，成为当今的东风柳州汽车有限公司和一汽解放柳州特种汽车有限公司，在柳州汽车产业中也发挥了重要作用。

1972年，中央开始对广西的发展投入巨大的关注，投入资金达2500万元（按当时的汇率相当于2021的20亿元人民币），而农机则是发展的重点。这笔巨款，让陷入泥沼的拖拉机，又开始"吭哧吭哧"地发起力来。柳州拖拉机厂实施了年产5000台拖拉机的续建工程，新建了发动机车间、油泵车间、精铸车间、中央试验室等。到了1975年年底，已能年产4500多台拖拉机，基本上达到了国家计划委员会原定的生产目标。

1978年，柳州拖拉机厂产能全面达到5000台，产值近5000万元，并扭亏为盈。柳州拖拉机厂的鼎盛时期，被列为全国八大拖拉机厂之一，但它却有着另类的与众不

[4] 政协柳州市委员会学习文史资料委员会：《柳州汽车的工业时刻》，接力出版社，2011，第66页。

同。彼时，其他七大拖拉机厂均归农机部（时称第八机械工业部）管理，唯有柳州拖拉机厂归地方政府管理。其他拖拉机厂基本都采用专业化分工，而由于缺乏统一调配资源的支持，柳州拖拉机厂只能自己建立完整的工艺，从铸锻到机加工等，几乎包干所有零部件制造。上无中央政府的"直辖荫护"，下无配套兄弟企业相簇拥，柳州拖拉机厂成为具备生产底盘、变速器、悬架系统、发动机等的全能工厂，如同一个微缩版的小型"拖拉机王国"。

值得自豪的是，在1978年的八大拖拉机厂中，柳州拖拉机厂是唯一不亏损的企业。那时，柳州工业也处于百花齐放的状态。工业的火苗四处蔓延，柳州利用骨干企业，带动配套零部件企业的发展，大力推动"母鸡下蛋"的方法[5]，填平补齐，配套成龙。工业的基础，变得越发扎实。

---

[5] 柳州工业博物馆：《从桂中商埠到工业名城——柳州工业发展史话》，广西师范大学出版社，2013，第116页。

2.3 喜乐不过是抛物线的两头

1979年，春风拂面，随着农村改革和家庭联产承包制的推进，原来统购统销的生产模式被打破，国家开始强调市场调节，不再计划式地包销工业产品。柳州拖拉机厂的主打产品出现了严重的滞销，产销量急剧下降，生产全面陷入低谷。本来是向上的曲线，突然像抛物线的后半程一样，拐头向下。

当时，"私有资产"依然是讳莫如深的社会话题，人们敬而远之。轿车则属于地地道道的奢侈品。1984年以前，县团级干部不能坐轿车，只能坐"北京吉普212"。因为不存在私人购买的汽车，只有国家机关和企事业单位才能用公款买车，因此从严格意义上来说，所有的汽车都是国家固定资产。驾驶人也是最热门的职业之一，路遥在《平凡的世界》一书中描述了县干部的儿子是一个驾驶人，这在当时可是令人眼红的职业。轿车是个人所不敢想的，拖拉机也一样。改革开放以后，农村推行家庭联产承包责任制，拖拉机需求骤然下降。以前是公社制，拖拉机是分派到县里公社的，属于集团购买力，生产了拖拉机入库即可收款。至于用户是谁，根本无人过问。实行了家庭联产承包责任制以后，一台价格约为8000元的拖拉机，对于包产到户的一家家的农户而言，是根本负担不起的，而且也未必需要买。直到20世纪80年代初新华社主办的《半月谈》刊物，还在讨论农户是否可以拥有自己的手扶拖拉机[6]。

拖拉机的市场急转直下，没有给企业留下太多的准备时间。像是有人陡然将收音

---

[6] 李安定：《车记：亲历·轿车中国30年》，三联书店，2017，第71页。

机的旋钮，从计划经济直接转到市场经济的频道，歌曲突然从民谣转向摇滚的风格。在人们对未来充满了新的希望和憧憬时，企业也面临着对市场的诸多不适应。很多拖拉机像以前一样唱着歌开出了工厂大门，但却从此没有了回声。

柳州拖拉机厂的财务账面上，看上去有产品卖出去的钱，但总是无法收回款项。没有购买者愿意提前付款，即使当时周边城市中最富裕的广西玉林市，最多也只能支付20%的款项。那些要不回来的货款，很快就压得企业喘不过气来。过去，都是农机局收了以后发给公社。工厂派人到各地现场考察时，才吃惊地发现，很多拖拉机仍然停留在农机公司里。企业接收到的销量信号，其实是"失灵"的。公社没有钱，而工厂的产品又积压，没有更好的办法，工厂只能让公社先来领拖拉机，希望等公社领了国家的补贴后再支付货款。当时，国家正在从计划经济向市场经济过渡，工厂却落后于时代的巨轮。拖拉机发出去了，钱却收不回来。后来，全厂出动中层干部，分别到县里公社将那些拖拉机运回。然而，有些机器已经损坏，有些轮胎也变旧了。很快，从各地返回来的拖拉机就将原本开阔的工厂挤得满满当当，大部分还都是废铁一堆。

1980年年底，工厂积压拖拉机近两千台，生产运转出现了停滞。曾经的辉煌戛然而止，统购包销的计划经济时代一去不复返。风又飘飘，雨又萧萧，流光容易把人抛。兴盛时期的时光持续得太短，拖拉机滞销，让柳州拖拉机厂的员工陷入困境。三千多名企业职工转瞬就从一个自豪的大集体，变成一个巨大的负担。

拖拉机是不能再生产了，因为生产多少就赔多少。企业只好停止生产拖拉机，转产到其他行业。绝处求生的背水一战就此打响。从农用必需品开始，到织布机、缝纫机，甚至童车，只要能做的东西都去做，为的就是赚钱吃饭。企业员工很快成功试制了1515型56寸（1寸=3.334cm）自动换梭织布机。柳州市人民政府下文，同意柳州拖拉机厂承制各纺织厂急需的1515型自动换梭织布机。随后又成功开发了更先进的1515K宽幅织布机。在转型期间，企业贯彻了一套十六字方针，即"自力更生，以厂养厂，不赚不赔，以杂养专"。

以往从未涉足的织布机，激活了企业职工的斗志和活力，但销售渠道仍然是个问题。当时，浙江省有一家织布机厂正在高速运转，但铸铁部件严重不足。织布机90%的部件都是铸件，涉及机加工件则很少。众多铸件，正是这家织布机厂的软肋，恰恰柳州拖拉机厂的铸造车间正在大面积闲置，而且员工对生产零部件是非常拿手的。通过"老乡关系"，柳州拖拉机厂找到了这家企业。二者一拍即合，柳州拖拉机厂负责生产零部件，装箱后再拉到纺织厂去进行总装。

这段时间市场需要什么，工厂立刻就生产什么。企业还研制出"万家"牌缝纫机。不仅能车缝，还能进行锁边、绣花、订扣眼。这种多功能缝纫机，在1981年投放市场后也曾大受欢迎。

就是这样一种四处拼缝的状态，让柳州拖拉机厂在1981年再次扭亏为盈，保住了岌岌可危的工厂。这一年时任广西壮族自治区的领导在听取汇报后说："拖拉机要在三五年内恢复看来不行，你们现在下决心转产就已经晚了一步，再不转的话困难更大。至于转向什么产品，要看市场上人民需要什么，需要什么就生产什么，不能等国家的计划。"这是一条听起来有压力却是松绑的指示[7]。

历史是如此相似，并富有戏剧性。1981年的这句"要看市场上人民需要什么，需要什么就生产什么"，四十年之后将以一句更为经典的流行语，震撼出世。

---

[7] 贾可：《在危机中找回自己》，《汽车商业评论》2020年第12期。

2.4 微车乍起

20世纪80年代的柳州工业，也在各方面寻求突破。"八大金刚"[8]是当年柳州八家国有工业企业的代名词，它们致力于生产日常生活用品。

在柳州工业博物馆中，有一处显示了新婚之家的柳州制造，颇为生动地呈现了当时轻工业的生产水平。那时，"小康生活"的代表作，就是"三转一响"，全部由柳州本地的企业生产，从柳州市钟表厂生产的"555"牌机械摆钟、柳州市缝纫机总厂生产的"蜜蜂"牌缝纫机、柳州市自行车厂生产的"永久"牌自行车，到柳州市无线电二厂生产的"山花"牌收音机。再奢侈一点的产品有"双马"牌电风扇、"都乐"牌电冰箱，这两个品牌也都曾经是当时全国销量第二的产品[9]。

引人注目的是，"555"牌机械摆钟、"永久"牌自行车和"蜜蜂"牌缝纫机，是柳州市本地企业与上海中国钟厂、上海永久自行车集团、上海缝纫机三厂横向联营生产的成果。正是城市之间的帮扶，推动了区域经济之间的知识流动，助推了本地工业的发展。柳州市特有的商埠中心特点和交通枢纽作用，也成就了柳州人民的开放和向外的特性。

在这些产品中，名气响当当并一直把品牌响彻到21世纪的，当属"金嗓子喉宝"。这个名噪一时的润喉糖生产企业的前身，正是来自"八大金刚"之一的柳州市糖果二厂。遗憾的是这些品牌都未能长盛不衰。要带领一个品牌，穿越历史长河进入

---

[8] 柳州市"八大金刚"企业，即市电风扇厂、市牙膏厂、市开关厂、市合金材料厂、市机床厂、市仪表厂、市糖果二厂、市冷柜厂。

[9] 柳州工业博物馆：《从桂中商埠到工业名城——柳州工业发展史话》，广西师范大学出版社，2013，第167页。

当下人们的视野，企业家的信念和传承，往往起到了决定性的作用。

1980年年初，相关部门引进了一辆日本三菱微型货车，原本计划安排柳州机械厂和沈阳拖拉机厂两家企业分别研制发动机和底盘。得知这一信息后，柳州拖拉机厂认为，日系微型汽车是中国发展低端客运和货运方面的理想车型，可以作为工厂下一步的主导产品，正是企业转产的好机会。时任厂长丁叔经过积极争取，终于获得了和柳州机械厂进行联合试制的许可。

为此，柳州拖拉机厂进口了两辆日本样车，其中货车和客车各一辆。之后就是对三菱Minicab（L100）原型车进行拆解，悉心比对。微型车的零部件多达2500多种、5500多件，很多零部件都只能是一点点地比画。没有可以使用的测量工具，就用实物比对实物的方法，往原车尺寸上硬靠过去。一开始，用的是纯手工的丁字尺画图，后来才勉强升级到半自动的图板仪。在高温高湿的夏天里，测绘员们经常光着膀子，脖子上搭着一条擦汗的毛巾，在现场进行测绘。无论是模具的制作，还是转向器和传动轴的试制，乃至动平衡试验的完成，最重要的工具就是锤头，专治各种问题，不平坦的地方几锤子下去就解决了。

转眼到了1982年1月，柳州拖拉机厂成功试制了第一辆LZ110微型货车样车，这是工厂工人们用手工敲打和靠模等方法研制成功的第一辆微型货车，实现了在微型车制造领域零的突破。同年夏天，第一辆LZ110K微型厢式车也试制成功。

力尽不知热，但惜夏日长。这些造物的能工巧匠们不知道他们此刻正在进行一场速度与激情的比赛。整个中国微型车行业正在出现全新的赛道。

2.5 "管"字当头照

1982年，是中国汽车的破冰之年。中外企业合资第一次被国家允许，造车大世界，呼之欲出。崭新的管理机制也开始起步，中国汽车工业公司在5月正式成立，希望借助行政力量统筹规划全国汽车产业。

这些行政性的指令赋予了中国汽车工业公司特殊的身份。它负责管理七大联营公司，东风、南京、解放、上海汽车拖拉机工业联营公司等都在其中。星月初开，满天风起，汽车版图正在踌躇满志地拉开帷幕。与轿车行业不同，中国微型汽车在一个开局萌芽的时刻，并没有被国家主管部门列为优先发展的产品型谱，而是更多地体现了来自地方的造车意愿和本地的经济活力。即便是当时航空工业部、兵器工业部等直属的军工企业，在成为微型汽车定点生产厂以前，也大多有自行试制微型汽车的历史。四处涌动着活力，"东风好作阳和使，逢草逢花报发生"。

对于主管部门而言，当时的中国汽车产业，首要目标是改变"缺重少轻"的载货汽车产品结构，大力生产重型和轻型载货汽车，提高公路交通运输占比。因此，尽管对全国汽车产品进行统筹规划，微型汽车却还并未进入主流汽车生产企业的扩张版图。这其中，上海汽车拖拉机工业联营公司成立于1983年，下属企业分别来自机械、农机、手工、农场等多个局，企业规模小、产量低，隶属关系极为分散。尽管上海汽车拖拉机工业联营公司曾经将微型汽车列为八大重点产品之一，但也只是处于替补地位。而在京津冀汽车工业联营公司的范围内，北京搞轻型车，天津搞微型车，河北搞改装车，三地按照分工各搞各的，互不影响。在各大汽车联营公司成立之初的产品规划中，也只有京津冀汽车工业联营公司确定天津一地以微型汽车为产品重点，而天津的汽车制造实力，在当时还处于中国汽车工业边缘的位置。

大量"门外汉"涌入微型车市场。除天津有正规的汽车企业外，还有众多企业是军工厂、农机厂、机床厂等。"门外汉"造车，也是生存压力所迫。当时国家外部形势趋于缓和，国家经济运行模式从备战、备荒切换到发展国计民生，军工企业的军品订单普遍不足，只能靠转型生产民品来维持。就民品生产来说，由于国家陆续取消了计划经济下的统购统销政策，国有企业产品往往几十年不变，很难适应新的市场条件，企业生存维艰。这迫使机械行业的众多老企业，纷纷转型试制生产社会所需要的产品。长虹电视就是这个时期"军转民"的一个缩影，它的前身是生产机载火控雷达的国营长虹机器厂，也是国家最早建设的156个项目之一。1985年，长虹电视机厂迎来了新的青年领导，他是当时电子工业部下属企业中最年轻的厂长，也是国企改革初期第一批"厂长负责制"中的一员[10]。领头羊敢拼敢干的风格，让后来的长虹一度成为呼风唤雨的彩电大王。时代，正在悄然地呼唤和培养着中国的企业家。

促使军工、农机等行业的诸多"门外汉"闯入造车领域的另一个原因，则是微型汽车的市场前景光明。微型汽车在当时属于国内空白，市场有一定需求，进入门槛低，可以避开与传统汽车企业的正面竞争。对于转型时期的众多国有企业来说，微型汽车是实实在在的救命稻草和脱困产品。微型汽车跟改装车、农用车一样，成了当时非传统汽车企业试水造车的优选目标。

[10] 徐代军：《长虹：一部浓缩的国企改革发展史》，《国资报告》2019年第11期。

可以说，中国汽车工业公司的成立，是试图将汽车纳入统一规划、统一管理的一次尝试。公司成立的初衷，就是要改革体制，解决当时汽车工业"散乱差"的局面[11]。很多人都笃信自上而下的整体板块规划。然而，公司一开始就是副部级的行政级别，为它蒙上了浅浅的阴影。因为就在同一个月成立的中国船舶工业总公司，却是一个部级单位。车不如船，气低半口。某种程度上也使得中国汽车工业公司在驱动一个庞大的产业时显得力不从心。1984年，位于吉林的一汽和湖北的二汽，两大企业率先要求剥离中国汽车工业公司的管辖，实现单独决策，这也是地方政府对中国汽车工业公司的直接挑战。甚至没有像样的对抗，这个回合就以地方政府大胜而告终。中国汽车工业公司的权力被挑战并且被进一步分解，它自身的行政权力的合理性也受到了严重的质疑。很快，它开始被要求走向"务虚"，并在后来最终解散。中国汽车各地的造车史，到处都是野草般的活力，充满了想象不到的制造方式。这近乎是一种原始工业化的状态，中国基层被释放的活力，快速向工业文明高层级的汽车制造发起了一波又一波的挑战。

在中国汽车工业公司成立之时，国内已经冒出了一大批微型汽车制造厂。在主管部门看来，微型汽车生产厂家遍地开花、水平参差不齐，离"散乱差"只有一步之遥。为了控制这一趋势，1982年8月12日，中国汽车工业公司在天津市召开了微型汽车联合建设座谈会，公司董事长和总工程师等人员参加了会议。这次微型汽车座谈会"联合"的范围较大，来自63个单位的130人济济一堂。甚至兵器工业部、航空工业部也派人参会。这次座谈会的主要任务是"统一思想，回顾并吸取分散、重复和小而全发展汽车生产的历史教训，共同探讨微型汽车联合建设的产品方向、规划目标和选

---

[11] 李刚：《一个汽车人的口述史》，2009年5月，https://www.tsinghua.org.cn/info/1951/19280.htm。

点原则等问题"[12]。这样的涉及未来产业地区布局的微型汽车座谈会，柳州拖拉机厂并未获邀参加。心急如焚的时任厂长丁叔，硬是指挥将一辆LZ110微型货车，千里迢迢开到了天津，挤进了会场。"不等不靠，先拼手工造"，如此招摇的方式，给当时的领导们留下了深刻的印象。

会议结束后，中国汽车工业公司针对微型汽车需求组织了大规模的市场调查。调查分为南北两路，持续了两个月。1982年10月，国家计划委员会批复，原则上同意中国汽车工业公司关于微型汽车建设座谈会情况的报告。要求本着充分利用现有企业基础、资金有保证、具有开发能力等原则，确定一个生产基地、两个装配点和一个改装车的微型汽车定点方案。

在收到中国汽车工业公司提交的调查报告和京津冀联营公司做出的微型汽车市场预测报告以后，国家计划委员会、经济委员会于1983年4月发出了关于微型汽车规划定点的通知，明确了天津市为全国微型汽车大批量生产基地。而广西柳州拖拉机厂则非常幸运，和航空工业部伟建机械厂（后来的哈飞汽车）一起成为定点生产企业，吉林市微型汽车制造厂为改装点。

关于微型汽车的四大规划定点的通知犹如一声号角，宣告中国微型汽车工业的官方认定，微型汽车可以大踏步发展。通知还要求非定点企业"停止继续投料试制，已投料的，待试制数量完成后，妥善安排转产"。这让一些非定点厂知难而退，例如南京机动车辆厂转而生产摩托车，但也有一些厂家看好微型汽车的市场潜力，仍然继续试制生产，争取尽快形成大批量生产能力，获取国家追认。

[12] 据《中国汽车工业年鉴》记载。

2.6 两个城市的主动放弃

20世纪80年代，几乎所有的整车联营公司都在想办法绕开中国汽车工业产品规划，在产品发展型谱上"跑马圈地"，为企业规模化发展创造条件。其中，以解放联营公司和东风联营公司最甚。然而，上海汽车拖拉机工业联营公司随着与大众汽车合资的艰难开局，采用了收缩战略，"上海牌汽车为桑塔纳轿车让路"，显示了与众不同的见识。上海从20世纪60年代末开始生产上海牌轻型载货汽车，经过10余年的发展已经具备了一定的产销规模和市场基础。但在1982年，上海和大众签署了100辆桑塔纳轿车的组装协议和购货合同，轿车合资项目尘埃落定。上海牌轻型车当年就开始停产，给轿车项目"让路"。但是上海牌轻型车并没有立刻从同一个厂房搬走，甚至还有一些暗中装配的小动作，这让合资方——大众汽车的德国代表非常不满。桑塔纳合资项目的顺利进行，也终结了上海的微型汽车梦想，1986年上海微型汽车生产准备中止，已完成的全部工装和有关技术转给了柳州拖拉机厂。

为了将有限的资源都投入到桑塔纳轿车合资项目上，上海不仅停产了已经有相当生产基础和影响力的轻型载货汽车，甚至将已经做好生产准备的微型汽车项目按下了停止键。从发展战略上来说，上海做出的这一决策相当明智和果断；从另一方面讲，上海能够围绕桑塔纳轿车战略下一盘大棋，产品规划得以彻底执行，也归功于上海市单一行政区划和垂直管理带来的高效率，这是条块利益交织纵横的其他跨省联合体都做不到的。

  同样聚焦的故事，来到了柳州。既然已经成为微型汽车的定点生产企业之一，为了集中力量发展微型汽车，柳州拖拉机厂决定停止缝纫机和织布机的生产，相关的生产技术转让给了兄弟单位，心无旁骛、全力以赴地投入到微型汽车生产上。"以杂养专"终于成就了企业之专。为了更好地服务用户，柳州拖拉机厂决定建立"微型汽车用户质量信息反馈处理制度"。这是第一次有微型汽车的制造厂家，将倾听用户的声音，贯彻到建章立制之中。

  1984年，"万家牌"LZ110微型货车终于正式投放市场，销量达到2300多辆。在缝纫机之后，又见到一个"万家牌"。"万家"是一个充满美好寓意的商标名称，就像那个年代父母给孩子起名字的时候喜欢用"建国""爱民"一样的质朴。商标能够进入千家万户，是当时每一个有野心的制造商最朴素的梦想。

  就在这一年，国务院正式允许农民拥有作为生产资料的机动车[13]，自然也包括拖拉机。但就在这时候，柳州拖拉机厂决定告别拖拉机，正式进入微型汽车市场，并且在第二年改名为柳州微型汽车厂（简称柳微）。这是一个惊人的决定！看上去，拖拉机正在进入全面向好的时代，柳微却毅然决然地放弃了拖拉机，选择了一条完全不同的发展路线。它踢掉了"布鞋"，穿上了新的"跑鞋"。

  万马奔腾的汽车起跑线上，到处都是同伴。沈阳小型拖拉机厂从1956年开始生产手扶拖拉机，是全国主要生产厂家之一。它所研制的微型载货汽车，1984年通过技术鉴定后投入生产。但是，该厂一边生产微型汽车，一边对原有的手扶拖拉机产品仍然不离不弃。在产品对外宣传广告上，沈阳微型汽车制造厂和沈阳小型拖拉机厂这两个

---

[13]《国务院关于农民个人或联户购置机动车船和拖拉机经营运输业的若干规定》，《中华人民共和国国务院公报》1984年第4期。

厂名也是同时并列。这种"脚踩两只船"的战术，一开始就将战略资源进行分散。看似机灵，但实则凶险。沈阳微型汽车制造厂很快就在全国微型汽车市场的竞争中消失了踪影。而在全国主流微型汽车厂家中，柳州微型汽车厂则是保持"微型汽车厂"这一名称最久的厂家。在资源有限的拼杀时代，杀出重围的都是专注者，市场拼的就是企业的战略定力。

只有多年以后，人们才能深刻体会到决策者在这段岔路口的选择所具有的时代意义。农民拥有生产资料的机动车，其实有两种：一种是用于耕田的拖拉机，另外一种是亦农亦商的。这是两种完全不同的路子。中国经济蓬勃活力的发起点，首先是从释放农民的活力开始的。而整个中国社会进入财富的高速通道的活力，主要是由大量寻求致富发家的城乡居民所推动的。柳州拖拉机厂，改成柳州微型汽车厂的那一刻，正好也是踏入一个新兴赛道的起点。与时代同步的共频振荡器，也开始摆动起来。一个顺势而为的战略决策，不知不觉中掩藏在时代的衣袍之下而诞生。

也就是在这一年，1984年11月，借助于日本铃木微型汽车的技术贸易合作协议和长达五年的打磨，第一批长安牌微型厢式货车和微型载货汽车正式下线，重庆长安汽车厂的前身——长安机器制造厂，也正式从军工企业转型为民用车企业。这个昔日的万人军工大厂，在"军转民"的过程中曾生产石油钻头、猎枪等民品，但效益都不太好，也曾历经无数艰辛。后来企业开展了市场调研，在各个城市的街道上漫无目标地搜寻。终于有一天，由长安民品研究所所长带队的广州调研组，在街头发现了一辆路过的铃木微型汽车。几乎是同时期、同版本的故事也在上演，吉林微型汽车厂在北京发现了邮电部进口的微型汽车，最后与邮电部签订了协议，试制邮电部门使用的微型专用汽车。

历史的鼓点，从很远的地方传来，只有少数人听见微弱的声音而闻声起舞。时来易失，赴机在速。

到1982年年底的时候，全国正在试制或生产微型汽车的厂点已发展到21个，其中有5个是从发动机生产延伸到整车制造的[14]。在其余16个微型汽车生产厂当中，有传统汽车制造厂，如天津汽车工业公司、武汉汽车工业公司、广州汽车厂；有"半路出家"的汽车厂，如吉林市微型汽车制造厂（由吉林油泵油嘴厂等企业组成）；有转进民用产品领域的军工厂，如哈尔滨伟建机械厂、江西昌河机械厂、安徽淮海机械厂；有农机厂，如柳州拖拉机厂和沈阳小型拖拉机厂；还有些企业听起来似乎和交通运输业相去甚远，如贵州通信机械厂、南京第四机床厂等。

20世纪80年代，中国微型汽车起步之时重型、中型、轻型载货汽车以及轿车生产都有一定的基础，分别作为各大整车联营公司的重点规划产品。而改革开放之年起步的中国微型汽车产量几乎为零，在被列入国家微型汽车规划定点的四个骨干企业当中，只有天津汽车工业公司属于京津冀汽车工业联营公司的核心成员之一，其余3个骨干企业都不是专业的汽车生产厂。

书到用时方恨少，事非经过不知难。谁都没有设计的概念，一切只能从仿形开始。从1984年到1986年，柳州微型汽车就开始仿制日本三菱公司的车型，先后开发出第一代微型汽车和一系列变型车。

日本三菱发现了这些仿制品，于是主动上门寻求合作。这是一次天造地设的机会。柳州微型汽车厂与三菱公司的谈判持续了两年时间，双方最终达成协议，从发动

[14] 中国汽车工业史编审委员会编：《中国汽车工业史（1901—1990）》，人民交通出版社，1986，第214页。

机到车身全部引进。

当时广西壮族自治区政府、三菱公司都表示同意，合同条款已经拟好，只等待签字仪式最终敲定。各方人士已齐聚北京，签字仪式的现场也筹备好了，但最终因为政策及行业竞争等原因，双方没有签约成功。广西壮族自治区领导和柳州市领导都很郁闷，而柳州微型汽车厂的时任厂长金振华则当场掉下了眼泪。男儿有泪不轻弹，只因未到伤心处。企业的管理层，沉默着回到设在北京大北窑的办事处。合作中断，让日方人员也目瞪口呆。回去之后，时任三菱公司常务董事因此受到严厉批评，其中国室主任也被撤职。

但这次令人垂头丧气的签约仪式，并没有完全摧毁柳州人的斗志。地方的活力是无限的，充满着求生向上的渴望。很快，大家想到了一个聪明的解决办法，那就是签"半截协议"。也就是说，双方只签订车身协议，而不做整车，也不引进三菱公司的发动机。

虽然不够完美，但也算是挽救了企业的制造。锲而不舍，但又充满灵性。坐拥柳江之水，三河通衢，柳州人一直有着开明的心态。

由于中国汽车工业公司的"干涉"，柳州微型汽车厂没有能够引进三菱公司的发动机，这也使得它后期的发展留下了一块小小的"心脏病"隐患。柳州微型汽车的动力先是依靠柳州机械厂，但无法适应需求。后来只好通过天津大发公司来配套发动机，但其发动机质量也一般。再后来又选择了哈尔滨东安的发动机。这是一个引以为憾的序曲，动力不足的隐患，还要伴随这个企业很长时间。

此时，军工转产的微型汽车，开始"跳过"中国汽车工业公司，直接引进日本的微型汽车。1984年7月，中国航空技术进出口公司和日本铃木公司签订了购买微型载货汽车、微型旅游车和18种变型车的全套制造技术转让合同。航空工业部随即将这一技术扩散给了下属的哈尔滨飞机制造公司、昌河飞机制造公司、陕西飞机制造公司和东安发动机制造公司，并按照"高起点、大批量、专业化、走联合道路"的发展生产方针，组织下属工厂利用铃木技术大批量生产微型汽车和发动机。与航空工业部分散出兵的"三加一"不同，兵器工业部则采取了整合的方式，引入铃木技术的微型汽车整车项目，被集中在重庆长安机器制造厂生产，而铃木发动机则指定江陵机器厂生产。兵器工业部意图以长安机器制造厂为龙头，打造一个微型汽车生产联合体。享有"微车之王"声誉的日本铃木，在中国复制出六家技术硬汉。这些高起点的"武装"，实在是让柳微望尘莫及，唯有望洋兴叹。它需要多大的行动，才能追赶上同期已经"全副武装"的竞争对手呢？

2.7 企业的精气神

来自柳州的一条人才招聘广告，出现在《参考消息》报纸上。一大批年轻人注意到了这个不同寻常的消息。1985年，柳州搞人才引进支持政策"三不要"，即"不要档案、不要工资关系、不要工龄"。在当时，大学生毕业了都是统一分配，档案则是人才调动的必备通行证。这个"三不要"，被看成惊世骇俗之举。很多人蜂拥而至，来自农业、军工甚至坦克专业的大学生也前来揭榜。

大潮涌动之下，每个浪花都在选择自己迎接日光的方向。沈阳在大学毕业后，带着毕业证在铁路部门工作。1985年，受到这则招聘启事的诱惑，他先是去柳州机械厂应聘，但因专业不对口而被拒绝，继而去了柳州微型汽车厂，其档案仍然留在云南。多年以后，沈阳作为中国共产党第十八次全国代表大会的代表之一时，才到云南进行档案重建，彻底补回了遗失27年的档案。这位昔日"黑户口"引进的人才，总算"还原"了自己的历史指针。

那个时期，柳微引进人才大约有30人，其中小部分是大学生毕业分配而来。从当时机械部下属的武汉汽车工业大学最后一届农机专业毕业的姚佐平，也被分配到柳微。当时，机械部对口分配，还属于国家干部的编制。更多的人才则是招聘而来的，只寻英才，不问出处。

这是一次规模宏大的人才"补血"行动，新鲜"血液"注入其中。多年后，当这批员工纷纷走上管理岗位的时候，人们才意识到，对于人才的渴望，一直是这个华南地区的工业化城市要致力解决的问题。

报纸上的人才招聘广告，吸引的不都是应聘者，也带来了麻烦。1986年，柳州市被央媒点名批评。当时各地普遍存在的情况是，没有档案就禁止流动。柳州市为人才所打开的一扇"小窗户"，很快就被关上了。从1987年开始，大学毕业生进入了双向选择的通道，包括计划分配和自由分配两种就业方式。

这一次规模性的人才大迁徙，为柳州微型汽车厂走向干部年轻化、知识化奠定了坚实的基础。

同一时期，主打的汽车品牌也在呼之欲出。为了选择一个合适的车标，柳微面向全员公开有奖征集汽车车标。虽然"万家牌"缝纫机已经不做了，但这个标志"W"还想继续沿用到汽车上。但是这个商标已经被注册，无法使用了。而要紧的场面接踵而来，在LZ100微型汽车经过国家鉴定[15]的隆重现场，中国汽车工业公司也派人前来庆贺。然而，这个受到祝福的产品，却连个名字都还没有。

时任厂长金振华决定要尽快为它定下一个品牌名称。时任总工程师佟玉琢再次前往国家商标行政管理局，办理注册微型汽车商标。但带去的商标预案，四菱、钻石、宝石等，基本都已被注册。在商标局现场，佟玉琢碰到了一个自告奋勇起名字的工程师，花费60元现场设计了一个商标——"五菱"，采用五颗钻石作为标识。现场拍板，现场交钱，现场总算通过了审批。

花小钱办大事，一个新的商标诞生了。

当时设计的商标是五个竖起来的菱形（五颗钻石）组成的"W"形状，沿用了

[15] 1984年10月30日，LZ100微型汽车经过国家鉴定。

"万家牌"缝纫机的"W"旧标志。但有人感觉其看起来像个狗牙,还是有缺憾。这时,新加入的新鲜"血液"开始崭露头角,进入公司不久的大学生韦宏文重新对原五菱商标进行了设计,去掉了多余的笔画,与五菱的"五"字拼音字母吻合,形象如大鹏展翅。这个设计图案既彰显了企业的核心产品,又寓意着企业的发展力量。

这个商标获得了一致通过,五菱红标正式诞生。一代轻快的希望,就此展翅欲飞。1987年,当柳州微型汽车厂推出的厢式车下线时,正式启用了这个如飞的新商标[16]。

1984—1987年,生产轿车的小火苗,也一闪而现。这期间,柳州微型汽车厂曾与日本、法国企业两度合作,视野初步打开。柳州微型汽车厂曾经一度与法国雪铁龙公司打得火热,可以生产其淘汰的微型轿车VIZAR。当时引进图纸和二手设备都很便宜,工业博物馆那台"变形金刚",就是在这个时候进入工厂的,成为一时响当当的车间"名星"。但由于得不到上级部门的支持,无法上汽车牌照,只好引进散件,最终生产了几百辆车,只能在广西本地售卖,后来无奈停产。

轿车产业的发展模式,需要走大投入、大产出的路线。要么中央支持,要么地方政府支持。作为地方国企,在中央不看好,自治区政府也无经济能力支持的情况下,是无法完成突破的。而民营企业所蹚出的第三条路,尚处于入口大门紧闭的状态。

当时国家政策只支持"三大三小"[17],柳州微型汽车厂生产轿车还远远不是时候。柳微的轿车梦,没有燃起半点火星就被掐灭了,企业只能老老实实地生产微车。

处于市场边缘赛跑状态的柳微,仿佛是一个"受气包"。国内不仅有军工行业背

---

[16] 峥嵘岁月编写组:《峥嵘岁月:广西汽车集团发展六十年 1958—1998》,广西人民出版社,2018,第43页。

[17] 三大指的是上海大众、一汽-大众、武汉神龙三大轿车项目;三小指的是北京吉普、天津大发、广州标致三个小型轿车项目。

景的长安、哈飞、昌河等微型汽车大厂，而且天津大发也得到了重点扶持。而柳微似乎更像是一个可有可无的角色。

柳微就像是在野外寻觅的猎人，需要自己有足够的能力，不停奔跑，才能找到自己的餐食。这种来自生存的压迫感，从来没有停歇过。每一任柳微的领导，都需要在奋斗中一次又一次地艰苦创业。

1989年，全厂职工再次深刻地感受到这一点。当时车辆销售困难，工厂处于低谷期，很多人感到沮丧。厂党委引导全厂职工开展企业精神大讨论，聚焦到底什么样的精神面貌更符合企业的气质。就在这次全厂讨论中，"艰苦创业，自强不息"被一致认为正是企业所秉持的精神。柳州的人才、资金和区位条件都是短板，必须依靠顽强的精气神、持久的凝聚力，才能压倒一切不利的因素。20世纪60年代的大学毕业生，作为第一代创业者，为全厂留下最大的精神财富就是"艰苦创业，自强不息"。

振奋精神，就是为了重整队伍再出发。在企业精神大讨论之后，厂领导班子抽出由108名人员组成的精锐团队，团队成员基本都是大学毕业生，他们咏颂着工厂刚刚确定的企业精神，奔赴全国各地市场去卖车。

朴素的口号，往往成为地方企业的凝聚剂。企业员工有了精气神，就有了企业之魂。企业员工无精神，企业就缺少灵魂，成为没有战斗力的团队。而这种精神传承，不能蒙尘，也不能打折扣。

艰苦，持续艰苦；创业，持续创业——这就是柳州这个地理空间的生存法则。尽管每一代人理解不同，但它们共同造就了柳州城市气质的禀赋。多年以后，柳州确立了城市主题的"柳州精神"，即"开明开放、敢为人先，创新创业、自强不息"。一座城市与一个中坚企业，它们在空间上拥抱在一起，人文上相互渗透。在回答历史的质询时刻，往往选择了同样的答案。在挺拔向上的努力中，两者奋斗的气息会紧密地缠绕在一起，相互影响，在历史空间上不断交相呼应。

2.8 暗流潜伏：坚守者，将得到厚报

20世纪80年代被引进到中国生产的日本微型汽车产品，是经过长期充分市场竞争的产物。作为后发者，中国微型汽车工业所走过的并不是一条渐进式的发展道路，而是通过仿制、CKD组装和技术引进等方式实现跳跃式发展的。

中国微型汽车工业从零起步，到20世纪80年代末迅速膨胀，形成了20万辆左右的年综合生产能力，产量达到1万辆以上的微型汽车生产企业，全国有8家。年产销微型汽车5万～6万辆，占比约为当年中国汽车产量的10%。产能可以在短期内释放，但市场培养却需要更长的时间。与快速形成的产能以及先进的微型汽车产品性能相比，中国微型汽车厂家所面对的是一个发育不完全的市场。

产能远大于产量，这种局面不是微型汽车行业所独有的。据统计，"七五"期间整个汽车行业新增250吨以上的大型冲压设备600多台，相当于200万辆的生产能力，没有发挥应有作用[18]。在国家主管部门看来，经过"七五"建设，国家扶持的骨干厂家还没有形成产量规模，而各地还在不断上马新项目，如果不扭转"投资分散、投向不合理、重复建设、重复引进"的趋势，中国汽车工业就很难走上规模化发展之路。

在刚刚进入20世纪最后十年的关头，经过"六五"和"七五"的发展，以造车新势力为主的中国微型汽车产业阵营已经蔚然成形。彼时，"三大三小两微"已经成为国家规划中的布局，而两微指的是重庆和贵州两个军工企业转产微型轿车项目。"蛋

---

[18] 中国汽车工业总公司编：《1991中国汽车工业年鉴》，吉林科学技术出版社，1991年12月，第12页。

糕"是分盘切出来的，这里没有柳微的位置。

天津汽车是中国汽车改革目录里的"幸运儿"。在1982年开始限制性地开发汽车市场时，对外合资目录里，只允许有6家企业。这"三大三小"中就有天津大发。天津大发依靠先发优势，以及与日本大发的合作，在微车领域风生水起，之后在出租车市场也是独树一帜。彼时，那可是很多人第一次坐出租车的选择。通过夏利的窗玻璃向外看过去，可以看到各种城市的烟火气息。这样的车，承载着对美好生活的向往。

按照汽车资深人士李安定的说法，夏利本来引进的是两厢车，但被人叫作"一只鞋"，于是夏利硬是加长后背，改成三厢。20世纪90年代中国人对汽车的审美标准开始成型，深受日本丰田皇冠、日产公爵等品牌的影响。这期间，天津大发成功地顶住了贵州云雀（斯巴鲁）和长安奥拓（铃木）的压力。铃木、斯巴鲁和大发这三个典型日本微型车，通过代理人，在中国市场上残酷对决，而大发"笑"到了最后。

然而，汽车市场的竞争，从来不是只有一个浪头。万里昆仑谁凿破，无边波浪拍天来。在最风光的时候，天津大发却抱残守缺，并没有规划好对未来市场竞争力的提升。当中国轿车的大浪真正开始上涌的时候，天津大发定力大失。1997年，企业的名称从天津市微型汽车厂改成天津汽车夏利股份有限公司，并且在1999年率先上市。但缺乏技术和研发上的投入，"幸运儿"正在逐渐消耗它的能量。2001年是中国轿车进入家庭的元年。全面竞争开始，夏利的轮子已经无法跟上时代的步伐。2002年天津汽车集团与一汽集团合并重组。

相比之下，柳微则紧紧盯着一个赛道，没有动摇。微型汽车市场主要有四大车企，分别是昌河、长安、哈飞和柳微。当时4家车企轮流上位，市场上处于你追我赶的局面，谁也无法掉以轻心。长安、哈飞等军工企业借助良好的零部件进口渠道，在市场占据有利的位置。而柳微，则只能下沉渠道，寻找那些被漠视的市场机会。自转产微型汽车以来，柳微坚持狠抓市场营销和产品质量不停步、技术改造不停步、新产品开发不停步和强化企业管理不停步的"五个不停步"，采用量力而行、分步实施、滚动发展的模式[19]。

1990—1993年，柳微一直处于前三名的位置，仅次于长安[20]。1996—1998年，柳微做了3年汽车销量龙头。当时货车没有双排座的车型，包括日本车在内，一般都是只坐两个人的单排座。通过对农村市场的深度观察，柳微意识到在中国市场上既能拉人又能拉货的车辆，将是备受消费者青睐的。于是，柳微开创了双排座的小货车，高顶棚和双排座不仅充分满足了拉人、拉货的需求，也凸显了更大的空间，这使得柳微的市场占有率大约达到了75%。随后，柳微开发出五菱龙，将车内地板拉平，扩大载货空间，以便容易放货。这些最朴素的思维方式对用户很友好，给用户带来了极大的便利。显然，从1990年开始的十年，那些潜心深耕微型汽车市场、战略目标坚定不移的企业会获得最大的回报。

1996年2月，柳州五菱汽车有限责任公司（简称柳州五菱）成立。柳州五菱与柳州微型汽车厂保持一个机构两块牌子。1928年成立的柳州机械厂也与柳州五菱合并，柳州机械厂传奇的工业血脉，开始在柳州五菱汽车公司继续流淌。

1998年，正是柳州五菱诞生的四十周年。市场用热烈的掌声，庆祝了这样的时刻。这一年，柳州五菱汽车产销量双双突破10万辆，在全国微型汽车排行榜上，排在第一名的位置。10万是一个吉祥的数字，下一个标志性的数字，将会是100万。在

---

[19]《广西壮族自治区成立四十周年大庆巡礼 柳州微型汽车厂》，（广西政报），1998年第12期，第34页。
[20]《全国百家大中型企业调查》，（柳州微型汽车厂报告），1994年，第122页。

中国汽车的突破旅程里，100万这个数字会被反复使用，人人渴望突破它。

这难道不是一个神话？在一个桂中北部的中等城市，缺乏中央支持，没有政府大笔资金投入，没有配套设施，没有合资公司，一个年产几千辆拖拉机的企业，硬是蜕变成了一个年产10万辆汽车的现代化汽车制造厂。

然而，美好的时光，往往经不起端详。人生易尽朝露曦，世事无常坏陂复。1998年，亚洲金融危机爆发。风暴逼近，每个行业都不能幸免。看上去的美好，可能变回丑陋。林立的高楼，可能瞬间崩塌。熟悉的面孔，可能突然陌生。唯有柳江不动声色，将一切往事兜入江中，拐一个U形大弯，向来而去。

第 三 章

1999—2

2000 年

99 风暴

3.1 国企危机
3.2 新鲜血液
3.3 历史上的火把
3.4 第二轮炮火
3.5 九千岁的威风
3.6 哭泣的车
3.7 上来就要王炸
3.8 塑造制造基因
3.9 重石与利剑

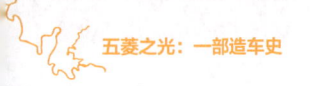

3.1 国企危机

20世纪90年代中后期，充满活力、迅速发展的民营经济与一些低效率的国有企业形成鲜明对比。

1998年，国有企业正处在最艰难的谷底时刻[1]。这一年，中国政府迎难而上，对国有企业开展大刀阔斧的改革，下决心"用三年时间让国企摆脱困境"。国务院主导的国企三项制度改革："劳动、人事、分配"，正在启动。广西壮族自治区在1998年5月做出了进行企业改革整顿的重大决策，柳州市也积极推进。在三项制度改革中，人事制度改革是突破口，分配制度改革是核心。作为广西汽车产业的代表，更是一个带有浓厚国企特色的工厂，柳州五菱也成为一个有待"引爆"的堡垒。

1998年，柳州五菱已连续三年在全国微型汽车排行榜中排名第一。看上去光彩靓丽，这甚至被看成建厂以来最辉煌的时期。然而，光鲜的数字背后，隐藏着微型汽车行业的汹涌暗流，这是一个危险的市场。

这些耀眼的成绩单，是踩着高跷得来的。高高在上的笑脸，下面却是危机四伏。从表面上看，柳州五菱虽是中国四大微型汽车定点生产厂家之一，但其实另外3家却有着更强劲的背景。昌河、哈飞都继承了航空工业部的血脉，而长安则是背靠原兵器工业部的资源，这3家都是军工企业。虽然身着国内"微型汽车第一"的光环，但柳州五菱的企业成本控制较弱。臃肿的机构，就像黑洞一样，正在无声地吞噬着奋斗的汗

---

[1] 问答邵宁：《回看"国企三年脱困"那些日子》，千龙网·中国首都网 国资委原副主任邵宁（2003—2013）的看法，http://finance.qianlong.com/2016/ 0825/867165.shtml。

水。很多部门无法创造效益，一些部门效率低下。例如，当时铸造车间生产一个轮毂毛坯的成本高达197元，这还不算产品质量波动导致的返工成本，而市场购买的价格仅仅是79元。这使得柳州五菱一辆车的销售价格，比竞争对手甚至高出3000元。

这里或许有高产量，但却没有低成本。艰苦创业的柳州五菱，并非天生就具备"低成本"的优势。柳州人自有一套"造物精神"，有动手折腾机器的"黑手创新"的基因。这一切需要等待新火花的来临，从零开始学习，"低成本制造"才能正式成为柳州五菱的看家本领。中国工业界也需要很长的时间才能体会到，低成本不仅是需要科学管理加上工程师的工匠精神，而且还是需要长期熬制才能获得的一剂苦口良药。偷工减料绝不是工业化低成本的同义词，真正带来高价值的低成本其实是工业化的高级阶段。

更为严重的隐患则在用户的终端市场上。由于微型货车是第一个引入市场竞争的汽车细分市场，已形成充分竞争的格局。这与当时受到国家政策支持的轿车市场完全不同。自1987年国家"三大三小"的合资轿车格局确定之后，合资品牌的轿车厂产量和国产化率成为重点政策支持的对象。1994年以后中国进入买方市场，轿车市场竞争很激烈。1999年11家轿车企业，有6家亏损[2]。支持合资汽车，就是支持中国轿车产业。

于是，民营企业造轿车的资质，被政策像一堵墙一样，严实地挡在造车赛场之外。中国造车狂人李书福用手工敲打出来的"锤子轿车"——吉利豪情，此时还无法挂上7字头的小轿车牌照进行销售。它只能在浙江的县城小区域，缓慢地积累着行驶里程和创业者的耐心。而合资品牌，其实就是国外汽车品牌，则在国家政策的支持下，

---

[2] 中国汽车技术研究中心，中国汽车工业协会：《中国汽车工业年鉴2000年》，2000，第365页。

从容而坚实地塑造着中国人对于轿车的审美情趣。这是一次漫长的国外品牌培育的过程。保护合资，以空前绝后的方式，在一个后来会成为全球第一汽车大国的公路上，进行着一次人造选美的实验。

但微型汽车市场则以草根形态在快速地蔓延，四处弥漫着价格战与服务战的硝烟。而赊账正是这个时代最显著的一个"毒瘤"。微车厂的销量似乎是彩票上的符号，只有跳动的数字，但却看不见真金白银。

当时，很多汽车厂会与各地经销商形成联营公司，大家都是一家人，气质一样。柳州五菱工厂僵硬的机制，也传递到了下游。对于联营公司来说，最热衷的就是把货发出去，但对于何时收回钱，却都是一句"好说，好说"。赊账已然普遍存在，对于管理疏松的企业，则会变本加厉。"深渊之处，无人知道深浅"。柳州五菱1998年的销售额不到30亿元，但内部账细算过去，完全都是亏损的，死账、呆账接近13亿元。

资金链已经基本断掉。活下去，需要重生……

3.2 新鲜血液

柳州的冬天很短，也不会很冷，枝头闹绿，风过树间都是轻微的笑。冬天的信号是明显的，但柳州市民也不会太把冬天当回事。

1999年1月，冬天缓缓而来，柳州五菱的领导班子开始了新的换届。这是一次十年树木的延续，十五年前精心插下的株植，一朝绽放枝叶。老厂长金振华正式卸任，而时年仅有三十八岁的沈阳，接任了厂长的职务。

商业经济是有周期的，一段时间热，一段时间冷，在繁荣、衰退、萧条、复苏之间交替更迭、循环往复。但周期降临的方式，却非常安静。而一个企业从决策制定出来到实施下去，再到产生效果，也需要一个周期。这两个周期是否合拍，决定了是悲剧还是喜剧。如果两者吻合，那就会展现市场大方慷慨的一面；而如果两者不合拍，那对于企业来说则可能就是一场灾难。企业的决策周期，则跟"当家人"密切相关。"当家人"的更迭，会凸显商业周期残酷的一面。

这是组织的一次正常交接，但它在无意之中也包含了柳州五菱重构的一条重要线索。重构企业的呼声已经蜷伏多时，像是竹林里发节的声音，不需要走得很近但其实都能听到。它触发了一场行业的系列变革，超越了当事人的决策和预料。

挥动接力棒的年轻人没有时间咀嚼上任的喜悦。活下去，是燃眉之急，而如何烧好"新官上任三把火"，也是重中之重。

"大火"是从人事调整开始的。"人事调整"这简简单单的四个字，在员工中刮起了史无前例的旋风。"减组织、换能人、竞上岗"，三项改革措施就像三把斧头，顺着柳州五菱的"老树干"，从上砍到下。

那年的春节还没来，裁撤令先到。

企业瘦身运动开始了。原来37个行政部门，被直接合并改组成11个部门。与此同时，伴随着"切除手术"，对影响企业效益的业务进行了剥离，如铸造、热处理、后勤体系等。而企业办的社会职能部门，如学校、医院、幼托、宾馆等部门的员工，则被分流和转岗。

对于留在工厂的员工，原则就一条：在岗职工必须实施满负荷工作制。每一分钟，都是宝贵的。这让此前那些一边上班一边"织毛衣"的员工猝不及防。而最直接的变化，则体现在正在被"一扫而空"的库房。

此前，库房是工厂里令人感觉最温暖的地方之一。这里的东西样样齐全，从板凳、手套到暖水瓶，从轴承、弹簧到铸件，琳琅满目。放眼望去，都是一排排很深很宽、走上半天也走不完的货架。天下再也没有比库房的物资更齐全的百货商店了。这才是一个大集体应该有的样子，宽大的库房就像是丰足的粮仓，给人一种万事不慌、天下太平的感觉。门口摆放着桌子，一群仓库保管人员有说有笑、有求必应，而前来取货的人也心满意足。静悄悄的货架上有条不紊地摆满了物资，被大窗户的玻璃直透过来的光线所包围。空气中舞动着细小的尘埃，宣告着这一切都是属于阳光的地盘，到处都洋溢着幸福的时光。

突然间，一切都变了。太阳隐去，风暴袭来，画风骤变。一股强劲的旋风，似乎要吹掉仓库的屋顶。公司暴风骤雨般的改革开始了。库存被大批清点后卖掉，一排排货架被拉走，物品急剧压缩。空荡荡的仓库里，到处洒满了无所事事的光线。

无论是办公室职员还是车间工人，都感到了不安，甚至愤怒。领取物品，不再如以往那样，只要穿过厂房走进温暖之地，就可以立等可取了。不管什么物品，都需要先填写申请单，再打报告申请审批，然后等集中采购之后才可能会领到。等待的焦虑感，成为一种从未体验过的灼伤。

然而，比这更痛苦的，则是仓库保管人员被大面积裁撤。"金饭碗"被打碎一地。

不到一个月，柳州五菱的工厂基地，犹如一口煮沸了的油锅，上下翻腾，油星四溅。每个指令都是风口，每条规范都是利箭，似乎满厂都是心灵受伤的人。员工三句话不离整顿和招聘，五句话不离转岗与分流。有人在疑虑彷徨中观望，有人干脆另谋高就，还有的人直接愤怒开骂。"这一届领导班子能干多久？""五菱恐怕不行了？"从上到下，五菱内外，四处传播着各种各样的小道消息。

就在这一年的春节联欢晚会上，播放了赵本山、宋丹丹和崔永元表演的小品《昨天今天明天》，讲述了两位农村老人黑土和白云参加央视栏目，回忆生活中发生的翻天覆地般变化的故事。走到十字路口，人群分流而去，它往往最容易触发人类的敏感神经。这个极富有象征意义的小品题目，对于每一个五菱人而言，都是挑动神经的触碰。这年夜的饺子，很难吃得香。柳州五菱，正走在这样一个大的交叉路口。小品最后，男主角黑土在展望未来的时候说道，"过去论天儿过，现在就应该论秒了"[3]，一定会引起众多人的共鸣。

---

[3]1999年赵本山等在央视春晚表演的小品：《昨天今天明天》，1999年2月15日播出。

而领导层不想让大家等得太久。1999年3月，一场意外的大雨之后，在企业主办的《五菱汽车报》上，一篇题为《统一思想 下定决心夺取改革的新胜利》的评论员文章，掀起了强大的思想旋流。新春已然鸣笛，改革整顿继续在工厂全面铺开。

为了顺利推动三项制度改革，沈阳任命三个年轻的面孔：姚佐平、韦宏文、刘德祥。他们各司其职，分头推进各项事务。有人重构采购部门，对外部利益链条下手；有人负责部门结构调整，精简部门层级；有人则进行员工疏解，成立了下岗分流办公室。这三个人，在当时成为很多员工的炮轰对象，背后被骂为"改革三贱（剑）客"；而"下岗分流办"也被戏称为"下流办"。

但领导班子的决心是坚定的。重塑筋骨，需要先造魂魄。面向未来，就需要有富有朝气的干部。整个中层干部队伍开始大调整，"铁交椅"被打破了，原来的任命制，现在改为聘用制。在公开的招聘中，有11个年轻人，从150人中脱颖而出，走上了中层管理岗位。竞争上岗在柳州五菱已不再是新鲜事。连工人也要被重新进行考核，为每个岗位而奋斗。

一些头脑灵活的年轻人，很快意识到了这种变化。此前的岗位，可能是哪个舒服哪个就占便宜，是茶余饭后可以炫耀的谈资。而现在，谁忙谁重要，说明这个岗位不可或缺。竞争比拼的意识，在强制性的大扫除之中，重新萌芽而出。

三项制度改革，清扫了人们的"大锅饭"思维。而凭借"东风"，一批新人正在登场。新思想和旧思维的激烈碰撞就此拉开。改革的巨大阻力，哪怕是置身其中的人也难以言表。在反复的沟通、协调、讨论后，新的领导班子还是顶住了压力，改革措施也得以逐步实施。

新的年轻管理层，无论是面向质疑的师傅，还是心怀猜测的职工，都需要凭业绩来说话。造物无言却有情，每于寒尽觉春生。千红万紫安排著，只待新雷第一声。清代张维屏的诗词《新雷》，可谓此时情景的最好注脚。

尽管还有冷眼旁观或闹情绪的人，但"三把火"初见效果。柳州五菱总员工人数从改革前的5903人减为4497人，大约精简了四分之一。留下的员工，人人都有了危机感。危机让思维变得敏锐，人们重新打开耳目。一个全新的种子留在了每个员工的心中，并生根发芽。就像是《大话西游》电影里至尊宝的椰子心里留下的一个心愿一样，它在很久之后，才会说出真相。这个真相，需要穿越历史才能回望。紫霞仙子用了五百年才从至尊宝那里找到答案，而五菱人不需要等那么久。

3.3 历史上的火把

1923年，斯隆作为拯救者，被推到前台来扭转通用汽车市场不断下滑的局面。在没有鲜花和掌声的任命中，斯隆成为"一团糟糕"的通用汽车的总裁。通用汽车旗下多如牛毛的车型相互打架，在仅凭单一车型"T型车"就一统天下的福特面前，看不到未来。

1978年，被福特汽车公司突然解聘的艾柯卡，接手濒临倒闭的克莱斯勒汽车厂。克莱斯勒是从通用汽车出走的工程师——克莱斯勒所创立的品牌，在经历了五十年的风雨之后，正在面临破产清算的境地。

跨越六十年开外的时空，历史的舞台依然喜欢弹奏同样的旋律。斯隆当时还缺乏经验，而艾柯卡则缺少现金流，但二者都长于逻辑和精力，将一度失控的局面纳入控制之中，尤其是在彻底砸碎库存方面。他们至少有"两把斧头"是一样的。

第一是组织管理。尽管通用汽车的分权管理是管理史上最早的，但却缺乏规则，因人定岗，随心所欲。时任通用汽车公司总裁的斯隆是最早让"管理"成为一门科学的人，德鲁克则将其管理理论发扬光大。斯隆开创的事业部组织管理，奠定了今后现代企业的组织框架。而对于被福特二世野蛮裁撤而永远无法释怀的艾柯卡，其实也是无情经理人的代表。艾柯卡对克莱斯勒原有低效臃肿的管理层大动干戈：原来一共35位副总裁，在三年之内被直接撤掉了33位。

第二是产品线。在这个时期，美国通用汽车的产品线尚缺乏明确的政策，这是其业务经营的第二大问题。通用汽车的七条产品线、十个车型[4]，都没有合理的区隔原则，价格相互冲突。当福特著名的T型车一统江湖的时候，福特只信奉一种车型的大规模生产。而通用汽车则有6个不同品牌的车型，分别是别克、凯迪拉克、雪佛兰等品牌，价格重合，市场相互冲撞。

斯隆重新确定了各个品牌的"势力"范围和定价，并且将雪佛兰当作扼杀福特T型车的利器。雪佛兰变成了一个百变精灵，多彩多色的系列，在T型车的周围，分布了不同的车型。或者价格略高一点，性能高一大截，或者价格更低，功能类似。这种贴身紧逼、围追堵截的策略，迅速打败了福特单一车型的造车神话。在四年之后的1927年，福特的信心几乎被扼杀，一度关闭美国胭脂河工厂以求重新整顿，这又等于是把市场拱手让给了通用。通用汽车以精妙的多品牌布局，以及复杂的产品价格战略，赢得了市场的王者地位。虽然福特后来又卷土重来并且一度领先，但汽车市场已经毫无疑问地确认了多品牌的未来。福特单一车型的造车哲学已经不可避免地衰落了。

艾柯卡的产品对策，则似乎走到了反面的极致。当时，克莱斯勒的车辆缺少人气，而艾柯卡的策略就是要重振精气神，他选择的方案就是"要有国民车"。K-Car是日本的国民小车，被称为"轻自动车"，也是人们常说的微型汽车。克莱斯勒一反日本小车小空间而行之，引入K-Car设计，但空间足以装进六个美国人。与此同时，研发大型微客，开辟了一个厢式载客车的细分市场。这两者都为克莱斯勒带来了巨大的人气。后者还成为长盛不衰的"现金奶牛"。濒临倒闭的克莱斯勒，在六年后创下了24亿美元的盈利纪录，比克莱斯勒此前60年的利润总和还要多。艾柯卡也因此成为美国家喻户晓的大人物：美国人心目中的英雄，底特律汽车业的传奇。

新官上任三把火，其实火把都差不多。

---

[4] 艾尔弗雷德·斯隆：《我在通用汽车的岁月》，刘昕 译，华夏出版社，2017，第55页。

3.4 第二轮炮火

五菱汽车连续三年销量位居微车行业第一，但是产品的价格却高于其他厂家。这让沈阳和姚佐平坐立不安，流血的竞争是不可能持久的。在确立了决定性的干部队伍之后，第二轮炮火，指向了柳州五菱高昂的成本。在他们眼里，工厂就像是一座巨大的海绵体，到处都有挤不完的成本水分。"抓管理，降成本"成为开门之战。

1999年3月，沈阳在会上提出了"强化营销压两金"[5]，也就是向应收款和存货"开炮"，目标是规模巨大的两金——3.5亿元。为此，柳州五菱成立了货款清欠办公室，专门负责催账，清理工厂历年来形成的各种应收货款。

微型汽车行业的市场竞争，早已上演了价格战，用户也开始对质量提出更高的要求。而内部的成本控制，则是一个需要搬走大山的"战役"。

采购是第一座大山。

与传统工厂类似，柳州五菱的采购过程，依然遵循着靠拉关系、请客吃饭的暗箱操作，都是道德约束，缺乏有效监督。而且采购部门众多，各自为政，缺少协同，采购环节中有不少亟须弥补的漏洞。

二月春风似剪刀，融融的春意中，柳州五菱的管理层将剪刀指向了采购部门。原来有采购权的六大科室全部被合并成了一个采购部，姚佐平任采购部部长，统一负责采购业务。与此同时，工厂采购管理委员会应运而生，这是柳州五菱采购业务的最高

[5] 两金是指企业应收款占用的资金和存货占用的资金。

权力机构。其委员由各部门的正职领导组成，目的是使采购行政管理明晰化、透明化。

在学习了亚星集团采购管理经验和宝钢集团的采购模式，以及通用汽车的采购办法之后，柳州五菱"比质量、比价格、比资信"的"三比"采购模式应运而生。

1999年7月，柳州五菱在广西南宁明园饭店召开配套采购会议，正式开始施行"三比"采购法。在这次会议上，火药味很浓，几乎刀刀见血。马作的卢飞快，弓如霹雳弦惊。供应商当场投标，当场唱标，杜绝暗箱操作。当时唱标的负责人，整整念了两个多小时，零部件的单价，有的从十元骤降到六元，有的从一百元变成了七十多元。每唱标一次，在座的供应商们几乎就要哆嗦一回，惨象丛生。出席会议的一家供应商曾经嘀咕道："你们口中念一句，我家的宝马少一辆。"

当然，也有供应商对此表示非常欢迎，那些原来非柳州五菱厂的供应商，借助"三比"采购法的施行，也能公平地加入供应体系中。江西汽车工程塑料厂的厂长在中标后立即奔向会场外，通过电话激动地向厂里报喜。

"三比"采购法改变了柳州五菱在成本控制方面的弱势。原来的定价由财务来定夺，拍着脑袋定账本，而现在则是在竞争中产生动态价格。

"三比"采购法解决了"入口"问题，但是"出口"问题却依然卡在那里。

当时主机厂拖欠供应商货款是行业通病，每到结款的时候，企业财务处就会排起长长的队伍。供应商为了拿到货款，会对主机厂的相关人员展开公关，关系好的也许一个月就能拿回货款，关系不好的没准半年可能都要不回来货款。

如何在长长的供应链链条土壤中生长出健康的树木？从与供应商共同成长的角度

出发，在支付方面，时任采购部部长的姚佐平，创立了"溢出支付法"。根据信用的好坏，自动优先支付信用良好的供应商，而且采用电子化直接平账支付的方式，无人干预。"溢出支付法"实施之后，信用好的供应商乐得轻松，无须催款就可以自动到账。很多供应商随即调低了业务员的提成费用，因为不再需要公关开销了。"溢出支付法"改变了支付管理的方法，解决了采购领域长期存在的公关问题，将复杂的事情变得简单透明。到2000年年底，"溢出支付法"已经在柳州五菱全面铺开。

一体化管理的方法，可以让供应商参与生产制造的过程管理。涂装车间开始要求涂装供应商将其管理延伸到涂装的生产工艺，将传统的公斤计价转变为单车计价。此前，车间的管理比较粗放，一桶油漆还剩一小半可能就被扔掉了。由于放置两天的油漆会产生沉淀，喷上车身的话车子日后容易产生橘皮，因此没及时用完的也就浪费了。在一体化管理以后，产品喷涂的物料成本都由供应商来管理和承担，如果产品喷涂质量出现问题，供应商也拿不到货款。只要透明化，供应商的算盘也会打得更响。精打细算的供应商发现，省下来的钱都是自己的利润，于是车间里的浪费迅速减少，效果立竿见影。

"三比"采购法目标明确，实施简单，它正在为销售公司后续在市场上开展反击行动，积蓄新的力量。

3.5 九千岁的威风

"质量"一词对于中国制造而言，是一个地地道道的"舶来品"。它最早是延续了苏联的做法，而且跟企业运行机制紧紧地锁定在一起。"质量"一直都是"检查"出来的，而柳州五菱"检查计量处"这个岗位，恰如其分地表达了人们当时对"质量"属性的看法。然而，这种习以为常的通行做法，其实是将次品一道一道工序传下去，只是在最后一个环节再进行判定。而在那个时候，废品已经形成，而且可能是成批地形成。这是"质量检查"的一道硬伤。

一开始就在柳州五菱质量检查部门工作的沈阳，深刻意识到了"质量检查"这种方式是造成成本高企的黑洞，是企业发展的致命出血口。在进行人事改革的同时，"检查计量处"也被正式更名为"质量控制部"，成立之初就有200余人，"质量兴厂"的方针，被再次确认。

实际上，中国从1992年开始就展开了"中国质量万里行"活动，这是一个影响广泛的活动，加上从1991年开始中央电视台的"3·15"晚会每年都会引起巨大的反响。"3·15"晚会成为中国当时最成功的质量启蒙，它满足了人民对质量的追求。这两个活动的叠加，刺激了民众久久被压抑的质量情绪，像是一座突然喷发的火山。人们纷纷写信给各路新闻媒体和主管机关，大声叫好，甚至直接将信寄到了国务院。负责"中国质量万里行"的官方机构认为群众来信的内容可以总结为"大快人心事，质量万里行""这是党和政府为人民办的一件好事、实事"等[6]。质量天生就具有美德的制高点，而质量情绪的火山一经释放，就无法停下来，它奔腾着向前，所过之处皆为熔岩。随后几年，中国开始颁布一系列与质量相关的法律法规，每一个意欲振兴市场的企业，都无法回避这扑面而来的质量热潮。二十世纪九十年代初被引入的ISO9000质量认证体系标识证书，是当时工厂最时髦的奖牌。这个在发达的工业化国家基本必备的证书，正在被中国制造业界当成一项至高无上的荣誉。

新成立的"质量控制部"的年轻干部们更是跃跃欲试，他们的心底还压着一项糗事急需挽回颜面。1998年，柳州五菱已经开始着手准备进行质量体系认证。而在当时，内部生产经营还处于"随心所欲"的阶段，缺少规范。在工厂里可以看到汽车零部件四处堆放，职工的自行车横七竖八地停放在车间门口，有时候甚至会挡住运送零件的货车。每次领导带领客人参观车间时，都需要提前通知车间去清理，否则可能会无路可走。1998年年底，当国家汽车质量体系认证中心的代表到柳州五菱进行初审时，大家都锁紧了眉头。ISO9000现场审核的组长一进入冲压车间的大门，看见满地堆放的零件，以及聊天喝水的工人后，就不再往前走了。两眼扫过之后，就匆匆离开。审核组的眼神和动作，都像木刺一样，扎进现场干部的心中。彼时，"质量"是一门高不可攀的学问。

新的冲击开始了。为了迎接1999年的质量体系认证，柳州五菱成立了质量认证推进组，设立了ISO9000办公室，日常称为"9000办"。只要质量要求不达标，就可以拥有对生产的一票否决权。"9000办"甚至被戏称为"九千岁最大"。

质量意识的培育，首先需要革新观念。公司聘任了72位内审员，制定了企业的

[6] "中国质量万里行"官方网站，http://www.315online.com/about/abouts/。

质量认证实施方案。为了让全厂的人都能看得懂，要求方案内容需朗朗上口，并人手一份。厂报、厂电视台和车间黑板报，也进行了密集滚动的信息轰炸。员工们的自行车再也不能骑到车间门口了，一律需要停放到工厂大门外。而距离大门最远的冲压车间，走路需要10多分钟。因此，一些车间的工人，甚至冲到"9000办"进行争辩，认为企业根本不考虑实际情况，没有进行人性化考量。改革措施的落实虽难，但却坚定地进行着，随着工厂的三级文件、四级文件的完善，柳州五菱先后编制了ISO版《质量手册》、34份《程序文件》、383份部门支持性管理文件。ISO9000质量体系的建设，带来最大震动的是企业的质量管理部门。ISO9000就像是在密封的墙壁上，突然打开了一扇窗，让人们看到质量的阳光扑面而来。质量，好像突然有了形状、有了阵列、有了口令。很多年轻的职工们对知识汲取如饥似渴，积极参加了内审员的封闭式培训。七天时间，从早到晚的魔鬼式培训，就像高压锅一样，迅速把真味渗透其中。

一个企业的计量工具涉及将国家的法定计量进行有效的量值传递，对实验设备的校准周期也有了严格的规定。虽然以前从未形成一套规范，但借助培训，柳州五菱从标准化、长度计量里的标准量以及送到上一级国家检定所里检定的流程，都理顺了一整套的环节规范。三周时间，每天12个小时，年轻人都在清点着所有的量具，并建立台账，最终形成了一套规范的计量体系。质量，正在变成一件有趣而积极的事情。它正在为柳州五菱今后的质量管理，培育着坚实的土壤。

如果能让清风注入心田，任何冻土都会开花结果。1999年9月，柳州五菱顺利通过ISO9001质量体系的第三方认证。这为履新不到一年的管理层再添一块"银牌"。但是，管理层们心里都很清楚，还差一块响当当的"金牌"。

3.6 哭泣的车

二十世纪九十年代末，对于销售渠道的管控，汽车主机厂通常是力不从心的。尽管也在逐步开启经销商代理销售的模式，但选择的余地并不大。汽车经销商通常是当地的物资公司、机电公司等国有企业，主机厂需要把车赊给经销商，之后再去追款。由于可以满足销售汽车条件的公司很少，一家经销商往往会代理很多品牌。要想产品卖得好，就必须依靠经销商来优先推销产品。这种依赖关系，导致主机厂不得不看经销商的脸色行事。对于要追回货款，主机厂的影响力自然更是非常孱弱。

为了提高主动性，联营公司的模式也开始出现。主机厂和经销商各出资一部分在当地成立联营公司，独立于主机厂及经销商，只对经营的品牌负责。柳州五菱在各地一共设立了八大联营公司，无论是政策、价格，还是车源等都给予优待。这种方法听上去不错，但由于当时的管理能力跟不上，缺乏市场竞争的意识，反而造成了联营公司的低效。

汽车行业普遍流行的是赊销模式，各种打白条、三角债的现象普遍存在。联营公司从一开始就带着一种"自己人"的基因，经营中常常是一路绿灯，造成了好处归联营公司、风险归主机厂的一边倒的局面。即便如此，柳州五菱的几家联营公司账面上仍然亏损巨大，没有几家能够上缴利润，这也导致企业的现金流受到了极大的影响。

市场也不容乐观。微车市场正在掀起新一轮的促销热潮，各大微车厂商已经各显身手、陷入混战。长安汽车提出"降价,降价,再降价"的销售策略。昌河汽车在大幅降价的同时,提出"上山下乡,进入广阔的市场"的销售战略。这些不舍不弃的友商,不仅降低价格,甚至还开始对广东、广西这些柳州五菱的腹地采取强烈攻势。1999年6月,五菱的市场占有率已从原来的20%下降至15%。五菱告急!这正是竞争对手所喜闻乐见的。乘胜追击,昌河甚至跑到柳州市区,打出了"选车请选昌河车,买车请到柳州来"的横幅,而且单车价格比五菱车平均低两三千元。

居然打到家门口了。

是可忍,孰不可忍?

忍了?在1999年7月的职工代表大会上,厂领导宣布调整全年汽车生产计划,由原来的10万辆,出乎意料地降至8.3万辆。一时间哗然,这被看成无心应招的胆怯行为。新的领导班子上马,居然还不如以前的领导班子有魄力?产量还掉下来了。"数量为王"的意识,依然盘踞在人们的脑海中不肯离去。加上当时应收账款居高不下等问题依然没有得到有效解决,地方政府基于对企业的关心,连续两次到厂内召开会议共同商讨解决对策,更是让新任领导班子感到"压力山大"。尽管当时的柳州市委市政府主要领导对年轻人很有耐心,但企业需要尽快上交漂亮的答卷。

心事重重的沈阳,也有着艰难的考量。成本之战刚刚打响,质量管理初见成效,销售体系还在清理之中,人事旋涡依然余波不断,加上咄咄逼人的对手,量力而为,稳住阵脚可能是最好的选择。主动放弃微车第一的虚名,才能给企业赢得喘息的机会。这种以退为进的隐忍,多年后会一直陪伴着这位当家人。而隐忍,一开始总是会戴着"胆怯"的帽檐亮相。或许只有时间才能打开帽檐,发现里面事关勇气的真相。

在产能上进行退让，但在销售体系上，沈阳却勇往直前。独立的销售公司开始成立，以此来打破原有联营公司的销售体制。多年赊销模式下积累的呆账、坏账、烂尾账，账账糊涂，压得柳州五菱一直喘不过气来。这些库存就像小火炉一样，让企业的现金高速燃烧。釜底抽薪！沈阳选择的第一场战斗，就是从联营公司的库存盘点开始。只有清楚地了解库存，柳州五菱才知道应该向联营公司收多少款。但这样的数字，账本上并无记录，没有人知道联营公司到底囤了多少辆车，又卖出了多少辆。

盘库的过程让人触目惊心。销售公司派出工作组到武汉的经销商那里去盘库，看到了意想不到的景象。很多车辆被随意丢放在无人的角落里，好像被遗弃的孤儿。这些车辆是车间工人的"宝贝"，是设计研发人员心目中魂牵梦绕的"恋人"，而它们在出厂之后却受尽委屈，变成哭泣的车。日晒雨淋让一些车几乎已经锈蚀褪色，这些只能送去报废的车，在台账上居然还赫然以新车之名被列为资产。

这次盘库清欠的力度非常之大，每辆车都要求与出厂数量一一对应。现场记数，现场评估车况。工作组一辆一辆地记录，然而，所到之处，尽是坏消息。很多联营公司最终以清算关门结束经营，一些经营不错的联营公司也只能交回部分车辆。

结果是令人沮丧的。那些账面上的车辆，被一笔一笔勾销为零。这太意外了，对新的领导班子来说也是一个不小的打击。现实，比预测得还要糟糕。但重拳既下，也断无收回的可能。那些管理落后的经销商，被立刻淘汰。同时，全新的销售队伍，也在不断地补充着的新鲜血液。盘库，既是对真实库存的盘点，更是对人们销售观念的一次革命。找回多少辆车和追回多少款项，已经不是最重要的事情。重塑销售的意志，面向未来打造汽车销售渠道，才是最大的收获。人心激荡之旅，唯有信念才能取胜。那些决意跟随柳州五菱的经销商们,也从管理者的意志中,看到了新的希望。

春种一粒粟,秋收万颗子。这一天,并不会太远。

3.7 上来就要王炸

1999年9月1日，这一夜，难以入睡。

深夜12点，所有的五菱经销商都被要求守在传真机旁，等待着来自柳州总部的一份"密电"。神秘的仪式感，让很多经销商既有惴惴不安，也有热切的期盼。

当经销商收到这份"密电"时，简直无法相信自己的眼睛。五菱品牌车，从这天起，旗下的所有车型全部降价，最高的降价幅度达8000元。

"金秋行动"的突击战打响了！经销商感觉还有点懵。

为了准备打响这次价格战，在此前三个月的销售淡季中，柳州五菱已经悄悄在河南举行了一轮价格敏感度测试。反馈效果不错，这才有如此大规模的全国行动。

隐忍不是忍让。它看上去是收回了指头，但下一步冲出去的是拳头。工厂大墙内的改革整顿，已经有条不紊地进行着。1999年8月，柳州五菱已经累计生产50万辆汽车，每个员工都为这样一个历史性的数字而喜气洋洋。只有在这个时候，销售这把反击之剑，终于准备出鞘了。

就在"金秋行动"前夕，柳州五菱在五菱宾馆的附楼，为刚刚成立的销售公司举行誓师大会。业务员们头上扎着红布条，每人喝了一碗壮行酒，喊上响亮的口号。现场的人员，无不为之动容。带着置之死地而后生的心情，这些勇士们纷纷出发到各地二十多家办事处，督战一线经销商。这是一场企业生死保卫战，一场改革成果保卫战。仪式感从来不是虚妄之物，一个企业的血性，往往是由一帧一帧定格的画面所塑造的。而一个好的企业领导，知道如何在黑暗无边的战斗中，瞬间激发出人们喜悦而激动的心情。为勇士们践行，一向是最容易让人动情的画面。前面未知生死，后方全是寄托。这样的场景，经常会瞬间定格，多年之后想起，依然令人唏嘘动容。

各项销售措施，正在一波一波地从新的销售公司发出。销售公司负责后勤的员工，也被派到一线进行解读宣贯。刚刚被印刷出来的宣传资料，直接通过空运发往各地。决战前夜，晚餐之后，柳州五菱的这些壮士们，开始通知经销商等待来自总部的传真。

传真之夜，石破天惊！

一时间，"五菱汽车让利销售回馈社会""购五菱车中万元大奖"等广告在全国铺天盖地，市场仿佛一夜之间被激活。势如破竹，很快席卷全国，并取得成效。仅仅9月，就实现回款2.6亿元，困扰柳州五菱多年的资金短缺问题，终于得到了一定程度的缓解。而当月的市场占有率，则再次回升到20%，到了11月底，更是直线回升到近30%。

销售告捷，战术还不错。三个月的"金秋行动"，就像是战场上的锤子、长矛和热血荷尔蒙的混合物，人们见证了前方一线充满力量与勇气的进取。而在后方的指挥部，更细致的销售商务政策，正在有条不紊地酝酿之中。冷静而精准的手术刀，就要登场了。

12月，柳州五菱的销售公司在山东济南召开会议，邀请了当时的核心经销商共同参加。这次会议上，提出了全面的五菱汽车营销商务政策。厚厚一本大册子，有数百页的详细说明。这让经销商们大为惊讶，此前他们所见到的五菱销售政策，可是只有两页纸的规定。

更令人吃惊的是，柳州五菱提出来一个对于经销商几乎是灵魂拷打的问题：先款后车。这意味着，今后五菱的经销商不能再赊账，而是必须先交款，才能提车。这让柳州五菱成为全国第一家对经销商不再赊账的微车汽车厂。破坏行规，胆子真大！

一石激起千层浪。这不仅仅是向五菱经销商提出要求，而是向整个微车行业的经销模式发起挑战。这项没有先例的条款，让现场炸了锅。有些发蒙的经销商，一时都说不出话来；有些铁青着脸的，现场烟气缭绕；还有一些，则忙不迭地向外打电话。

这些经销商在炸窝的时候，可能并不清楚当时中国汽车业正在经历着销售渠道的巨大变革。1997年一汽-大众销售公司成立，轿车厂商建立起自己的营销体系。这是厂家控制销售权的开始[7]。而1999年对于中国汽车销售网络来说是具有划时代意义的一年。日本本田刚刚接手狼狈出局的法国标致汽车，并与广汽集团形成合资公司，正在中国推行激进的新品营销计划。本田破釜沉舟，承担了广州标致留下的大量债务，以换取此前本田因对中国市场的轻慢所耽误的时间。后来者出手，唯新唯快。广州本田很快就推出了第一款跟日本本土同步的新车——雅阁，这可是中国汽车界自1984年跟大众合资以来，第一次与世界同步推出的车型。与此同时，广州本田第一次在中国市场引入了只销售自己品牌、集新车销售、零部件销售、维修保养等售后服务、信息反馈四位一体的4S店销售模式。赏心悦目的购车体验，贵宾待遇的售后服务环境，让人们意识到"汽车居然可以这么卖"。中国汽车界很快就开始理解了其中的精髓，这一模式被迅速效仿。

---

[7] 李安定：《车记：亲历 · 轿车中国30年》，三联书店，2017，第224页。

一对比就知道，汽车销售联营公司那种传统笨重的销售模式，正在日薄西山。传统的汽车销售联营公司模式往往通过机电公司、设备公司、交通厅投资的下属公司来销售，采用统购统销的方式，完全无法激活销售人员的活力。传统销售体制的僵硬所导致的经营困难，已经被众多嗅觉灵敏的精明人所注意到。

柳州五菱向"先车后款"的经典赊销模式开刀，正是这种百变求新洪流下的一个缩影。因此，这种冒险所碰到的人群，也并非全部都是抵抗者。毕竟当时汽车产业，外国资本洪流涌入，新思维层出不穷。汽车界人士内心，自然也是震动频频，到处都是改革的火焰，将冒险、激情和探索的热望都交融在一起。一批批经销商的投资人，正在这雾气腾腾的模糊地域，寻找全新的经销模式。于是，在充满疑虑的经销商人群中，广东物贸等头部经销商，则是积极响应，带头认可买断式营销。

实际上，为了迎接这个转折点，五菱已经提前与几个大经销商进行了沟通，在政策上也给出倾斜。这是一个双方都大胆的尝试。而正是有了大经销商们的兜底，五菱才敢于取消赊账。这是一次惊险的跳跃。

第一只螃蟹不敢吃，后面的螃蟹真好吃。大经销商所起到的头羊效应非常明显，很多经销商思虑再三，也纷纷跟进。

胆子大的先走一步，胆子小的跟随一步，没有胆子的原地踏步甚至后退一步。在这次济南会议上，柳州五菱的"先款后车"营销结算模式，成功地被确立下来。

确立"先款后车"模式的"济南会议"，是微车行业营销历史的一个标志性事件。对于汽车这样大规模的工业品，确定每天需要制造的数量，经常是一个逻辑混乱的故事。没有人能够确定正在生产的车，最后何时才能真正变成现金。在传统经销商时代，厂家即使拿着望远镜，也找不到销售最终完成的那个节点。而这一次，制造商终于迈出了一大步，走到了镜头的另一端，根据经销商端的销量来确定生产。此前多年，一味追求数量扩张导致的销售迷雾，四散开去，汽车主机厂的生产安排终于变得心中有数了。

云深不见千岩秀，水涨初闻万壑流。1999年的济南会议，悄然成为中国微车销售市场的一个拐点。整个微车行业，也蜂拥跟进。"济南会议"的示范性，如同广州本田的4S店一样，在万流奔腾的江河里注入一股清新细流。买断经营，以私营企业为主体的经销商时代正在来临。而销售渠道则精神抖擞，开始释放出巨大的活力，迎接正在跃跃欲试的消费者。

3.8 塑造制造基因

"金秋行动"是绝地反击，而此前的"思维先动刀子"的改革先行，则提供了充足的弹药。产品降价销售，企业却不能因此大量失血，拼的就是制造优势。柳州五菱，已经充分感受到"低成本制造"的价值。

在这段时间，尽管企业外部有很多的融资举措，但五菱最期望的就是对制造系统进行改善。"融资先融智"，要建立有竞争力的制造体系，仍然需要先从思维解放开始。

五菱专门成立了"精益生产五菱化"管理小组，由时任采购部部长姚佐平担任组长。这个嫁接性用语，表现了柳州五菱强烈的学习外部制造理念并将其融合落地生根的愿望。

管理小组成立后的第一项工作是对通用汽车全球制造体系（GMS）的360多项要素进行研究，从精益生产的持续改进、标准化、制造质量、缩短制造周期等五大要素着手，最后将英文版的GMS手册翻译成中文。用时一个多月，整理出了大约100万字的内容，"精益生产五菱化"的教材至此诞生。

在学习精益生产的过程中，柳州五菱确立了"看薄书、立马用、一反三"的原则，组织了一次自上而下的全员学习。首先是四处求知学会看薄书，"一本书要将它看薄"，发现有启发的思路。而一旦看懂了，立刻就要"用"。将学习成果转变为五菱行动，在实施中不断改进，而不是充当"评论家"或"批评家"。用了之后，就是"举一反三"。同时，也能发现学习对象的缺点，以其为鉴，少走弯路。在这个"看、用、反"的过程之中，柳州五菱人所擅长的执行力，也在一点一滴地被锻造出来。

"精益"一开始是在一部分生产线上进行试点。此前，员工考核采用的是计件制，上下游没有协作关系，工人只要将工件做出来就可以。这导致零部件到处堆放，车间里凌乱不堪，送货取货都如同要穿越迷宫，找货等货往往耽搁了大量的时间。而随着"精益"的引入，流水线逐段逐条地引进，上下游开始同步计件，过道里堆放的零部件神奇般的减少了。神奇之处，也有伤害，不是所有人都会喜欢流水线。一些老师傅不愿意让流水线通过自己的工段，统一的节拍使得老师傅不能按照自己的心情来确定节奏。"精益"要落地，管理要流血。一部分抵制强烈的老师傅，最后根据买断工龄等特殊政策，退出了岗位。精益生产方式，也以流血的代价，建立了自己的地位。

而精益生产一旦上路，就不能回头。柳州五菱索性打开全员天窗，让人人都能看见天空的风景。2000年5月开始，柳州五菱分别组织4批70多位中高层管理者、业务骨干赴上海通用汽车、德尔福零部件公司接受精益生产培训。而首批人员几乎包含了当时所有的中层干部，到上海通用汽车公司进行了为期两周的脱产学习，核心就是通用汽车的全球制造体系。沈阳在给大家送行时说："企业从来没有把这么多的中层正职送去学习，为什么？我们必须通过学习去变革，用别人好的东西对比自己，这样才有变革的方向。"

任何关键性战略路线的落实，都要从中高层的"思维渗透"开始。

在中层干部学习培训之后，紧接着基层的工段长、培训师等也前后分三批，奔赴上海进行学习。与中层干部不同的是，这些员工肩负的是如何将精益生产的模式和概念带回五菱的使命。一个月的时间，深入到上海通用汽车的各个车间、各个工段学习，一应俱问，取回"真经"。

这些被派出去的员工，一如半夜打开了屋顶，突然看见了璀璨的星空般喜悦。很多人学习回来后，连家都不回就直接拖着行李到办公室开会，讲学习的体会，谈"再创业"的冲动。

既有前所未见的教材理论，又有精益生产骨干的冲劲，柳州五菱开始了浩浩荡荡的全员培训。经过企业内部的评审和试讲，于2001年6月启动了全员性的精益生产理念培训。培训中心同时开设10个教学班，每期学习时间为 10 天，培训的核心内容包括企业文化、精益生产基本理念、标准化操作单的制作等。

在学习的洪流中，生活与工作的界限被求知的欲望所填平，企业也逐步形成了每周5天上班1天培训的5+1模式。工厂里的培训中心，长期都是满满当当的。人人都是学生，人人都是老师。这其中的佼佼者们，也被选拔出来作为"八大培训师"。

全员培训的同时，也是在消化吸收，以探索出适合柳州五菱的生产制造模式。"精益生产五菱化"管理小组，就在当时的总装车间选择了一个班组和一个工段作为试点。从最小的一个细胞——操作工位开始，以现场的5S管理和七种浪费[8]为切入点。

试点工段也开始尝试自己制作平衡墙，从安全、人员、质量、效率和成本等方面进行分析和研究，制订了五菱第一个工段的业务计划实施（BPD）管理。当时的工段长开始核对每一个工位的生产耗时，要拿着秒表去掐生产线上员工操作的时间，看每

[8] 5S 管理：现代企业管理模式，即整理、整顿、清扫、清洁、素养；7种浪费：制造过多的浪费、等待的浪费、搬运的浪费、动作的浪费、存货的浪费、加工的浪费、不良品的浪费。

个动作、每个装配需要多少时间。测完员工的操作之后，工段长自己也会在生产线外做同样的工作，模拟流水线的节拍，反复操练20遍，直到熟练之后，就取一个平均时间作为基准时间段，进行普及。

《岗位操作标准化手册》也在这个阶段被制定出来，基本上是由车间的工段长和工程师加班加点地研究，不断地树立规范和完善员工的操作手册。工作硬件条件还比较落后，车间没有电脑，工程师们只能用手写，一笔一画地将操作手册整理出来。尽管原始而粗糙，但是大家都明显感觉到，有很多知识要去学习、消化和吸收。各个区域都要定期报告"精益生产五菱化"的推进情况。

相互比较、相互竞争，就没有人想掉队。整个车间原来只有一个工段。在学习了上海通用的精益生产之后，将流水线划分为几个工段，同时也将安灯系统建立起来。试点工段所在的车间组织了几个小团队，自主研发，接线、搞灯箱、拉线、挂喇叭，把最原始的安灯系统规范创建出来。新的安灯系统规范尽管不能够确认到具体的每一个工位，但实际上也够用了。工段园地，是在推行"精益生产五菱化"的时候才开始有的，规范性很强的班前会制度也是在当时逐渐形成并不断完善的。

到处都是最基层的班组员工的自由组合，到处都是价值流、5S、拉动系统等五花八门的小组。这一个个知识小分队，几乎都是自发形成的。当学以致用的潜能被激发时，谁能阻止学习的洪流向前呢？

在当时，生产过程分散管理的模式，已经无法支撑公司的管理需要，信息化开始启航。"五菱汽车制造信息管理系统"也应运而生。沈阳、姚佐平、韦宏文等管理层领导，全部出动，亲自参与项目的设计和评审工作。对外则是采用校企合作的模式，引入武汉理工大学的教授进行合作开发。已经退休的老厂长丁叔也被邀请来进行交流。经过多次的思想碰撞，姚佐平提出信息化的发展策略，聚焦"关键节点电子化+优秀的员工管理"。在这里，人的经验与关键节点形成了知识交融。丰田生产模式中的"Jidoka自働化"，是指带人字旁的自动化，强调了人与机器的能动性。而五菱这套信息管理系统，也将人的经验加入生产过程的控制点。

对于支离破碎、蹒跚起步的柳州五菱的制造系统，这种"半信息化"的方式，为员工们留下了与信息化、制造系统融合的机会。

此时柳州五菱具有自身特色的精益生产还没有形成体系，更多的是对零散的精益生产管理工具的应用。精益生产的理念，撒下了星星之火，柳州五菱正在确认自己独特的基因和成型的骨骼。"低成本、极简化、差异化"的五菱制造系统呼之欲出。

工厂之外的江山岁月，正在发生令人无法预料的变化。微型汽车处于汽车产品价值链末端，其市场容量和用户的消费能力密切相关，但很难有人能看清楚这些方向。在1996年的"九五"之初，有关部门制定2000年规划目标是轿车产量120万辆、微型客车15万辆。然而到了"九五"之末，轿车产量却不足60万辆，微型客车倒是超过了40万辆。这一事实表明，政策制定者过高地预测了用户的消费能力，对微型客车在城乡经济末梢发挥的作用却是估计不足。

活力自在民间，微型客车就是这些活力的最好载体。在那些暂时规划不到的地方，民间跳动着鲜活的生命力。

3.9 重石与利剑

1999年，柳州五菱产销量虽然较1998年下降了20%，但是盈利能力却增长了30%，应收货款降至4亿元。企业的财务状况，开始出现了明显的好转。一天晚上，沈阳正在武汉宴请当地的经销商。有电话打进来，话筒中传来财务人员急匆匆的声音，"有现金啦，沈总，账上有钱了"。一刹那，沈阳听后喜极而泣。现场的人都诧异地安静下来，不知道这泪从何来。"再喝三杯"，刚才还在矜持让酒的沈阳先给自己满上，冲着大家大喊一声。满桌一片喝彩，但无人知道这位"当家人"的心情——"多年来，企业第一次在账上开始有了现金流"。

年底就是年关，而这个年关，则是丰足的。企业不仅不用借钱发工资，员工收入也大幅提高。钱包涨起来，也把大家的信心拱得更高。金秋战役以来的胜利果实，已经让新班子彻底站稳了脚跟。而五菱员工的心中也是一片欢腾，就像孩子长牙一样，齿龈里面都是鼓鼓的力量。

1999—2000年，脱胎换骨的柳州五菱，在激烈的微车市场竞争中采取了积极进取的策略。从机构改革、流程再造，到"精益生产五菱化"、消除一切浪费；从"三比"采购法、一体化管理、"溢出支付法"到"金秋行动"；从通过ISO9001质量体系认证到技术中心成为"国家认定企业技术中心"，"做好、做强、再做大"的国企改革思路，变成了一条一条赛道上的行动。

思想火花的碰撞，会炸掉昔日的堡垒。前所未有的自我净化，让很多人倍感轻松。但危机意识，从来都无法从管理层的头脑中移开。尽管五菱的企业规模已经不小，但粗放式经营依然随处可见。而作为唯一没有合资、年产 10 万辆以上的车企，在沈阳看来，依然如累卵之危。雄壮的宫殿，随时都可能会坍塌。沈阳心头压着石头，头顶还悬着一把利剑。内部管理的实施，不过是将心头之石搬走，而头顶之利剑，则对于企业的发展有着更大的影响。

这把利剑，是什么……

第 四 章

2001 —

2002年 合资风云

4.1 再不合资，就来不及了
4.2 半张名片 三个亲家
4.3 一条最宽的马路
4.4 小绵羊送到老狼怀？
4.5 一锅中药
4.6 各方所得

4.1 再不合资，就来不及了

1998年，是中国制造业崛起的一次重要时机。亚洲金融危机爆发，也使得全球汽车业开始大洗牌。世界制造的秩序，沿着价值洼地寻找新的集结方向。危机结束之后，全球制造迎来的不是资本的恐惧，而是贪婪。资本和老牌制造商，重新接管了世界秩序。韩国汽车的发展模式，尽管曾经辉煌一时，但这次危机之后，似乎说明它也并非完全有效。从1962年起，韩国就关起国门，闭关修炼汽车大法[1]，成就了广为人知的"韩国模式"。在其独有的"国民必用国产车"的口号导引下，以及政府的多方面的支持下，韩国汽车产量在1997年达到了全球排名第五。但在这次危机之后，韩国汽车工业被迫进行调整。大宇归了通用汽车，三星归了雷诺-日产，起亚归了现代汽车集团。全球大型汽车制造商，顺利地抹掉了一些不成比例的小对手。全球价值洼地在哪里？正在打开大门的中国市场，成为新的逐猎之地。

柳州五菱的烦恼正在叠加。1998年，由于钢材成本增高，以及为了保住市场份额而采取的降价销售，都在降低这个企业的利润，日益掏空这个拥有四十年历史的老国企。现金流的恶化，进一步导致设备无法更新，恶性循环已然形成。在全国四大微型汽车生产厂中，背靠军工集团的昌河、哈飞、长安都实力雄厚，并先后通过股份制改革，引进外资合作，优势逐步显现。江西昌河先行一步，早在1995年就跟日本铃木成立了"昌河铃木"合资公司，在航空工业的支持下，大力发展微车。而柳州五菱，此

[1] 孟嗣宗《创新中国汽车工业之魂》，北京理工大学出版社，2007，第27页。

前将近十年都没有像样的资金投入，车型落后，成本偏高，寻求资本而摆脱困境的诉求，变得空前迫切。

摆在柳州五菱面前的只有两种方式，或争取上市，进行融资改造；或引进外资，开展合作经营。当时，A股上市机会少，B股成为唯一的选择。之前已有成功的"江铃"模式，即江铃通过发行B股，引入"美国福特"带来资金和关键技术，进而推出"江铃全顺"的商用车型。

五菱也计划在B股市场做出1.2亿股的盘子，并希望可以引进外资股东。1998年2月，国务院证券委员会公布了18家B股预选企业名单，柳州五菱不仅榜上有名，而且还在香港举行了路演。然而，当时想在B股找到汽车产业相关的资本却并不容易。来自日本、美国、欧洲的汽车公司，大部分企业都没有显示出合作意向。

而新的风暴正在打击市场，这是一个糟糕的时机。亚洲金融危机愈演愈烈的势头让券商认为，五菱上市不是一个很好的时机。而且，由于柳州五菱上市的流通股股比较小，即使上市了也不会是一个优良的标的。

柳州五菱这次B股上市的努力，最终以失败而告终。

而新领导换届第一年的"金秋行动"，让柳州五菱暂时松了一口气，领导班子的威信迅速提升。但对于公司而言，账面上的资金还不是唯一的问题。来自政府的指令，也让企业倍感苦恼。一般而言，企业的成长周期，往往无法完美地跟一届官员的任期相吻合。地方政府对本地产业规划会有一番思考，它们往往并非总是合拍的。这意味着地方国企领导在市场的刀尖上跳舞的时候，还不得不小心地平衡着来自地方政府的规划。1997年，由于农用车市场发展得很好，广大农村地区也急迫地需要交通运载工具，广西壮族自治区政府曾经有一种声音认为：柳州五菱不适合做乘用车，而应该面向农业，开发晚上能发电碾米的车，这才是正途。柳州市政府也有一些声音建议柳州五菱开发柴油机，以便满足广大农民的需求。但是这种农业化的拖拉机路线，对于柳州五菱而言，无疑是像倒放录像带一样回到过去，重走十多年前的老路。风向随起，如果一味根据这些官员的喜好和不确定性进行决策，很可能让企业掉进深渊。只有现代企业制度，才可能适度纠偏。对于地方国企而言，合资公司就有了意味深长的含义。

柳州五菱在内部发起的三项制度改革，以及延续到供应商价值链的重塑，看上去都很成功，企业内部一些员工已经开始引以为豪。但五菱总经理沈阳清楚地知道，柳州五菱既缺少技术，也没有资本，更没有现代企业制度，未来前景依然暗淡。必须寻找改变抛物线命运的曲线，而合资就是当时最大的机会。跟随五菱一起成长的沈阳，对于合资并不奢望资本的助力，但有两个基本诉求非常强烈：实现现代企业制度和实现自主品牌。沈阳对柳州五菱的国企根基和团队能力充满自信，他相信，只要有了现代企业制度，这个团队将无往不胜。

这样的机会，其实并不难找。

1999年，正是中国汽车产业发展的关键窗口期，国外与国内汽车的同行们，正在互送秋波，彼此拥抱。中国对外资管理的政策正在发生积极的变化，而外商对中国汽车行业的重视，也是空前高涨。国际汽车巨头在中国布局的思路，正在发生决定性的变化。此前的发展，往往都是通过技术转让、进口散件来完成老车型的转移生产。既然可以将旧车型的技术红利吃干榨净，又何必投放新车型[2]？这种吃老本也醉人的心

---

[2] 中国汽车工业协会：《中国汽车工业改革开放30周年回顾与展望（1978—2008）》，中国物资出版社，2009，第151页。

态，导致了老三样如桑塔纳、捷达、富康等国外淘汰的车型，居然能在中国市场统治了十几年。但随着二十一世纪的到来，一切都将不同。烈火与干柴，是这个时代一触即发的影像。自主品牌也在这个时候开始崛起。

最大的国际化分工红利已经开始分发，改变汽车历史进程的按钮也被启动。尽管新世纪新赛道的大门正在徐徐打开，但也并非人人都有资格进入其中。汽车合资，好像扑面而来的第一场春雨。它能解决的问题，不仅会超越区位劣势，而且也是创建灵活决策体制的最好机会。而这正是五菱头顶上的那把危险的达摩克利斯之利剑。

对危机重重的柳州五菱来说，如果错过这样的合资窗口期，可能就会彻底失去融入全球化的机会。能否抓住历史的机遇，往往只是存乎一念之间，存乎于某些人的格局与坚守。

4.2 半张名片 三个"亲家"

进入柳州五菱视野的，是美国第一大汽车公司——通用汽车，这是柳州五菱当时最为心仪的合资对象。在1999年年初的广西—上海招商会上，刚刚就任五菱总经理的沈阳，就和通用汽车中国的代表见了面。话语相投，相谈甚欢。

当时，作为全球汽车集团中排名第一的通用汽车，对市场占有率非常看重，而中国年产超过10万辆的汽车生产企业数量并不多。此时航空系统产销约23万辆汽车，包括拥有昌河和松花江的中国航空工业总公司[3]，是仅次于上汽、一汽和东风的大户。另外一个微车销量领先的长安，此前已经跟日本铃木合资。由于通用汽车持有铃木一部分股份，本来跟长安合资有一定的优势，但由于老对手福特汽车在中国还没有合资，且对长安是志在必得。此时，天津大发面包车也正是大放异彩的时候，福特同时还在跟江铃合作，这些都让通用汽车有一定的紧迫感。在这个时间点，那些没有进入中国的跨国轿车公司，都开始加速寻找进入中国市场的机会。福特与长安、现代与北汽、东风与日产、宝马与华晨、戴姆勒—克莱斯勒与北汽，都完成了签约合作。此时的中国，到处都是繁忙的热土，谈判的声音此起彼伏，合资的算盘打得啪啪响。全球汽车品牌就像蜜蜂一样，都嗅到了春天的气息，四处奔波，寻找花朵。通用汽车也在忙着跟广汽谈合资，希望能把欧宝项目落地。此前由于广汽与标致的合资并不顺利，导致欧宝项目无疾而终。通用汽车需要打响的算盘，太多了。年销量超过10万辆的柳州五

[3] 中国汽车工业协会、中国汽车工业咨询委员会主编《中国汽车工业史（1990—2010）》，机械工业出版社，2014，第106页。

菱，对通用汽车拓展中国市场而言自然是一块诱人的蛋糕，一旦加上这个销量，其在市场占有率方面，可以立刻增加3个百分点。

通用汽车集团内部并非铁板一块，一些高管认为并购微车这样的车型，并不符合公司的策略。通用汽车集团的总裁，则非常支持通用汽车中国业务负责人的想法，战略性卡位胜过一切，更不要说中国三、四线城市一定会同步发展汽车。时任通用汽车CEO的瓦格纳和董事长史密斯，在面对咄咄逼人的华尔街分析师的质疑之时，一直在为中国汽车的投资进行辩护。这两位当家人，已经充分地了解了中国市场的潜力。如果以波兰不到4000万人口在1999年轿车为50万辆，有着四亿沿海人口但轿车销量仅仅为65万辆的中国[4]，是不是一个巨大的市场？中国汽车世纪的崛起，必须以本土为重，通用汽车的高层准确地捕捉到了这个信号。

通用汽车还有一个想法，那就是通用必然会涉足低成本汽车，这需要放在全球汽车版图下去考量。柳州五菱已经建立的优势，将是最好的阵地。微型汽车，是通用汽车集团产品家族里的空白。而中国汽车市场的每一个角落，此时都在被国际汽车厂家认真打量和评估。通用汽车在上海市生产中高档轿车，在辽宁省沈阳市则有多用途车金杯，如果加上微型汽车市场，将实现完美的车型覆盖。

1999年4月，沈阳前往上海，跟时任通用汽车中国区总裁的善能先生见面。沈阳带着厚厚的账本和公司未来的发展规划，以及满腹要发挥的说辞。善能是一个健谈的人，对文化的多样性有着充分的认知。前期上汽跟通用汽车谈合资的时候，他已经亲历了东西方文化的差异，这让沈阳有着很高的期待。但是，谈了没几分钟，善能就开始伸手往口袋里掏东西。

[4] 李安定：《车记：亲历　轿车中国30年》，三联书店，2017，第126页。

沈阳一惊，顿感不妙。所谓话不投机半句多，莫非是要下逐客令了？然而，善能从兜里掏出来的，却是一张薄薄的名片。他一脸真诚地说："沈，我们早都已经考察了你们这个企业了。你们公司值多少钱，你可以写下来，我们买下来。"然后，他撕下半张名片递给沈阳，自己则把另外半张名片在沈阳眼前晃了一下后放回口袋，并轻轻地说："如果成了，我们再把名片粘起来。"那一刻，沈阳依然不露声色地坐在那里，但是心中却已澎湃万千。这拿到手的，可不是半张名片，而是半壁江山。

与全球汽车巨头合资这样的大手笔，自然需要地方政府的胸怀和支撑。广西壮族自治区政府一直寄希望于能够大力引进外资，既吸引资金，也能优化地方产业结构。自改革开放至1999年，还没有世界500强企业到柳州来投资。而在上海落户的世界500强企业，已经超过了400家。为此，自治区政府特意召开会议，要求所有人解放思想，共同力促引入通用汽车。

1999年5月刚过，柳州已进入雨季，空气中的水分越来越多。而五菱汽车的员工们，则连日沉浸在绵绵的喜悦之中，迎接特殊的客人。距离沈阳和善能在上海见面后不到两个星期，通用汽车中国公司就派人到柳州，双方正式洽谈合资事宜。效率优先，一切从快，一系列的尽职调查也迅速开始启动。

尽职调查持续了半年。与其说是财务核实，不如说是一次专业的管理大培训。对于通用汽车要求提供的材料，当时的管理人员惊讶之余甚至觉得匪夷所思，因为此前缺乏相关财务信息，有些无法提供书面资料。高密度大范围的尽职调查，让柳州五菱的家底，被翻了个底朝天。柳州五菱的管理层，再一次被震撼。原来企业的数据，需要这样进行管理。就像是一个出差多日未见水的人，突然好好地泡了一次热水澡，浑身上下都无比清爽舒坦。

虽然一见倾心，满心喜悦，但有些规矩不能破。国内的汽车产业政策规定，一个外国企业最多只能与两个国内企业合资。通用汽车在国内已有上海市（上汽通用）、沈阳市（通用金杯）两个项目，根据相关政策，无法再与五菱进行合资。

只要有想法，就会有出路。形势比人强，人比形势活，办法总比困难多。经过商讨，通用汽车中国公司决定通过购买股票的方式进入管理层，计划购买五菱34%的股份，涉及资金9000万美元。对于通用汽车而言，只要股份达到33%的子公司，就可以合并财务报表，进入总公司的汽车产业体系。

1999年7月，为了解决合资身份对接问题，柳州五菱汽车股份有限公司也正式成立。汽车制造中最为关键的四大工艺车间列入其中，包括冲压、焊装、涂装、总装等车间。按照合资谈判的规划，要抓住当时证券市场"恢复式增长"的有利时机，尽快完成招股说明书及上报工作，争取在1999年年底完成B股上市。之后，通用汽车能够在B股认购五菱股票，从而达成合作。

听起来真是很完美的框架，一切都是精心的设计。但是，还没有等到B股上市，这个方案已经先受到了致命打击。

1999年年底，通用汽车中国公司的参股计划被美国底特律总部否决。原因很简单，五菱的盈利水平没有达到通用汽车的标准。而且，通用汽车自己没有微型车，也无法支持五菱的产品开发项目。

一边是政策限制，一边是通用汽车总部否决。柳州五菱的对外合资，变成了死胡同。两年之内，两次梦断B股。

务实忙碌的人们，从来不能给自己打死结，只盯着一棵树。就在与外资合作的同时，柳州五菱也在寻求与国内的实力车企合作。

位于湖北的东风汽车集团，是一个潜在的合作对象。它早在1981年，就通过联营的方式，与研制并生产出广西第一辆汽车"柳江牌"载货汽车的柳州汽车制造厂进行过合作，并在1997年成立了东风柳州汽车有限公司。

有了这样的基础，广西壮族自治区政府在1999年年初开始牵线搭桥，试图促成柳州五菱与东风的合作。考虑到后者有轿车资质，自然可以带来生产轿车的机会。然而，东风给柳州带来的车型却只是东风小王子，还比不上此前柳州五菱想引入的法国雷诺车型。不仅如此，东风还希望五菱将部分微车产能转移到湖北十堰，这让多年生活在柳州市的管理层成员们很难接受：转移厂房，如何面对本地的员工？在柳州这块土地上，一代一代人、一把一把汗水浇灌出来的本地树，如何能够承载得起半途移植？

半路转移，愧对前辈之托。

然而，来自政府部门的压力依然强大，一些官员急于促成合资，这让参与谈判的柳州五菱的管理层人员，产生了巨大的焦虑感。在短短的几个月内，从广西到湖北再到北京，双方反复谈判。在国家部委的会议，在武汉的高层对话，再到广州白云宾馆的交流，忙碌了近半年，分歧似乎并没有缩小。

到了1999年5月，谈判双方逐渐清楚，合作谈判已经进行不下去了。尽管有着来自市政府的期盼，但全厂领导均不同意签字。

地方政府对于本地的汽车制造业具有很强的约束力。这是每一个地方国企的企业家都需要小心应对的。从1998年中央政府决定的国营减负攻坚大战开始，意在提升区域经济的地方政府与力图寻求活力的企业家联手形成最强伙伴，但也有着不动声色的博弈。这些博弈，有时候是存乎一心的微妙，但却是企业今后能否扭转局面的关键。例如，广东的三水政府与健力宝饮料、顺德与科龙冰箱，以及此后沈阳市与华晨集团之间的恩恩怨怨，都是这段国企改革主旋律上颤抖不断的音符。

有点倔强的厂领导，也在感觉时不我待。时间滴答溜走，选项就像正在干涸的水库一样，一点点地消失。危机越来越近。早在1992年，中国汽车行业的"三大三小两微"已经正式确立[5]。除了三大轿车基地的一汽、东风、上汽，和三个小型轿车基地的北京吉普、天津夏利、广州标致，还有长安奥拓和贵州云雀，已经入局"两微"轿车企业，这两家都是军工企业转产微型轿车，也是政府重点扶持的对象。政策性挤压效益也在释放，作为一开始就向贵航集团提供技术的日本富士重工，到了1998年也跟贵航集团正式合资。而柳州五菱，还是孤梁独悬于荒野。干粮，必须自己去寻找，而且刻不容缓。

承受着巨大压力的同时，忐忑不安的柳州五菱管理层人员，心中还有一个国内的合资对象，那就是上汽集团。上海的工业基础，在柳州多年来一直都有自己的影子。柳州工程机械厂是从上海的钢铁建筑厂搬迁过来的，还有1960年从上海迁到柳州的工厂，诸如针织厂、搪瓷厂和毛巾厂，以及后来上海与柳州企业联营生产永久牌自行车等，两个城市一直有着良好的合作基础。日渐遥远的故事情节，依然留在某些人的记忆里。在与通用汽车谈合作的同时，柳州五菱也希望能够借助通用汽车的关系与上海汽车集团进行合作。

[5] 中国汽车工业协会：《中国汽车工业改革开放30周年回顾与展望（1978—2008）》，中国物资出版社，2009，第121页。

数清牌，用好手中既有的牌，需要高明的手段。通用汽车开始推荐上汽集团进入柳州五菱，然后再想办法合作。但上汽集团此时对于这样的微型车，并不太感兴趣。当时上汽集团的主要精力是放在轿车和中高端商务车上，例如君威、GL8、别克新世纪等。但在通用汽车的强烈推荐下，上汽集团还是派出了高级顾问对柳州五菱进行了一次考察。充满了拼搏精神和热情的柳州五菱，给来自上汽集团的专家们留下了良好的印象。

死马当作活马医。乐观主义者，就是要在僵局中寻找突破口。柳州五菱两头穿梭，同时与上汽集团和通用汽车进行接触，探讨合作的可能性。此时的通用汽车，一方面要与柳州五菱探讨股份公司上市认购事宜，另一方面要与上汽商讨如何形成三方合作的框架及可行方案。

随着通用汽车总部否决B股上市的方案，从2000年年初开始，思路逐渐变得清晰起来。通用汽车建议上汽集团先跟五菱合资，由上汽集团控股，然后再跟通用汽车合资，合作由中外两方变成了"中中外"三方。对于这个方案，广西壮族自治区政府也给予了积极支持。通过政府层面的交流，上海市政府表示支持上汽集团进入广西，参与三方合作。

在三方谈判过程中，讨论时间最长、修订次数最多的文件就是规划。说白了就是到底如何规划产量，对于当时10万辆的产能，应该按照多大的增长计划进行投产。最后大家壮着胆子决定，未来的十年要做到年销量30万辆。用十年增长2倍，这是人们对于新合资公司的未来所拥有的最大想象力。毕竟这是一家地处偏远的地方型企业，缺乏配套的汽车工业基础，而且交通、人才都是短板。看上去，通用汽车看重的是整个市场的布局和卡位，但对于五菱的发展，并没有特别看好。

2000年3月，时任上海市市长徐匡迪在接受中央电视台记者的采访时透露，上海汽车工业集团与柳州五菱汽车股份有限公司、美国通用汽车公司将联手组建合资公司，即将组建的新企业的产量目标是100万辆。这在当时，是一个天文数字，因为当时整个中国市场的汽车产量也只有200万辆。

这次从上海市发布出来的消息让很多人大吃一惊。合资谈判一直都是在管理层秘密进行，员工们没有想到，每天一起抓生产促销售的领导，还在忙着下另外一盘棋。1999年已经实现了绝地反击，五菱的效益显著提升。为什么还要进行合资呢？

惊讶、困惑、猜疑、担忧、迷茫、愤怒等多种情绪弥漫开来，一时间人心浮动。

在2000年4月召开的柳州五菱思想政治工作大会上，刚从上海谈判回来的沈阳，放下行李就直接赶赴位于五菱宾馆副楼的会场，向员工讲述三方合资的重要意义。

为了进一步解开员工的心结，公司还专门请来了经济学家开设讲座，稳定员工思想动态。经济学家将当时国内汽车行业形象地比作"三条大狗，七条小狗，一群野狗"。其中，"三大"指的是一汽、二汽、上汽；"七小"指的是长安、五菱等相对来说还比较正规的厂家；"一群"指的是一些产量比较低、不成规模、散乱的企业。国内汽车行业整体处于散乱状态，没有形成一定的规模，而同期国外企业早已变成一只只"狼"。小狗是斗不过那些群狼的，只有形成大集团，才有机会抵御风险。按照当时柳州五菱的规模，根本抵挡不住入世后国外企业的冲击，只有与狼共舞，才能避免被践踏。

合资，几乎是唯一的出路。上海汽车集团代表"先进文化"，美国通用汽车代表

"先进生产力"，柳州五菱代表"人民"——这是管理者要保护好的终极底线。这才是柳州五菱需要的最好路线。大道理掰开揉碎，小道理晓情动理，反反复复的工作动员，试图让员工们理解市场大趋势之下，每个企业所必须面临的抉择。

4.3 一条最宽的马路

2000年前后，国企改革大潮翻涌，而WTO的大门也即将打开。如何让广西汽车工业得到提升，尤其是作为领头羊的主机厂如何获得现代化的企业管理制度和先进的技术，也是自治区政府反复思考的命题。

面对这次三方合资的方案，自治区政府以极大的决心和魄力，全力推动柳州五菱引入战略投资者。为了让本土企业能够争取到更多合资后的权益，从自治区政府到柳州市委政府，都积极地参与到五菱的合资合作谈判中，时任广西壮族自治区党委常委、自治区常务副主席王汉民，时任柳州市委书记、市人大常委会主任沈北海，时任柳州市委常委、副市长王跃飞作为合资谈判政府工作小组的核心成员，始终奔波在谈判一线。在谈判最艰苦的时候他一个月要到上海四次，有一次因为还有其他重要工作，他上午坐飞机去上海谈判，下午就要回南宁。由于当时上海没有直飞南宁的航班，只能先飞到桂林，然后再坐汽车赶回南宁。

在这个过程中，广西壮族自治区政府做了一个大胆的决定，对股份不做硬性要求，重要的是把产业留在本地扎根。这一独具匠心的原则，解开了上汽集团和通用汽车这两个大股东的心结。广西壮族自治区政府先将企业主要股比以国有资产无偿划拨的方式，划拨给了上汽集团，而地方则只留下小部分股权。上汽集团成为控股股东之后，以新成立的上汽五菱公司技术改造的名义，定向增加扩股，引入通用汽车。这个大胆的混合制度的改革设计，也转交到当时的国家经济贸易委员会进行审批。

2001年7月19日，上汽、五菱在南宁签署了资产划转协议，依照该协议五菱将75.9%的国有法人股无偿划转给上汽集团。原本的五菱公司，也被分成了柳州五菱和上汽五菱。四大工艺车间和相应的管理部门纳入上汽合资公司，随后等待通用汽车的加入，成为上汽通用五菱公司。而其他部门如动力、机修、模具等车间和技术中心、保卫人武部，以及四个分厂等不进股份公司，成为柳州五菱。

当时，这种划拨方式引发了轩然大波。一个好端端的五菱，优势资源怎能都给人家拿走？只剩下一些零部件的加工车间和辅助单位。对于柳州而言，是不是太亏了？

于是，到处都需要解释和安抚。但是谁也无法预知结果，这是在豪赌一局大棋，还是在葬送一个本土企业的前途？风险决策，背后需要有人做巨大的担当。但细看过去，当时中国市场上巨浪飙进的合资风云中，五菱其实已经没有多少选择权。分拆、合资，先推出火车头，再带动火车身，已经是最好的选择了。

最失落的人，恐怕就是沈阳。他全力推进了企业改革，四处谈判形成了合资公司，但自己却被抛弃在外。上汽五菱合资公司已然成立，但总经理的人选却另有任命。

这一点，令许多人感到惊讶。在艰难谈判的过程中，作为主谈判人的沈阳，承受了巨大的压力。广西壮族自治区政府一方政令频出，催促让合资项目赶紧落地；而通用汽车一方则对于沈阳提出的细节条件感到不满。谈判陷入僵局的时候，通用汽车干脆召集所有的谈判团队，集中去度假了。而沈阳就像对弈者，一边清数底牌一边揣测对方的心思，逐个条款寻找最佳的位置。一次谈判僵持的时候，沈阳也扔掉签字笔，发狠说道："不谈了，了不起我上山打游击。"这次倒是通用汽车一方先冷静下来，笑着称沈阳是"游击队长"。一片善意的哄笑过后，"美国队长"和"游击队长"接着往下梳理条款。闹是假闹，谈是真谈。

当谈判成功的时候，沈阳却被排除在合资公司之外。他需要到合资公司上汽五菱所在工厂的马路对面——柳州五菱，去担任总经理。多年的搭档姚佐平，则留在合资公司内。黄金搭档被拆开了。上汽五菱和柳州五菱，两个都带着五菱标志的公司，中间只隔着一条小马路。一脸失意的沈阳，带领着不能进入合资公司的部门，有如带着"破铜烂铁和老弱病残"，横穿马路到对方安营。

这可能是沈阳人生中所走过的最宽的一条马路。

造化弄人，它一定是抛物线的高手，人们在上升通道中的兴奋还没有来得及享受，就会被扔到下降曲线之中。重新攀升的轨迹，只能自己寻找。

沈阳的沮丧并不能持续太久，因为麾下的部队还需要安抚。而他自己也正在重新燃起战火，开始全新的规划。在2001年8月召开的一次座谈会中，沈阳再次解读到，"咱们是有限公司，对面是股份公司。二者的'分'，不是'分家'，而是'分拆'。只有这样才能满足股东方的合资要求，才能谋求股份公司更大的发展"。

沈阳很清楚，汽车主机厂，向来有着巨大的就业溢出效应，可以带动上游零部件和原材料分厂的就业。对于下游的金融、销售、服务等，也同样如此。未来上汽通用五菱合资公司跑得快，柳州五菱公司也可以快速跟进。一番新的雄心，正在重新聚敛、燃烧。

而马路的另一侧，员工们的焦虑也开始逐渐升温。上汽集团和通用汽车中国公司

都开始陆续派出管理人员，进入上汽五菱股份有限公司参与管理工作。成立合资公司的喜悦，很快就被通用汽车的强势，冲刷得一干二净。

家是分了，锅碗瓢盆都有了，但等待国家经济贸易委员会的审批程序，时间还很漫长。这段时期，销量进步不大，企业不见起色，人们尤其感到煎熬。

由三方共同形成的管理层，常常在吵架中度过烦躁的日子。上汽集团和通用汽车对五菱还缺乏足够的认识。姚佐平虽然也负责制造，但很多决定权都来自股东方，几乎没有可施展的空间。一些员工来自上海，代表上汽集团和通用汽车，也有外籍员工偶尔来支持。因此员工之间的摩擦，既有来自中美文化的不同，也有来自大城市与内陆城市的冲突。

瓢盆撞击，此起彼伏的噪声中，还是迎来了决定性的一刻。2002年6月4日，五菱汽车与上汽集团、通用汽车公司达成合作，在广西南宁签署三方合作协议，正式成立了三方合资的"中中外"汽车公司——上汽通用五菱汽车股份有限公司（SGMW）。该公司由上汽集团占股50.1%，通用汽车占股34%，柳州五菱汽车占股15.9%组建。

这样的一个股本结构，在当时可谓是惊世骇俗的设计。它也考验着广西壮族自治区政府的决心。一些人认为这样的结构过于激进，期望在股权上能够有控制权。但时任广西壮族自治区党委常委、自治区常务副主席王汉民并不以为然。作为力推五菱与上汽集团、通用汽车进行合作的主要干部，他强调，广西作为少数民族地区，经济总量较小，工业基础薄弱，如何快速发展？如果通过五菱项目能与上汽集团、美国通用公司进行合作，岂不是可以使广西人大开眼界？为此，他大刀阔斧地推动合资事务，并一再要求各级政府领导将解放思想与引资落地同步推进，力争把先进的制造系统和领先的工业理念带入广西。他的坚持，让人们对于产业合作有了新认识。股权固然重要，但更重要的是要把青山留住。企业发展得好，本地民生自然就跟着受益。广西壮族自治区政府创造性地提出"不求拥有，但求所在"的发展思路，悲观的人看到了些许无奈，而通达之人则看到了智慧。它是一种朴素的本土情怀，是一种扎根民生的实用主义。抓住合资的窗口期，带动当地就业，就是最好的选择。秉持合资留自主、留品牌的双留主义，只有五菱企业存续下去，才能使柳州汽车的生命烟火越来越旺。对于广西而言，诞生了上汽通用五菱这样一个合资公司，会带动上下游产业链的联动发展，这是"在"字的意义。

大度的格局，成就了上汽通用五菱的缔造者。这种"留得青山在，不怕没柴烧"的大局观原则，落子辽远，多年以后，回声嘹亮。上汽通用五菱的突飞猛进，以主机厂带动配件厂的方式拉动了柳州的本地就业，更是带动了另外一半资产。柳州五菱汽车公司发展迅速，在2015年改组并更名为广西汽车集团。"但求所在"，成就了本地就业的繁花硕果。不过，人类的天性就是容易遗忘，历史的事实则很容易被忽略。柳州五菱完全可以独立发展的假象，偶尔会在某些人的脑海里反复浮现。可是，在当时的情况下，哪里有太多的选择。这不是兄弟分家，而是择优赶考。前面闯出一条路，后面才有路千条。将千辛万苦争取到的合资机会与地方政府用心良苦的民生情结，看成可以对半均产的分家，是一个历史性的错觉和误会。

4.4 小绵羊送到老狼怀？

"十五"期间，是中国开放大门、极具世界性影响的时代。2001年作为开局之年，中国加入了WTO，它以不可更改的程序、不可逆转的路径，将中国制造送上了全球化的轨道。对于汽车行业而言，2001年是五味杂陈、情绪不断变化的一年。这一年，历史的笔记本上，交错写满了犹疑与决断、沮丧与兴奋、恐惧与勇气、灰暗与荣耀，用文字难以言表。2001年3月发布的国务院政府工作报告上，"鼓励私人拥有轿车"则成为令人眼前最亮的一笔浓彩。

汽车行业的第二次合资高潮毅然来临，而且更加凶猛。过去的合资只是针对单一车型、单一项目，中国加入WTO之后，几乎所有大型跨国公司均落户中国[6]，而且寻求拓展为全系列车型的全方位合作。此前，外资汽车品牌都是希望以全散件组装（CKD）的方式，延长既有产品的生命周期，实现老型号产品的利润收割。从这2001年开始，外资汽车将采用全新的战术，新型号同步的轿车将成为主流。老三样的捷达、桑塔纳、富康品牌汽车依然唱欢，而如赛欧等"四小花旦"品牌汽车则新锐登场。面向普通老百姓的车开始出现，轿车正在脱离奢侈品的行列。汽车全面市场化之战打响了。

此时全球汽车格局，已经基本形成了汽车集团6+3的寡头局面，年产量最少的400万辆，多的则达到870万辆。而2000年中国汽车的总产量才206.9万辆，其中轿车只

---

[6] 中国汽车工业协会、中国汽车工业咨询委员会主编，《中国汽车工业史（1990—2010）》，机械工业出版社，2014年，第165页。

有60.5万辆[7]，国产汽车厂中产量最多的也只有40万辆。

大势不可违，时光不等人。2000年12月底，中国汽车行业已经有825家外商投资企业[8]。外来洪水更猛烈，合资之势不可挡。对于任何一个旨在发展本地汽车产业的城市决策者而言，2000年到2001年都是最为关键的窗口期。

柳州市上下合力，终于成功地赶上了这个窗口期。但从窗户进来的，并非都是鸟语花香。

合资，并不一定是绝对可靠联盟，也并非都意味着甜蜜的未来。文化的差异与冲突是企业并购和合作失败的重要因素之一。美国通用汽车公司是一家百年老店，在漫长的历史长河中形成了完善的经营理念和系统的制造理念，上汽集团是国内三大汽车企业之一，已形成自身独特的文化理念；五菱经过40多年的发展和沉淀，也有适合自身发展的企业文化，并在合资之前形成了"低成本、极简化、差异化"的运营管理模式。

三个股东方在经营理念、管理模式和管理风格等方面存在着明显的差异，这更深层次源于不同的地域文化。在合资前后，三个股东方便碰撞出了激烈的火花，如同发生了"世界大战"。这些战火的对象，可以是任何人，或者是任何车型，甚至是一座钟。

坐落在柳州市河西路18号的上汽通用五菱，尽管历时多年，但大门前的景象并未有多大的改变，大门边的围墙上贴着"艰苦创业、自强不息"八个大字，还挂有一个大铁钟，每天到了上下班时间都会有钟声响起。上汽集团五菱汽车股份有限公司成立的时候，上汽集团的外派人员到了柳州之后，觉得那八个字和铁钟不美观，建议

---

[7]《我国汽车产量持续增长》，《世界机电经贸信息》2001年第4期。

[8] 中国汽车工业协会：《中国汽车工业改革开放30周年回顾与展望（1978—2008）》，中国物资出版社，2009年，第129页。

拆除，姚佐平当即表示反对。"艰苦创业、自强不息"体现的是五菱几十年沉淀下来的基因，是必须坚持的企业精神，而铁钟寓意是让五菱的员工"警钟长鸣"。一个企业的精气神是需要保护的，基因怎么可以轻易被更改。经过据理力争之后，八个大字最终得以保留下来。醒目的字迹，每天都会在公司大门口精神抖擞地迎送每一个人。这是五菱心目中的精神象征，每当有重要的活动或者要出征时，五菱人都会不自觉地到八个大字前合影，以表明自己的决心和干劲。而那口大钟，则被移到了公司大门里面，依旧在每天上下班的时候为所有五菱人敲响积极进取、奋发向上的钟声。

思想上的交锋，更具有穿透力和伤害性。上汽通用五菱公司成立后，伴随着三方人员的加入，"世界大战"频繁和激烈地上演。

合资之初，由于沟通语言、管理理念、代表利益不同等原因，关于企业重大决策的会议，执行委员会经常要开一整天，气氛并不融洽，很多决策的事项都会形成不同的意见。在各种会议上，通常是中方与外方人员分开来坐，大家自说自话。初期一些外方人员秉持着居高临下的态度，而五菱员工也带着强烈的自尊心，硬是不服输，沟通交流间争争吵吵成了家常便饭，更有甚者还会拍起桌子，踢飞椅子，破口大骂。工作邮件的交流也很困难，有时外方的邮件过来，中方没有人回答；有时中方的邮件发过去，外方也看不懂。总之，就是互相不理解。很多问题就这样堆积在一起，没办法解决。

五菱人经历着复杂的煎熬甚至群体性的伤害。既无法认同合资方的态度，也无法拒绝向其拥有的那些优秀想法去靠拢。这样的情感，在全球的汽车行业中都有类似的版本。1998年克莱斯勒意外地被戴姆勒奔驰收购后，那里的美国人也同样感受到了来自德国豪华轿车的轻蔑。当地的员工，感觉德国人以对等合作的幌子，接管了美国公司。而被指派到克莱斯勒工作的奔驰高管，常常以极其傲慢的态度，看待那里生产的大众化汽车以及蓝领阶层用的卡车[9]。

仰天大笑出门去，我辈岂是蓬蒿人。在不忿的同时，五菱人心中也憋着一口气，蓄势待发。

[9] Bill Vlasic：《底特律往事：汽车之城衰落史》，郭力 译，中信出版社，2011，第52页。

4.5 一锅中药

面对合资后遭遇的三方冲突和矛盾，管理层人员意识到必须直面问题，找到文化融合的办法。股东方派遣的空降团队，看来已经无法将三方之力合在一起。面对一年多来运转不顺利的局面，2002年通用汽车中国公司总裁向上汽提出，让沈阳进入上汽通用五菱担任总经理。由于协议已经规定总经理必须是上汽的员工，因此沈阳也需要被调换到上汽。有了上汽身份，才能进入上汽通用五菱担任总经理。对此，广西壮族自治区相关政府部门也表示认同，毕竟还是本地人，毕竟一切为了发展。

一切到位，就必须找到文化融合的办法。老是吵架，如何能过好合资的日子。其实此前，上汽与通用汽车的联姻，早已给出弥合文化差异的先例。双方合资之初，中方领导提出了一种"组织内的个体行为约束力量"的合作理念[10]，那就是学习理解、规范行为、灵活务实、以合资公司利益为重[11]。结合合资公司多元文化融合的特点，寻找共同语言的最大公约数。

这一促使上汽集团与通用汽车成功合作的理念，在新成立的三方合资厂，再次派上用场。以沈阳、姚佐平为代表的企业管理层，倡导"以合资公司利益为重"的观念，一开始先从执行委员会和中层管理人员入手。

上汽通用五菱的最高决策部门是执行委员会。执行委员会的会议共有7人出席参会，其中4人有签字权，上汽有2人，分别是总经理和副总经理；通用汽车有1人，是

---

[10] 贾春岚：《上海通用汽车：直面市场竞争的企业文化》，《中外企业文化》2002年第11期。

[11] 4S理念：学习理解（Study），以SGM（上海通用汽车公司）的利益为重，规范行为（Standardization），灵活务实（Spring）。

首席财务官；五菱有1人，是副总经理。所有项目、报董事会的材料都要先报给执行委员会，每周开一次会，主要研究"三重一大"，即重大事项决策、重要干部任免、重大项目投资决策、大额资金使用。实行一票否决制，这为上汽通用五菱的高管，能够一次次加进去自己的意见，留下了气口。

为了避免矛盾公开化，逐渐形成议题先事前沟通，征得各个执行委员会成员的同意后，再经过负责部门的副总经理审批的流程，区别于原来国企的决策的形式。尽管席位设置上决定了不同的股东方委任的管理者，但加上了"以合资公司利益为重"这个理念之后，渐渐地三方股东开始统一思想，求同存异。

执行委员会变得越来越高效，哪怕是开一整天的会，也能确保每一个决策都是基于企业发展，而且是长期发展的利益来做出的决策。

有一次，某个车间出现了批量质量事故。虽然是由于外包商的原因造成的，但当时通用汽车委派的车间负责人主动担起了责任，并且说："对员工不要给他们太多的压力，对他们来说，吸取经验教训就好。"有些高管还主动担任合资公司英语协会的老师。这些善意的释放，迅速得到了五菱员工的呼应。拨动心弦的努力，其实并不需要太重。

同样，与外方人员的非组织交流，也开始被刻意加强。每年举行圣诞节晚会，企业主要领导都会出席。仪式感是凝结一个组织文化的最好容器，它会将阳光的暖意融入其中。

在"以合资公司利益为重"的理念倡导下，公司中的三方人员逐渐由相互排斥、互不理解，转变为主动学习和相互融合。

公司治理结构也开始逐渐完善，上汽通用五菱股东方在《公司法》和《公司章程》的框架下，建立了标志着现代化企业管理制度的"新四会"，即股东大会、董事会、监事会、执行委员会。同时继续发扬国企"老三会"的传统，即党委会、工会、职工代表大会。在精心设计之下，新四会和老三会，水乳相融。

执行委员会的"职业经理人"代替了"企业家"角色，受聘于董事会。在"去行政化"之后，每一个管理者都形成一种理念，那就是不管代表的是哪个股东方，都是以公司发展为第一位。

在这个过程中，"一个方向盘，四个轮子"战略思想也逐步确立。第一个轮子是人力资源，第二个轮子是优秀的资源和资源集成能力，第三个轮子是技术变革与创新，第四个轮子是资本，而方向盘，则是企业文化[12]。这种文化生动地将领导的意图，漫如春雨般，逐渐渗透到每一个员工的心田。

动情之处，也有坚持。五菱的管理层一直相信本土市场需要本土化策略，那就是：战术上可以学习通用汽车，而在战略层面则要坚持国情。多年跟用户摸爬滚打在一起的五菱人，太了解用户的情感诉求，这跟通用汽车管理层的全球化思维，有着很多的不同。五菱讲市场讲用户，通用汽车讲技术讲流程。在包容理解中，也必须斗智斗勇。

发展微车要采用什么品牌？通用汽车一开始根本不想继续使用五菱品牌，而是希望采用雪佛兰商标。上汽通用五菱的管理层没有直面劝阻，而是描述了一个场景。当时很多购车人都是当地先富裕起来的农民，他们是用蛇皮袋子里装着钱，扛着袋子来买车。如果门店装修太漂亮，这些人可能根本就不会进店。换言之，如果采用雪佛兰

---

[12] 姚佐平、万君康、王辉：《中中外合作企业"一个方向盘，四个轮子"的发展战略》，《武汉理工大学学报（信息与管理工程版）》2005年第6期。

品牌，微车市场的发展就没戏了。通用汽车方面听懂了这个笑话般的寓意，五菱品牌躲过了被雪藏的第一劫。

美国人有自己的变通。在一次新年茶话会上，时任通用汽车中国公司总裁的墨菲先生双手作揖，对在场的老同志们说，在中国学习了很多，但不是向沈阳学习，而是向老领导学习。墨菲这一番临场发挥的话，让大家都很意外，而原来工厂的老领导们则都很受用。看来，在如何应对前任领导方面，美国管理者也是备足了功课，做足了文章。

在你来我往的过程中，姚佐平终于意识到，三方的合作遵循着一套合成中药的理论。文化的融合自然是取其精华，去其糟粕。上汽、通用、五菱就像是融合在一起的一锅中药，通用是药引子，上汽是水温条件，它们激发了五菱基材的灵性，而"艰苦创业，自强不息"则是主味道。熬药成汤，不分你我，才能真正有疗效。

4.6 各方所得

中药汤的疗效早已在考量之中。对于通用汽车而言，这次合资具有重要的战略价值。汽车的布局，是围棋思维，需要均匀布子。通用汽车迫切需要中国本地化的网状分布。与上汽集团和五菱的合资所形成的"中中外"合资模式，让通用汽车可以在中国频频落子。在2002年6月签订三方合作协议之后，通用汽车如法炮制，跟上汽集团一起，实现了对烟台大宇东岳车身的控局[13]。这样一来，通用汽车终于连成了一片，华东有上汽通用、华北有上汽通用东岳、东北有沈阳市的金杯通用，华南有上汽通用五菱，形成了网络布局。这种"中中外"的混合股改模式，一开始像是误打误撞。但事后看过去，也真是充满了全球化的成熟和中国人应变的智慧。规则不言之处，一切皆有可能。

2002年11月18日，由上汽集团、通用汽车中国公司、柳州五菱三方共同组建的上汽通用五菱汽车股份有限公司挂牌成立。

这一天，最美好的礼物就是公司的第一款产品——五菱之光正式下线。它缓缓驶出厂房的姿态，好像是在向一个时代致敬，向上汽通用五菱的缔造者致敬。

这一年，中国汽车历史上迎来了爆炸性增长的一刻，总产量从233万辆增长到325万辆，中国汽车产量全球排名从2000年的第八位上升到第五位。所有布局就绪的汽车企业家，会感到由衷的喜悦，身处驾驶舱的他们已经感受到了加速度的推背力量。

---

[13] 中国汽车工业协会：《中国汽车工业改革开放30周年回顾与展望（1978—2008）》，中国物资出版社，2009，第137页。

第四章　合资风云

Ready?

Go!

第 / 五 / 章

2003 —

新里程

Milestone

SGMW QingDao Branch

五菱荣光

2008年 神车时代

5.1 平头车之死
5.2 先干他一仗
5.3 一根弹簧的心思
5.4 就是个笑话
5.5 被掀开的天花板
5.6 质量的进化
5.7 南北插旗
5.8 发疯的策略
5.9 话语权之争

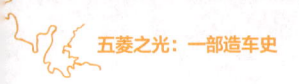

5.1 平头车之死

中国的微型汽车脱胎于日本的微型商用车，在引入中国之初是作为微型货车来使用的。然而，它在中国现代化进程的不同阶段，承载了产品设计者当初意想不到的使命。

微型汽车在中国最耀眼的表现，就是作为城市出租车使用。在二十世纪九十年代初，天津大发及哈飞和生产的面包车，抓住中国汽车短缺、供不应求的机会，轻松进入了城市出租车市场。北京和天津率先领跑。北京的大街上，到处跑得都是黄色微型面包车。这种被称为"面的"的平头面包车，价格实惠，招手即上，成为国民记忆中最早的汽车工业的红利。1991年年底，北京市出租车保有量1.3万辆，"面的"仅占18%。而到了1994年年底，北京市出租车保有量突破6万辆，"面的"高达3.5万辆，占比将近60%。彼时席卷北京的沙尘暴，正在一年比一年变得更加严重。当满天沙尘来临的时候，出门赶路的人纷纷招手打车，进到面包车里面简直就像是躲过一劫。

北京和天津的"面的"之风，很快席卷到中国其他的省会城市和中小城市。西安、郑州、济南、太原等省会城市纷纷跟进，微型客车在市场上供不应求。1997年年底，全国出租车保有量中有四分之一是"面的"[1]。

然而，出于安全与环保的考虑，这种污染过大的汽车，在城市的进化周期中终究

---

[1] 刘原，李林：《出租车市场：汽车厂商的必争之地》，《北京汽车》1999年第2期。

只是一个过渡品。1998年，北京就开始淘汰这种环保差、车型低端的面包车。平头微车在闪亮划过星空之后，就如彗星一般退出历史舞台。尽管天津夏利的两厢轿车开始迅速接过"面的"的使命，成为北京出租车的主力车型，但它对于人们需求的错判，也让自己的生命再次快步走向终点。这种低端车型的配置，明显低估了中国城市的品质需求。1999年，北京市出租车市场全面淘汰"面的"，取而代之的是捷达、富康、金夏利等电喷带三元催化器的轿车，北京"面的"时代宣告终结。令人感慨的是，跟它的兴起曲线一样，这一次退潮也是从北京引起而迅速蔓延至全国[2]。

盛极一时的城市"面的"，是在中国汽车工业发育尚不完全、而消费需求突然放大的巨大缝隙之间，由市场自发调配而成长出来的奇异果，鲜美一时，却不能持久。

同样精彩的是，微车也在城乡接合部找到了新的市场。但是，它具有比城市出租要长得多的寿命。城乡接合部野草般的草根活力，成就了它的更长远的使命。

二十世纪九十年代初，中国城市和农村的现代化程度都比较低。各种人力车、摩托车、机动三轮车、拖拉机等编织了城乡交通末梢网络。由于微型汽车具有鲜明的生产资料属性，个人购买主要是用于运营和经营，兼作乘用。在微型货车的技术上发展而来的微型客车，主要功能就是载货与载人。于是，它越发成为城乡运载的主力。

1980年和2000年，中国人口数量分别是9.9亿、12.7亿，城镇人口分别是1.9亿和4.6亿，城镇化率分别达到19%和36%。尽管二十年间人口城镇化率提升了将近1倍，但居住在农村的人口并未明显减少，从1980年的8亿上升到1990年的8.4亿，到2000年才缓慢降至8.1亿[3]。这意味着，二十世纪末的最后十年，城乡一体化仍然处于起步阶段，而农村人也开始呈现出双重身份，在追求致富路上，有很多亦农亦商或亦

[2] 杨云龙：《出租车面临改朝换代》，《中华工商时报》2000年9月6日。

[3] 国家统计局官网，年度数据，https://data.stats.gov.cn/easyquery.htm? cn=C01。

农亦工的人们，而微车则恰如其分地表达了这种社会性的双重属性，成为中国社会结构最好的映射。微车用四个轮子的速度，不紧不慢地丈量着中国城镇化的进度；又用它特殊的身份和形象，不动声色地成为中国城镇化大发展时代的一个高级隐喻。

进入二十世纪的最后十年，微型客车和农用车初期在中国城市和乡镇的空间中各自大行其道，而到了世纪末则双双发展受阻。"面的"退出大城市；农用车不能进城和上高速。前者意味着中国城市已经走出了计划经济体制下的封闭和低消费状态，正在走向商业化和国际化，那时也正是国际汽车巨头纷纷寻找合资的忙碌时刻；而后者，则宣告了中国广大农村将跨入一个城乡深度结合的新阶段。这是时代的两股大潮流，逆势者行将淘汰，顺势而为者则迎来了灿烂的一刻。

细分的微型汽车市场，一直就是一个接近充分竞争的市场，政府的管制相对宽松。在微型汽车生产第一阵营的五大企业中，从1995年到2000年的六年间，长安汽车和柳州五菱累计产量均超过50万辆，哈飞和昌河公司累计产量均超过40万辆，而天汽累计产量刚刚超过25万辆。如果说长安汽车、柳州五菱、哈飞和昌河这四家企业的竞争在"九五"期间处在拉锯状态，需要到下一个10年才能分出高下的话，那么天津汽车显然已经落在了微型汽车生产第一阵营的边缘，这种差距还在不断扩大。"九五"期间，在中国微型汽车领域实际上形成了长安汽车、柳州五菱、哈飞和昌河四强相争的格局，2000年，这四强合计产量占国产微型汽车总产量的90%，微型汽车成为中国汽车生产集中度最高的产品领域[4]。四大微车品牌的汽车穿梭于城乡的道路上，成为中国经济毛细血管中最活跃的细胞之一。

然而，产业甜蜜期，都是有时间窗口的。

[4] 历年《中国汽车工业年鉴》，1995—2000年八大微型汽车生产企业产量及产品结构。

汽车的市场监管越来越严。按照即将出台的安全碰撞法规要求，自2003年1月起，所有汽车企业需要停止生产不符合《关于正面碰撞乘员保护的设计规则》要求的微型汽车产品，其库存产品最多允许继续销售6个月[5]。不符合要求的微型汽车产品强制退市在即。对于诸多微型汽车的生产厂家来说，此前生产的平头车（如面包车），车窗下面是垂直的汽车前挡板，车前部的碰撞缓冲区和变形吸能区较短，发生碰撞事故后容易导致车身严重变形，很难保证驾驶人及前排乘员的安全。这种车，都是无法通过碰撞实验的。因此，微车企业必须开发出能够通过碰撞试验的微型汽车。如果不能在限期前推出新产品，经销商们将无车可卖。

纵观汽车产业的发展路径，一直都是在法规的圆圈之内所导引。法规是汽车进步的牛虻，它用犀利的针锋，推动着汽车行业尤其是发动机行业，不断跃迁到新的轨道。而这一次，法规限定，让微车开始面临生死大考。

微车产销量的高速增长如何持续？微车生产企业的未来怎么办？微车企业都感受到了切肤之痛，忙不迭地调整思路。先行者，也确立了领先的优势。长安之星，就是当时的代表车型之一[6]。作为一款从日本直接引进铃木技术、发动机中置的微型汽车，长安之星的车头向前伸，完全符合碰撞法规，1999年，就已经在清华大学汽车碰撞实验室顺利完成了测试，并率先上市，这让昔日一起拼抢天下的老对手们眼红不已。

很多其他微型车厂也在发生游移，好像是汽车领域的猎人。源自日本车的昌河北斗星，还有哈飞的百利和赛马，也在乘用车方面发力，主要面向城市家庭而非农村家庭的用户。这种兵分两路的战术，看似有着分散风险的合理性，但战略缺陷也很明

[5] 《关于进一步加强车辆公告管理和注册登记有关事项的通知》，国经贸产业〔2002〕768号，中国政府网，http://www.gov.cn/gongbao/content/2003/ content_62644.htm。
[6] 中国汽车工业协会、中国汽车工业咨询委员会：《中国汽车工业史（1990—2010）》，机械工业出版社，2014，第209页。

显。在城市中，无法跟崛起的老三样如桑塔纳、捷达、富康等相比；而在农村，偏乘用车的舒适性则又显得有些超前。两边不沾，就会分散精力。对于昌河、哈飞这样的微车企业来说，一旦往乘用车偏移，难免会显得力不从心。这些车企过早地进入了乘用车市场。

对任何一个造车人而言，乘用车一直都是华丽的诱惑。而缺乏战略定力的诱惑，往往是致命的。当松花江、昌河、大发等在大城市"面的"市场攻城略地之时，它们被城市的流光溢彩所吸引，它们自信可以继续留在城市街道。企业一把手的定力，是战略分野的关键砝码。上汽通用五菱，继续将砝码拉向城乡腹地市场，瞄准正在城镇化的中低消费人群。

在中国市场这样一个全球汽车品牌都在忙碌的大田野之上，需要的是埋头深耕的农夫，而不是四处张望的猎人。

5.2 先干他一仗

2002年年底的柳州工厂，完全符合新法规碰撞要求的微车"五菱之光"，开始驶出厂房。经过多少回合谈判才终于走到一起的三方股东，都在注视着这个合资公司的第一个孩子。它的降临，得到的并不全都是祝福，一些怀疑的目光也夹杂其中。

1999年年初柳州五菱技术中心的成立，是企业管理层实施的一次大变革。在原设计处的基础上，它还整合了工艺、标准化和新产品试制等部门，规模将近200人。这个组织最大的特点，是在设计研发部门中增加了制造工程部分，将产品中心与制造中心整合在一起。在很多制造企业中，产品设计工程师和制造工程师，二者很容易处于一种紧张的关系。他们各有自己的使命要求，一个想的是好功能，一个想的是可制造。就像两只悬挂的弹性碰撞球，你撞飞我一下，我撞飞你一下。在日常的流程中，每人都难免会挤压另外一人的空间：一个老想改设计，一个从来不想动设计。而现在，这两种岗位被强制绑定在一起，就是为了执行"以车身为核心"的研发制造模式[7]。多年以后，人们才会意识到，这种面向制造的设计，是确保设计与制造融合的一股清流。

那时，技术中心的设计工具和制造手段都比较简单。在做单双排货车、平头车的时候，都是按照实体进行等比模仿。先测量实物，用简单的设计软件画出二维图，形成测绘图纸。然后在试制车间的车身工艺中，由师傅敲打出来。而且，以前主要是做

[7] 以车身为核心的产品开发，是指整车企业在汽车产品平台战略的基础上，将车身专业技术作为其核心技术和重点领域，集成并行工程、精益生产、面向产品生命周期设计（DFX）、计算机辅助技术（CAX）等先进理念和方法，打造对车身造型、工程设计、产品验证、生产准备的全过程的组织体系与管理模式，最终全面提升车企的产品研发能力，快速响应市场需求，实现短周期、低成本、高质量的汽车产品研发目标。

一些单双排货车。

技术中心，其实还只是初步具备改型能力，远远谈不上去开发新车型。从一个概念、一张白纸开始设计一辆车，这远远超出技术中心的能力。也正是这点原因，使得在探讨上汽通用五菱公司的部门构成的时候，股东方所圈定的合同条款里并没有技术中心，它被排除在外。

虽然1998年五菱汽车已经在微车市场排名第一，技术中心也积累了十年经验，但谈判桌前上汽集团和通用汽车的代表，对其都并不以为然。由于新的合资公司没有研发中心，技术中心还有一些价值，继续提供一些研发服务。尽管这些员工并没有搬离原有的办公室，但这种并不在合资公司编制内的感觉，实在太差。失落而悲壮的情绪，浓浓地弥漫在五菱技术中心的团队中。

无论是上汽集团，还是通用汽车，都想集中力量发展泛亚汽车技术中心（简称泛亚）。作为跟上汽与通用汽车合资公司同步的成果，泛亚被双方寄予厚望，它将为中国汽车行业引入全副武装的新生代设计力量。上汽通用五菱是新的合资公司，新产品开发自然也应该交到泛亚手中。

早在上汽集团、通用汽车和五菱三方在谈判桌上你来我往谈条款之时，五菱汽车也正在研发下一代产品。第一发重炮，也是一定要拿下的关口，就是符合安全碰撞法规的新车型。这是企业生死之战。

当时，还有一个思路是引入日本大发子弹头，一款名"都市清风"的车，通过国产化零部件来作为新车型。引进车型的工作一直都在进行之中，但是加入合资谈判的通用汽车断然否定了这个项目。大发和通用汽车拥有部分股份的日本铃木是竞争关系，引进对手的产品显然不太合适。然而尴尬的是，铃木却没有合适的车型可以引进。

焦急万分的沈阳，坚持要求为新的合资公司开发一款全新产品，以应对即将到来的国家安全碰撞法规。而上汽和通用汽车则认为五菱没有研发能力，时机未到。在他们眼里，五菱的管理层未免像是求功心切、有些吵闹的莽撞青年。

沈阳力主研发，也并非胜券在握。说话不紧不慢的他，很少有大发雷霆的时候，也很难从表情判断他内心深处的动摇与坚定之间的分界线。他信奉顺势而为的法则。只要大方向走对了，那么多走几步，哪怕会走到弯路，最后也都是机会。

现在顺势所为，就是要坚持自主开发，开发符合法规要求的下一代产品。

各方拉锯之中，上汽和通用汽车做了一个让步，那就是可以让本地的五菱技术中心拿出一个方案。同时股东方还邀请了英国米拉公司和泛亚汽车技术中心两家单位，分别给出设计方案。

拍板的时候到了，各路管理层人员汇聚上海。三家报上来的方案，让上汽通用决策层颇为踌躇。从工程时间看，英国米拉公司需要36个月，泛亚则为30个月，而五菱技术中心用时最短，需要18个月。而从成本看，差距更大。泛亚汽车技术中心是五菱技术中心的两倍，英国米拉公司又是泛亚汽车技术中心的两倍。董事会决定让沈阳拍板，他需要拍胸脯保证，这款车可以在规定时间、规定成本内生产出来，相当于是立下了军令状。

压力伴随着无眠的长夜。在上汽老干部活动中心的宾馆里，晚上十一点多，沈阳决定还是要找人谈谈。他喊来时任五菱技术中心副主任张正湘，一脸郑重地问，"关于针对安全碰撞法规的改进，大家都在谈要让国外公司来做。我来问你，我们能不能自己做？"

在那之前，五菱技术中心还真没有想过可以自己开发。此前五菱技术中心并没有主导设计过任何一款产品，车型都是引进的。

"我们能不能自己做？"这句话就像一股电流，瞬间击中了张正湘的心。很多技术人员骨子里都有一种激情，它往往隐藏在人们的心底，很难被发现，很难被点燃。技术人员期待着领导的赏识和信任。一旦人们的热情被点燃，就会充满了力量。

他立刻回答道，"我想去做这件事！"

随后，张正湘打电话到柳州，跟技术中心的其他同事们一起讨论自己开发的可能性。群体的热情就像是燃烧的丛林，呈现出燎原之势，很快大家就形成共识：自己开发！

沈阳房间的门，再次被敲开。

"可以，我们可以自己做！"

"如果我们自己做，时间有问题吗？"

"绝对没有问题。"

"成本有问题吗？"

"绝对没有问题。"

这是沈阳最熟悉的声调。多年来，他跟他的团队之间，都是这种平静而可靠的问答。从外人看来，这种单调的对话，说明不了什么。有时候，沈阳自己都觉得这种保证，是不是有点过于绝对。如果这一次失败了，设计的权利将会被完全交出去。他所珍视的双保留——"保留自主品牌、保留自主研发"，就不太可能留得住了。

这一夜，在上海一扇长灯不灭的窗下，飘摇着动摇、犹疑和决心。这些想法如何最后被确立，细节并不容易弄清楚。但有一点是肯定的，勇气从来不是一个人的事情，勇气是一种群体情绪的综合，它是经由团队伙伴们的相互打气、相互壮胆而激发。

第二天，五菱技术中心接到了让大家放手一搏的上海来电。位于柳州的人们沸腾了，两年来积累的委屈，此刻犹如决堤的大坝，倾泻而出。群情激奋，感觉就像扛着枪出征，虽然生死难料，但不管怎样，先干他一仗[8]。这看起来像是反击的怒火，充满了斗志。然而未来的路，还不知道是否能走得通。

为了慎重起见，上汽通用五菱的管理层建议泛亚汽车技术中心与五菱技术中心就车型问题做一次汇报交流。管理层还是希望再做最后一次努力，能够让泛亚汽车技术中心来主持，而五菱技术中心已是志在必得。汇报交流会未开始之前，已经是暗流涌动的胜负之战了。

到了会议召开的当天，双方发言的人，情绪似乎都有些激动。一开始，这场会议就偏离了交流切磋，变成了一场对抗赛。技术人的语言是简洁的，不加修饰的挑衅，直奔主题，火药味十足。先是陈述，双方已经唇枪舌剑。而交锋的战场，很快转移到了会议室里的白板上。技术人员各自写出对碰撞安全性设计的做法，以及比较优势。争论中，会议的焦点，变成了那支白板笔，双方都开始争抢，以便能在白板上画出自己的想法。会场秩序一度混乱起来，主持人不得不宣告临时中断会议。

"争抢一支笔"的会议之后，通用汽车和上汽集团都对五菱技术中心的方案印象深刻。对于五菱技术中心而言，这次会议上简直就像是在争抢一支枪，枪杆子里才会有自主研发的政权。

这一次，他们抢回了一支冲锋枪。

---

[8] 葛帮宁：《五菱基因》，《经营者（汽车商业评论）》2014年第1期。

5.3 一根弹簧的心思

应对汽车碰撞安全法规的车型设计思路，当时可供选择的参考对象有两个。一个是日本三菱平头面包车，另一个就是引人注目的长安之星。柳州五菱在河西基地的每个车间，都放置了一辆长安之星。既能方便员工学习观摩，也能激发起大家的竞争意识。标杆就是力量，刺激引发斗志。

为节省成本和时间，五菱技术中心按照长安之星的样式，用了三个月的时间就研发出了一辆试制车。面对样车，领导们看了之后，都倒吸了一口凉气。样车的造型和外观都是一副大大咧咧的模样，看起来就像是一根细长的大香肠，难看的辣眼睛。设计思路没有大的变化，主要是增加了车头。在驾驶室前面单纯增加一个车鼻子，前悬从原来的0.6米增加到了1米。为了拓展空间，车身设计比长安之星还要长一些，整体显得非常不美观。

看来照搬还是不行，要有自己的想法。必须重新修改设计，一切推倒重来。此前，五菱技术中心人员曾经直接下乡蹲点，调研长安之星的用户在使用过程中的体验。通过对长安之星进行反复研究之后，五菱技术中心发现了这款车的一个弱点：空间很小。这是日本小型车独有的特点，而长安之星引入的恰好是日本铃木的技术。

空间，成为五菱最大的发现。当时的微车市场上，长安之星的销量一家独大。设计师的想法很简单，只要比它更好，就一定能吸引用户。于是，五菱技术中心的人员对长安之星进行了深度的解剖，每一个形状都要琢磨它的原理。空间则成为重点分析对象。为了保证强度和刚性，长安之星后车门的上端门洞，采用梯形结构，上小下大，对于上方物品的装入，经常卡壳。为了防止漏水灌入，门洞也高于车内地板，货物进出很不方便。而且，这也导致空间利用率有所下降。

这些看上去零碎的犄角旮旯，都被放到了放大镜下——审视。设计组成员仔细地进行记录，并作为重要的设计原则。例如，车尾门洞被加大，因为人们装卸货物时，一般都不会从侧门，而是从后门进入。后门就是一间屋子的前院，必须宽敞。同时采用方正的形状，便于货物进出；而门洞的下沿，则低于地板，方便人们把货物直接放到地板上。另外，取消了车内地板的两级台阶，使其从头到尾保持一致平衡。既向长安之星看齐，又要有所超越，即空间更大、拉货更方便。

还有一项重点设计是车身比例。颜值，任何时候都是需要的。而比例，向来是一辆汽车看起来是否美观的关键。既然车身前后加长是必需的，那么只有加宽轮距才能优化整体比例。

人们很难会想到，决定这个比例之美的，靠的是一根普普通通的弹簧。

长安之星的后悬架采用螺旋弹簧，多连杆式悬架，这会有效减少汽车行驶时的纵摆和侧摆[9]，减少颠簸。这种半独立后悬架的螺旋弹簧，增加了舒适性，但却缩小了车内的空间，例如就不得不采用两级地板，垫高尺寸。

五菱技术中心认为，在后悬架中还是采用钢板弹簧会更符合用户的需求。虽然钢板弹簧更硬，舒适性变差，但空间尺寸却能得到优化。在这一点上，泛亚汽车技术中心很难认同，他们认为只有卡车才采用这种钢板弹簧的悬挂，对于轿车而言，这是一

[9] 向生寅:《"长安之星"SC6350/SC1015X 微型汽车介绍》，
《汽车与配件》1999 年第 26 期。

种落伍的选择。泛亚汽车技术中心人员强调，轿车都需要用独立悬挂，这款新开发的车型，至少也要是半独立悬架，才能兼顾舒适性和承载能力。在一次研发节点的确认会上，上汽集团的一位资深技术人员直接批评道，"搞钢板弹簧的，能叫汽车吗？"关注技术细节的沈阳，一直坚持出席各种技术讨论的现场。而这一次，他也有点坐不住了，开始挺身而出，"护犊子"般地陈述了新车型与长安之星的差异化及重要性。最重要的是，他强调，用户的需求决定了设计。

最后陈述时，五菱技术中心给出了一张表，列出了简单明了的对比。半独立悬挂的螺旋弹簧，尽管舒适性更好，但这种结构并不符合商乘两用的目的。这种方式，对车内地板有要求，需要将地板抬起来，后面比较高，会导致第二排、第三排和前面的地板高度不一样，属于三级台阶型后地板。而五菱技术中心的判断是，当前的需求是以驾驶人拉货为主，对细节和舒适性还不太关注。虽然钢板弹簧以往是用于单双排座的货车，但其生命力依然旺盛。

现场没有掌声，只有沉静留下来的尴尬。而钢板弹簧的方案，最终被确定下来。

设计上的较量，很快就变成了制造上的较真。能设计出来，还得能制造出来。到了样车的车辆试制阶段，每一处设计、每一个尺寸，都是真刀实枪的还原细节。车辆调校，需要性能测试部门完成。但这时的岗位机构，哪里有这么细的科室分工，都是笼统负责。五菱之光的所有性能测试，都只能交由底盘科员工负责。底盘科的七个技术人员，在将近一个月的时间里，几乎天天都在公路上跑。哪段高速公路应该用什么速度、做什么测试等，都刻在每个人的脑海里。这些天天在一起测试的工程师，每天都忙得像旋转的陀螺一样。磨合久了，根本不用招呼，你拆什么，他装什么，都是如身使臂，如臂使指。例如换前悬，几分钟就能完成。工程师们不像是在测试，更像是在抢修。一级方程式赛车赛道上的维修站，是人类分工协同的最高水准的展示之地。在这里，21个人可以在7秒钟完成四个轮胎的更换和60升汽油的注入。14个人换轮胎的场景，简直是钢琴上一个剧烈的加强符。底盘科的年轻人们，把测试道当成了F1赛道。

到了路试阶段，需要前往海南检测场，在那里，需要一边测试一边调校，通常一周时间可以完成。但为了节省时间，必须在现场能一次通过。为此，要将所有的准备工作提前做好。五菱技术中心从柳州驾校租了一个水泥运动场做试验。没有陀螺仪，就用最原始的土办法，找来一个大矿泉水瓶，倒进墨水，用一条胶管挂在路中心，以此测量半径和转向度[10]。驾校中很多前来练车的学员，就像看戏一样驻足围观。一个被甩得溜溜转的矿泉水瓶，居然也能当作测试工具。这辆车后来到了海南检测厂面对真正陀螺仪测量的时候，得到的全是满分。一次通过，只用了半天时间。赶紧回家，这里的海岛风情，下次再流连。

这是一场接力赛。每一分每一秒的时间，都在指向下一个进度。

[10] 葛帮宁：《五菱基因》，《经营者（汽车商业评论）》2014年第1期。

5.4 就是个笑话

在五菱之光的设计制造阶段，工程师们需要比过去任何时候都要更注重细节。在拆解长安之星的时候，日系车的细节打造给人留下了深刻的印象。

五菱技术中心车身制造负责人，一直对于现场机器的摆弄有着天生的好奇心。公司合资之后，他对通用汽车的精益制造体系简直着了迷。为了学习，他到很多国际工厂去观摩学艺，看完现场又去图书馆、资料室到处翻阅查找信息。有一次，在通用汽车旗下的韩国大宇工厂，由于他聚精会神翻看技术室的资料以至于忘记了时间，甚至被保安抓起来，差点被遣返回国。工程师的造车技艺，就在这样的一种环境下，逐渐建立起来。而车间里满手油腻的"黑手工程师"，正是驱动制造向上进化的力量。然而不公平的是，这也是中国制造崛起过程中，最容易被忽视的力量。全球很多学者都习惯性地将中国制造的大发展，看成是低廉劳动力红利的天生果子。少有人把镜头对准这里。这里的创新，既不是基础创新，也没有专利，就像深山里的钻石一样无人相信。但正是骨子里不服气和强烈的求知欲，"黑手创新"成为工厂最重要的支柱。

就这样，这款车的前期立项大概用了4个月，后期从开发到完善、再到投产只用了14个月，一共历时18个月。到2002年11月，作为上汽通用五菱合资当天的献礼，隆重下线。低成本制造，正在成为企业的核心竞争力。而自己动手搞制造，才能成就成本领先的优势，一双双"黑手"，将研发成本压缩到六千多万元（整个项目成本）。

除了生产线投资一千八百万元，模具投资二、三千万元，其他如工装开发、样车制造等，都需要五菱人自己动手干。

是否有人记得自己小时候捏的第一个泥巴作品，或者泥陶吗？

这是一只泥陶！当通用汽车中国公司的高层来到车间，看到车辆外观时，脸上诧异的神情，就如同看见了那只泥陶。而就在大家观摩时，它的车门突然开始摇晃起来，并发出难听的撕裂性的声音，连车间里机器的轰鸣声也遮盖不住。当时队伍后面的一个工程师，一个箭步冲上去，迅速把车门合上。

诧异换成了失望，鄙夷替代了好奇。与之前想的差不多，这就是通用汽车中国公司的管理层人员想象中，合资公司的造车水平。不，比想象之中的还要差一点。

预销售的市场反应，也很差。车子里倒是宽敞，挤满了人。但车辆开动的时候，后门可能会突然打开，甚至出现乘客掉下来的现象。一时间恶评如潮。有的地区经销商甚至抱怨"宁要柳州五菱，不要上汽通用五菱"，要求不再继续销售。

通用汽车当时很恼火，股东方董事会开会讨论要把这个项目停下来，防止影响到股东方的声誉。通用汽车中国公司总裁甚至引用一位日本高管的话，"这辆车，就是一坨嗯嗯"。在董事会弥漫了一种认识：这就是落后省市、落后团队的落后产品。董事会开始对上汽通用五菱高层施压。

2003年4月，广西壮族三月三的传统节日像往年一样喜庆。鱼峰山下歌声正美，闹市区中商贾正忙，一幅缤纷盛世的景象。但前来兴师问罪的通用汽车中国公司总裁墨菲，却没有心情品味，从机场出来坐上前来接机的车，一言不发就直奔河西工厂。不做寒暄，开门见山，墨菲直接要求停掉五菱之光的生产。早有准备的姚佐平，则抽出一张写得密密麻麻的打印纸，小心陪着，仔细解释这些质量问题是如何形成的，问题分别指向了周期过紧、工装便宜、对尺寸控制有偏差等。前面是小心的论证，最后是大胆的结论：这些问题，都很容易克服。看着对方半信半疑的样子，姚佐平信誓旦旦地保证，三个月之内，五菱之光肯定能变成一辆好车。当然通用汽车也别闲着，多派来几位尺寸控制的质量专家。这次轮到姚佐平拍着胸脯，送走了心乱如麻的美国人。

制造部门，必须迎头跟上。姚佐平亲自带队，在主办公场地的红楼二楼建立了"质量改进指挥部"。所有问题都写清楚并挂在墙上，现场设立了"质量消灭火力区"。经过仔细盘查，一共发现了一千八百多个问题，例如车顶漏水，后门自开等。这像是一次比丑大赛，到处都是无知所引起的偏差叠加，设计有偏差，制造有偏差，供应商有偏差。这些问题，都在现场，被指派专人负责，各自领命而去。每天碰一次头，日日汇报每个问题的解决进度，天天在现场寻找解决思路，一日一清。所有人都很清楚，这辆汽车如果搞不定，刚刚上演的剧目就要收场，后面也不会有续集。

为了解决这些质量问题，制造工程部采用了"吸星大法"的模式，积极向成熟的供应商去学习。前面缺乏积累，没有任何经验可以参考，只能不断邀请供应商来讨论技术，或者跑到外地去看别人家的流水线。向供应商学习，往往是能力提升最快的方法。这也是五菱制造的成长方式之一。先学会一个供应商的方案；在学习第二家的方案时，吸收其优点，指出其缺点，并提出第一家的方案，讨论其优缺点；然后再找第三家继续。一砖一瓦的叠加，制造能力就会大幅度提升。

这种方法对于中国制造能力的快速崛起，起到了重要的作用。很多制造业的领头羊，都是采用了虚心向供应商学习的方法，大大压缩了学习曲线。在知识贫瘠的地方，大口径的知识吞吐，是一个企业脱胎换骨的重要方法。知识就在优质供应商的口袋里，就看制造商能否取走、消化和吸收。

通用汽车的全球制造规范，也起到了重要的作用。在细节问题的解决上或许参考不大，但在系统管理问题的整体性上，则发挥巨大作用。通用汽车采用的是一种基于流程逻辑的管理，而不是基于技术的管理，因此对于问题优先级、怎么做、谁来做、什么时候做完，都有一套良好的管理方式。

相比而言，日本专家更注重技术的逻辑。被邀请到上汽通用五菱的日本专家，合约期是三个月，之后就会撤走。这些日本专家对故障出现的判断方法很好，但缺乏后续动手解决问题的能力。这正好弥补了五菱"黑手工程师"的短项。作为现场出身的工程师，对于日本参谋的建议，只要逻辑清楚，很快就能通过实战验证。五菱人在跟专家交流的时候，个个眼睛发光。这个细节，被通用汽车派过来指导的一个日本专家捕捉到。对此，他也是大加赞赏。知识吸收就是一个讲述者和倾听者的同步化学反应的过程。五菱人在现场的化学反应，实在太强烈了，这让现场每个人都深受鼓舞。

质量的天平，已经复位。红楼二楼质量改进指挥部墙上的纸条越来越少，赞誉之声越来越多，工厂的机器越来越繁忙。到了2003年的下半年，五菱之光已经明显上量。当墨菲一行去河北考察市场，看着现场火爆的销售场面时，直接打电话给姚佐平。电话中喜不自胜的墨菲，连连称赞五菱之光越看越漂亮。话筒中传来美国人清脆的笑声，"不要这么记仇呀！。"

此刻，关于汽车之美的认识，瞬间了无分歧。

五菱之光，并非独自跑在高速赛道上。在中国的汽车市场上，汽车的速度和力量，正在掀起一场强烈的风暴。2001年，可以看成是中国的轿车元年，原国家计划委员会取消了国家对轿车价格的指导性管理。从那一年开始，各种车型犹如出圈的赛马，开始吸引着城市居民的眼球，他们的消费欲望被充分打开。

而位于城乡接合部的人们，正在跃跃欲试从田间小路，奔向小康生活的致富大路。经过制造现场的能工巧匠们的调校，五菱之光已经大大改善了质量。它最为重要的设计基因，开始发挥决定性的作用。五菱之光对于空间的精心设计，对于宜货宜客的把握，赢得了时代的青睐。为了降低驾驶的门槛，五菱之光采用轿车式的软轴换挡操纵机构，克服了以往微车换挡不清、换挡困难的毛病。作为很多老百姓的第一款车，既是养家车和创业车，也是亲朋穿街走巷的串乡车。丰富的空间，填满了两眼放光的人们的发家致富之梦。

最幸运的产品，就是与时代脉搏形成了共振。奋斗是一种时代的情绪，五菱之光承载了这种情绪。就像一辆移动的磁铁一样，五菱之光吸引着更多的城镇化居民蜂拥而来。

5.5 被掀开的天花板

汽车市场就像茫茫大海，一个接一个巨浪席卷而来，没有停歇。是潮头，也是惊浪，俱起万里碧流中。这就是汽车人的命运，从来不能歇脚，永远无法停顿。

从2004年开始，中国汽车界进入年轻化的时期，不少汽车集团齐刷刷地换上了年轻领导。这些国际化的年轻领导大都有着全新的思路。2005年元旦，刚刚接任上汽集团总裁、上汽通用五菱董事长的陈虹，到柳州进行考察，被现场的朝气蓬勃深深打动。在仔细听取了企业规划之后，他突然提出来，合资公司规划的年产量30万辆，是不是太保守、目标是不是过低？如果规划得当，年产100万辆，才能够引领行业发展。

年产100万辆！

现场一片沉默。这可真是一个不敢想象的目标。原来的三方协议，目标就是2010年要做到年产30万辆。以前的董事会认为，上汽通用五菱年产30万辆就很不错，是企业能达到的最高目标了。一个组织很容易在自己内部，无意之中设定上限。只有从外部，才更容易看到组织自我锁定的天花板。董事长的新期望，从外面揭开了它，一束明朗的阳光从上而下透了进来。从规模效应入手，陈虹一眼看到了上汽通用五菱的潜力价值。企业上升通道的密码锁，被彻底打开了。

2005年的春天，喜忧参半。还是有一个不太好的消息，那就是通用汽车中国公司总裁墨菲突然离职。对于合资公司的成立和成长，他一直是积极的推手，也为通用汽车在中国合资公司的发展立下汗马功劳。1996年，通用汽车与上汽集团进行"浦东轿车项目"谈判的时候，墨菲也是上海项目组的谈判成员。由于一向看好中国市场，而且积极融入中国文化，他所倡导的"换位思考"和淡化意识形态的务实理念[11]，对上汽通用的合资大发展，具有积极的作用。在他担任了五年的中国区总裁任期中，南征北战，四下布局，成为中外汽车合资公司中最活跃的一家。上汽通用五菱是他的得意之作，而且厚爱有加，他一直关注着这个并不熟悉的微车行业。但2005年年初，美国通用汽车公司决定将亚太区中心从新加坡搬到上海，亚洲区与中国区功能和人员职位的重合，这应该也是墨菲选择离开的原因之一。

墨菲对这个合资公司充满了友好。有一次在与政府的交流中，有一段话表达了这位美国人对中国充满友善的看法。"你们把上汽通用五菱发展的功劳都放在我身上是不合适的，你们不能忘记一个人，他就是自治区常务副主席王汉民。沈阳、姚佐平这样的人，和我一起，放到世界上任何一个汽车企业，做得都不会差。"

现在他离职了，上汽通用五菱的管理层难免有些惆怅。好在新上任的董事长延续了这种信任，并且提升了合资公司在集团中的战略位置。从这一点来看，奋进中的上汽通用五菱是幸运的。

并不是所有的合资公司都可以顺利发展。坐落在沈阳市的金杯通用的发展，就充满了荆棘。通用汽车亚太区总裁在回忆这段历程时指出，金杯通用最大的错误是没有做出很好的市场判断，合资双方都断定皮卡有市场，但没有做好市场调研，最后整车出来，市场一塌糊涂[12]。通用汽车还抱怨负责销售的中方市场人员完全没有顾客和品牌的概念。裂缝，几乎让双方选择加速逃离。董事会与管理层可以争吵，但需要学会

[11] 李安定：《车记：亲历·轿车中国30年》，三联书店，2017，第313页。

[12] 贾新光：《大洗牌：中国汽车谁主沉浮》，机械工业出版社，2010，第132页。

管控分歧，让互信和赏识成为主角。一个合资公司的管理层，能与股东方和谐相处，可谓是一种金不换的缘分。

汽车是一个长周期的耐用消费品。对于消费者而言，一辆汽车的寿命往往可以达到15~20年。但对于汽车厂商而言，储备后代产品是头等大事。新任董事长的期望，激励着管理层寻找更高的阶梯。那么，下一顿粮食是什么？到哪里去找？

还是要去日本。因为微车，最早就是在日本发明。早在1949年，日本运输省文件中就首次出现了"微型车"（K-Car）的概念，也称为轻四轮。但直到1955年，日本只生产了区区几百辆微型汽车。当年5月，日本通产省提出了"国民汽车"的设想，对微型汽车的规格做出了具体规定。日本后来出台《轻四轮法规》，大力支持微型车。这是一种专门为日本狭长的岛国地形所定义出来的工具车，可以轻松穿过田间和村头。由于排量小，税收也低，而且无须停车位就可以购买（在日本，只有拥有停车位，才可以购买轿车）。这些便民措施，大大鼓励了日本微型车的发展，并且一举造就了大发、铃木等全球微车之王。借助日本政府的倾向性政策，日本微型汽车走上了批量生产的轨道。从1955年到1980年，尽管日本微型轿车的市场表现大起大伏，但微型商用车的整体走势却极为平稳，显示了微型商用车所面向的是一个稳定的刚性需求市场[13]。由于日本在微型汽车生产方面所具有的巨大优势，以及日系微型汽车对东亚国家城乡市场的适应性，日本铃木、大发、三菱、本田等厂家的微型汽车和发动机成了中国微型汽车生产厂家的主要摹本。

2005年11月底，沈阳带队去日本参观东京车展。这是多年的传统，行万里路看万国车，四处寻找更敞亮的国际视野。不过，在这次车展上并没有哪款车型让人眼前一

[13] 古川昭：《微型汽车概述及其车身设计》，《国外汽车》1983年第5期。

亮。不到半天，车展就参观完了。

在展览馆外的马路边上，大家抱着盒饭，边吃边聊这次展会和未来的新产品规划。这次东京之行，可以说是比较失望，日本微车似乎已经到了耄耋之年，难见活力。微车车型没有什么进步，或许也跟《轻四轮法规》的约束有关。微车已经做到极限，而所有的空间想象力都已经被法规牢牢限制住。可谓成也萧何，败也萧何。而中国汽车企业，面对的依然是一个自由成长的市场，没有类似法规的约束，为什么一定要抱着日本车型不放呢？

那就按照国内用户使用的逻辑，继续延展吧。考虑到客户升级的需求，车肯定不能越做越小了。既然空间不能更小，那就只有更大。在原来五菱之光的架构基础上进行拓展和优化，肯定比全新设计，会更有根基。

尺寸的确是一个兴奋点。传统车型已不能满足要求，那么反向求解，微型客车大型化，看上去是一个不错的趋势。七嘴八舌之中，新的产品概念已呼之欲出。在这马路边的一顿盒饭的时间，五菱下一代新产品的尺寸已经被意外地确定。在五菱之光的基础上，加长加宽尺寸，长4.0米，宽1.7米。

在微型车的鼻祖之国的国土上讨论一款微型车的尺寸，真是一个意外的隐喻。在此时，中国相应的标准和政策尚不齐全，对于微车的政策也不明朗。在2005年之前，根据当时中国汽车政策的规定，几乎都是跟随引进日本标准。微型客车的长度一般不超过3.5米；而大于4.0米，则属于轻型车（4.0~6.0米）。这意味着，3.5~4.0米，是一个空白。

这样的空白无人区，可以是一辆什么样的车呢？上汽通用五菱一直想把早年投放市场的畅销车型LZ110加长到4.0米，实现"多拉快跑"的市场需求。现在，这个机会，重新来到眼前。

回到国内之后，技术骨干很快就前往天津汽车技术研究中心，一起研究中国微车的标准，希望能够重新定义微车的长度：从3.5米扩展到4.0米。

这0.5米的小小改变，没有人意识到它将开启一个大微客时代。中国微型车与号称全球轻型车之王的日本微型车，将进行一番大决战。这一脱离日本技术规定的中国式微客，在随后的岁月里，将会上演一个击败日本神话的传奇[14]。

内部代号为N300项目的试制样车研发任务，已经下达到技术中心。闪电行动开始，14天后这款车的效果车已经被打样出来，45天设计出概念车，紧接着就是外形方案。一连串的滚雷之后，到了2006年元旦，大尺寸微客的试制样车已经研发出来，等待着一种全新的检阅。

不仅车身长度增加了，车身宽度也增加了10厘米。如果仅仅是增加长度，将前后的轴距加长，并不需要重新开发新底盘。而宽度增加的10厘米则意味深长。轮距的加宽，意味着底盘的重新设计。这是设计研发权的一次重大突破，上汽通用五菱的技术中心似乎有点跨界了。但通用汽车的管理层，似乎没有太在意这样的细节，项目顺利通过。

这个马路边上的决策，开始进入加速通道。

就在N300项目立项之前，泛亚协助上汽通用五菱开发的另一款微型面包车五菱鸿途，已经先期启动。这款车严格按照通用汽车全球统一的GMS标准化造车流程，并在该车中融入一些轿车设计元素。开发更规范，设计也更加流线化。五菱技术中心也派

---

[14] https://www.chyxx.com/shuju/202202/996032.html
十几年之后的 2021 年，上汽通用五菱依然是全国交叉型乘用车产量排行榜上，排名第一的品牌。

人前往上海泛亚汽车技术中心，协助开发五菱鸿途。上汽通用五菱的主管和经理，很多都是从最基础的工程师岗位开始，从头到尾，逐个环节——跟过。这些中层干部，就像海绵体一样，尽情吸收水分，无论是控制、验证，还是流程与制造。这些通用汽车百年沉淀下来的养分，正在被急于成长的生命体，如饥似渴的吸收。学习先进流程，结合厂情，不断塑造筋骨。这是借鉴了泛亚汽车技术中心开发五菱鸿途时的模块化思路，使得N300的开发进程，也得以加速。落后不丢人，学习更关键。学习、行动、再学习，往复不止。新的生命体，正在酝酿之中。

一辆车的设计，需要在很多因素之间进行权衡。品质、车身重量、成本等，都需要交叉比对。N300这款车的定位，是面向用来拉货经商的群体，这些用户自然希望产品结实、便宜，货装得越多越好。既然N300扩大了空间，重量也自然跟着上去了。为了控制重量，设计人员绞尽脑汁，一毫米一毫米去抠尺寸，一克一克地抠重量。设计师们会在三维数字模型中，严格计算接头和焊接边的尺寸，让留下的每一毫米都有依据。

在N300的研发过程中，不断改进的试制样车总共进行了几十次路试和数不胜数的各种测试。在昆仑山做高原试验时，海拔高度5000米的地区，试验人员几乎都会产生高原反应：胸闷气短、头晕恶心，疲倦水肿。每个人，都需要跟每一次呼吸进行斗气斗法，就是为了取得这辆车将来可能的"高原反应"。很多人失眠，晚上就直接抱着氧气罐睡觉。当时的试验主管，在每天睡觉前，都会逐一去检查大家的脉搏动不动、是否有呼吸。峰背正白月舒光，峰影横野万丈强。在那些满天亮闪闪的繁星下面，人和车都在经历着环境的考验。

5.6 质量的进化

不同的部门都在经受不同的考验。质量部，也是在经历着艰难的重生之路。合资之后，质量部的重点，不再围绕外购外协，而是围绕整个制造过程。"质量是制造出来的"理念初步形成。在此基础上，公司结合自身实际和通用汽车、上汽集团优秀的做法，编写了第一版的制造质量教材，提出了质量三不原则，即"不接受、不制造、不传递缺陷"。

2002年，上汽通用五菱建立了全员生产维修系统与预防性维修系统。姚佐平指导技术工程师完成《统计过程控制》专著的编写与发行工作，建立了过程工位标准化操作单1900多份，质量控制操作系统150多个，防错项目400多个，保证了产品质量的一次下线合格率。

在"质量是制造出来的"理念指导下，企业完成了五菱之光的质量提升工程。五菱之光在上市初期曾出现大量质量问题，企业内部初步形成了"客户链"意识，将客户划分为内外两种。对内，制造的下道工序即是客户，不能将质量缺陷传递到下个工序。"质量是全员参与"的理念，正在得到全面的实践。

无论是设计还是采购，各个岗位的员工都被邀请到慢车制造的过程中来。通过慢速度的造车活动，影响安全、质量、节拍等方面的问题，直观地、最大化地暴露出来，并通过各区域人员的参与快速地判断问题的归属，提高问题的解决速度，避免把问题遗漏到下一阶段[15]。2006年，姚佐平提出了"球体斜坡"的汽车质量管理理论。汽车质量形成的四阶段是"斜坡"，汽车质量四模块是"球体"，而质量体系是"楔块"[16]。在这一理论的指导下，结合企业发展的现状和自身特点，上汽通用五菱完善了独具特色的SGMW-GMS质量管理体系。

虽然以上这些都可以在N300上实践应用，但在这个项目的研发过程中，上汽通用五菱深感由于地处桂中北部导致的人才不足问题影响了企业的发展。必须有合适的机制，形成知识浪涌，注入这个知识洼地，企业才能有蓬勃发展的动力。上汽通用五菱把眼光转向各个大学的科研资源，启动了"以我为主、集成资源、集成创新"的研发模式。在企业研发团队的主导下，邀请湖南大学、吉林大学、上海交通大学等高校教授进驻技术中心参与研发。例如，湖南大学钟志华专家团队侧重车身安全与可靠性、吉林大学郭孔辉专家团队侧重底盘性能、上海交通大学林忠钦专家团队则侧重车身精度及发动机，还有宝钢负责材料成型分析、泛亚负责虚拟装配与试验验证、中国汽车技术研究中心负责标准法规与整车认证等。

对于车重、载荷有很多挑战，例如驾乘感觉、震动、异响等方面表现都较差。当时研发力量严重不足，也缺乏足够的认识。于是，上汽通用五菱极力邀请湖南大学钟志华院士一起合作，主要负责进行碰撞试验。2006年4月，来自湖南大学的一支团队赶赴柳州，在当时连商务合同都没有签署的情况下，教授们二话不说就进入了实验室开始工作。在车辆碰撞试验阶段，为了分析改进方案，钟院士亲自钻进车底检查。地板上甚至没有来得及铺上一块垫子，这令在场的人们都为之动容。

钟院士做了很多方案，包括不同的台架，先是做单体台架，然后再做整车碰撞，

[15]《CN100慢车制造流程》，https://www.docin.com/p-591617756.html。

[16] 姚佐平、万君康、李华威：《汽车质量特征与管理集成研究》，《机电产品开发与创新》2006年第2期。

涉及焊点策略、截面大小等。有些试验在高校做，有些在柳州工厂做。例如，大梁形状都是通过实车的选形，争取选出一个最好的状态。长沙与柳州之间往来穿梭的火车，连接着一个学以致用的高校和一个求贤若渴的企业。

今天习惯了中国高铁速度的人们，很难想象当年中国铁路的主力军还是时速80公里的绿皮低速火车。从长沙到柳州，晚上出发，第二天下午才能到达。有一次，钟院士身上只带着一个包，却从卧铺车厢拖出一根汽车大梁。两个接站的小伙子费了九牛二虎之力，才把大梁放进汽车带回工厂。为了充分利用长沙实验室的设备环境，钟院士先在学校做好大梁，然后再千里迢迢运送到五菱工厂重新装配，进行碰撞、震动试验。知识就像零部件似的用一种简陋的方式被组装起来，并四处扩散。

在底盘性能结构和弹簧技术方面，吉林大学的郭孔辉院士团队提供了可靠的技术性能验证。工厂里的难题，借助于高校教授的专题研究，分头攻坚。上汽通用五菱建立了与高校合作的良性互动模式。企业长期出题，并且与高校联合培养研究生；学校则分期揭榜，并派出人员驻厂。人才两头培养，双向渗透。无论是硕士生还是博士生，在做课题的时候，接触的都是真实需求。学生毕业之后，也可以被企业优先录用。高校的理论与柳州工厂的现场之间再无围墙。

5.7 南北插旗

柳州工厂的目光，还要继续投向更远的地方。这一次，是东北部的海边。

2005年6月，上汽通用五菱和颐中（青岛）运输车辆制造有限公司举行了资产转让签字仪式，将其改造建设成上汽通用五菱的北方生产基地。这意味着青岛颐中在经历了八年的造车冲动与挣扎之后，终于放弃了抵抗，获得了外部接盘。当时，各大汽车集团都在全国跑马圈地。而青岛过去一直是一汽的"地盘"，一汽解放青岛汽车厂是一汽重要的卡车基地[17]。人们理所当然地认为，青岛颐中自然也应该是一汽的盘中餐。因此，上汽通用五菱的入驻，对很多人来说颇为意外。

造车是每一个城市的梦想。1994年2月，青岛市被列为全国15个副省级城市之一，而造车很快就成为重大选项之一。此时，汽车业成为整个大陆最热闹的主题，它迷惑了无数人，也激发了无数人的雄心壮志。地方政府和企业家对汽车最为痴迷，资本也以各种方式涌入。这种热闹的造车盛况，让各路人马纷纷入局。1997年，以烟草为主业的青岛颐中，宣布购买"没落贵族"英国罗孚汽车的二手设备线，开启了热火朝天的造车旅途。然而，造车从来不是仅靠热情的汗水就能浇灌出来的，它的吸金兽风格会吞没投资人的热情。没有任何品牌的注入，也没有任何经验，青岛颐中从来也没能真正地实现量产汽车，也没有等来梦寐以求的准入资质。在国家规划的"三大三小"合资轿车格局确定之后，其他跃跃欲试的造车企业，都采用了"先上车、再补

---

[17] 班卫东：《上汽重组颐中的背后故事》，《中国汽车报》2005年6月20日。

票"的方式，苦等准入证。这种先斩后奏的方式，成为诸多英雄好汉的无奈之举。

对于青岛颐中而言，要命的是造不出像样的车。即使是在2001年一汽托管之后，也无法得到一个像样的车型可以用来生产。一汽的重点放在青岛的卡车基地，对于青岛颐中的轿车梦似乎有些心不在焉。

转变来自2003年，一汽需要以大决战的手笔，应对中国轿车市场的大爆发。青岛颐中是一个可利用的基地，一汽计划为它引入马自达9轿车项目。青岛将要生产轿车了，这一消息令各方人士都欢欣鼓舞。然而，当日本马自达前来验厂的时候却深感失望，一句"颐中汽车厂连汽车修理厂都不如，看似豪华，实际上对汽车生产一无所知"的差评，令一汽心灰意冷，准备退出。2004年上半年，中国轿车的市场突然变冷，也让青岛颐中被加速放弃。

一汽的放弃，一度让青岛颐中急红了眼，东风、上汽、奇瑞等车企都成了青岛颐中寻求帮助的对象，但无人看好这样的资产，直到上汽通用五菱的出现。

白衣骑士来得正是时候，对青岛颐中而言是雪中送炭，对自己而言则是瞌睡碰到了枕头。二者一拍即合。2005年年初，董事长陈虹调研时讲的一番宏大目标，激发了上汽通用五菱的管理层人员的斗志。上汽通用五菱将合资之初设置的2010年产销30万辆的目标，大幅度修订为50万辆。然而，即使上汽通用五菱的柳州厂区满负荷运转，最大产能也仅有22万辆左右。上汽通用五菱，正处于顺周期扩张的上升曲线中。地处华南，对于造汽车这样物料吞吐较大的工业，需要更开阔的地理格局。向北去，是唯一的出路。

从地理位置看，青岛的销售半径、人口密度比柳州更适合整车的销售，从而可以实现空间的挪移。青岛作为微车生产基地，具有非常明显的区位优势，其拥有全国领先的公路交通网，可以迅速到达河南、山西、京津冀等地，而通过水路则可以迅速地将车辆销往东北地区。当时，上汽通用五菱的销量主要集中在华北地区，以河南、河北、山东等地为主。华北和华东地区非常适合进行微型汽车的市场开发。从销售密度来看，在青岛方圆一千公里内上汽通用五菱的市场占有率能达到75%；而在广西大本营，市场占有率不到45%。

2005年春节期间，上汽通用五菱开始对青岛颐中进行首轮评估和谈判。为了确认产能情况，公司派出了四大车间负责人进行实地考察。当时的青岛颐中基地断水断电，没有暖气也没有人员。谈判现场的会议室，同样冷得像冰窖一样。对于初次从南方来的人，真是难以适应。狭小的空间里，挤满了密集的话题和相互取暖的人群，一个一个议题被快速浏览。

然后就是选择设备。工厂已经提前根据要求列出一张设备清单，由上汽通用五菱四大车间主任勾选。要的设备打钩，不要的设备由青岛方面负责清除。会议结束后，主任们要到车间验看设备。从会议室到车间大约有两百米的距离，更远处是阴沉的大海，仿佛没有色彩。天空乌云压得很低，一动不动。海浪拉长着脸，呜咽着声音。几只孤零零的海鸥斜飞着，发出古怪的叫声，像是警告周围新来的人，这是它们的地盘。眼望四周，冷冷清清的，风从海边直接就灌进了这孤零零的几座厂房中。大家没戴帽子，耳朵都快冻掉了，每人都以百米冲刺的速度跑进了车间。由于停产很久，半旧的设备越发显得冰冷，完全就是一座被废弃的仓库，哪里具备生产条件？

这一刹那，时光会带人回到1984年，德国大众在北京签署合作协议，与上海拖拉机汽车总公司（上汽集团的前身）建立合资公司。德国大众首批管理者马丁 波斯特在《上海1000天：德国大众结缘中国传奇》一书中，记录了他去上海安亭遍布尘土的简陋棚屋现场调研的情景。进入工厂所看到的场景令人匪夷所思[18]。窗户漏风，室内室外一样潮湿，没有暖气，金属废料堆满地，一切像是被拆毁的荒废之地。而且工厂内，还会有"上海牌"汽车在手工敲敲打打。在一个顶棚之下的工厂有两个产业圈，而它们的生产方式有五十年的代差。充当"上海大众"先头部队的德国人，几乎崩溃了。

此刻，来自上汽通用五菱的中层管理者们，个个都是马丁 波斯特，眼中满是惊诧和恐惧。

尽管如此，也不能过分挑剔。位于青岛黄岛技术开发区的颐中汽车产业园，其基础园区硬件设施还是完备的，不仅是一个成熟的厂区，而且又有储备土地可以扩展。水陆通盈，南北呼应，自然是身处华南内陆的上汽通用五菱的一个绝好的生产基地。偌大的舞台，等待一个大展身手的主角前来舞动。

战略意图，是压倒一切精明算计的大数法则。只要方向正确，行动中自然会修正那些来不及思考的细节。

从雄心点燃的闪念，到验厂和清点设备，双方的谈判几乎是一气呵成。从2005年年初开始，历经三个月，初步收购的协议已经签订。上汽通用五菱投资3亿元，购买青岛颐中的厂房资产，随后将开始投资建厂。这让青岛市政府也大舒了一口气。八年来半死不活的厂区、土地和园区，又可以开始运转起来了。

对于上汽通用两年前收购的山东烟台东岳汽车生产基地来说，这也是一个好消息。烟台、青岛遥相呼应，零部件和客户资源的配置，变得更加灵活。

---

[18] 马丁·波斯特:《上海1000天：德国大众结缘中国传奇》，项玮 译，中信出版社，2008，第4页。

面对沙盘想全局，这是每个汽车集团都要思考的地区布局。就像是兵团作战的推演沙盘，插满小旗的山头，每个都自有妙用。当时，很多汽车集团都在多个地区建设基地。多点布局，已经成为汽车集团明显的战略意图。

也有不太情愿的一方。柳州市政府对上汽通用五菱建立青岛基地，有一些担心。这会不会变成多年培养的孩子，长大后自立门户飞出去了。上汽通用五菱虽然是一个合资公司，但毕竟还有地方国企的血脉和股份。地方政府的意见，也是一个需要平衡的因素。对此，上汽通用五菱管理层很快就做出了积极的响应。"不求拥有，但求所在"的承诺，一直是管理层萦绕的心念。青岛基地定位于制造基地，是作为上汽通用五菱的分公司，而不是独立子公司。

制造工程团队也吹响了异地建厂的号角。2005年4月，在柳州总部的小红楼，举行了22人首批创业团队的成立仪式，制造部部长被任命带头前往青岛打头阵。沈阳进行了简短的动员，"我们是在大山里的孩子。现在，要走向海边，我们能不能在青岛适应下去，生存下来，发展起来？我们的红旗，可以插在喀斯特岩土上，也能插在海滩上。"

红旗插在海滩上，这是创业团队的首要使命。青岛颐中的厂房虽然有完整的生产线，但是与当前企业的需求还差得很远；青岛颐中的老员工能否融入五菱文化，也是一个很大的风险。而且，青岛的配套厂家非常少，会导致零部件物流成本太大，这是限制一个车企异地发展最为致命的因素。每一个想发展汽车产业的地区，都需要考虑本地零部件产业的布局。如果没有一片雨林，只是简单移栽几棵大树，往往最后大树也会枯竭。

自我造血，设备从柳州带过去。创业团队只花了两个月的时间，就完成了设备的改造和搬迁。三个月内，人力部也完成了员工招聘、培训和生产启动的工作。冷启动，一切都在跟时间赛跑。

然而，现实总是骨感的冷峻。青岛这个城市，还需要很长时间，才能建立起它在汽车制造产业链条上的储备。青岛工厂的产能爬坡，一直上不去。很多物料都需要从柳州运输过去，额外增加了巨大的物流成本。人力资源也是稀缺。有一段时间，工厂不得不停产，所有的操作工放假回家，工厂的车间主任和班组长则分批前往柳州总部进行培训。

四年前上汽通用五菱合资时，上海作为先进文化的代表，到柳州内地去言传身教。而现在，另外一个沿海城市，则需要来到柳州接受同样的熏陶。老根文化，仍然是"艰苦创业，自强不息"的精神。青岛厂房的办公楼，跟柳州总部一模一样，也是一个肃静而简朴的四层红砖小楼。它没有太多故事要讲，但它以一种有形的方式，确认了一种传承。

5.8 发疯的策略

N300这款新车型，最后决定在青岛基地生产。这可真是个意外。

青岛基地建立之后，主要生产五菱龙，这是上汽通用五菱合资之前的一款老车型。售价只有3万多元的大保险杠微面，曾经有着它的辉煌。前面伸出去的大梁，足以能够保证它通过国家在二十一世纪初要求的强制性碰撞试验。这一刻，正是青岛基地练手预热的时刻。

彼时，五菱在柳州河西基地的生产产能，并没有完全释放。那么，新产品N300，是继续留在柳州生产？还是让青岛基地建立新生产线，来生产即将到来的新品？

后者是一个疯狂的主意。一个新车型的生产，本来就会遇到很多意外的障碍，而新产线则更是需要很长时间的磨合。这两件事情，最好不要碰到一起。过于虚弱的青岛基地，显然并不适合肩挑这样的重担。因此，无论是股东方，还是上汽通用五菱内部，都不同意如此冒险。

但是姚佐平是少数的坚持派。他认为，新基地要想成功，必须有新产品为它撑腰。否则这个基地将很难存活下去，这会使得原有的战略布局成为沙滩上的楼宇，一触而倒。既然N300原本的市场定位，就是要靠近华北和东北，那么一定要让产品制造，尽可能靠近目标销售市场，靠近用户。

这个逻辑上的自洽，打破了技术上的抵抗。于是，大主意既定，剩下的就是一堆需要搬走的困难之丘。姚佐平亲自带着200多人的队伍来到青岛，工厂附近的黄岛宾馆和周围的一些宾馆，很快被一批来自柳州的客人住满。黄岛大会战，正式开始。到处都是忙碌的身影，竹子拔节一样的活力，在每个人身体里吱嘎作响。

2006年，青岛分公司开始全新投产整车厂，迎接新生命的到来。技术人员则在两地穿梭。到了产品量产导入阶段时，青岛基地依然缺乏熟练的具备设备调试能力的工程师。例如，大梁模具的制造，总是达不到设计要求。实在没有办法，只好先在柳州完成制造，然后扛上飞机去青岛。一下飞机，立刻送到车架供应商处进行焊接。第二天早上还要送到工厂里，制造关键的路试车。

各地忙成一团，但好消息是，这一年的年底，上汽通用五菱重回微车销量榜首。五菱之光也终结了最畅销的微车——长安之星长达八年的霸屏位置。对于合资公司的员工而言，这是一个巨大鼓舞。四年多来，不理解、不信任、不服气的情绪，其实一直影响着很多员工。自主开发车型的成功，让很多人心花怒放。自主的坚持和判断，有了真实的意义。

一切都上了轨道。2007年7月，青岛发动机工厂奠基。同年9月，上汽通用五菱柳州发动机工厂建成投产，这是上汽通用五菱合资以来最大的投资项目，研发并生产出了先进的B系列发动机，终于有了与自己相匹配的心脏动力。二十多年前它的前身柳州拖拉机厂拖而未决的先天性"心脏病"，这一刻终于得到了解决。上汽通用五菱的B系列发动机，与其说解决的是技术问题，不如说解决的是成本问题[19]。投资20亿元建设柳州发动机工厂，其目的不但要使发动机技术先进、质量优良，而且要在设备先进和规模生产的基础上把价格降下来。

---

[19] 姚蔚：《B系列新型发动机量产的背后》，《商用汽车新闻》2007年第30期。

青岛发动机工厂充分吸取柳州工厂建设的经验，对整个厂房的高度、空间、利用率都做了调整。作为精密加工工厂，机床和零部件对于温度湿度的要求很高，为了降低能耗，青岛发动机工厂降低了厂房高度，对于因厂房高度过低导致的空气质量问题，项目组同步采取了系列的排风措施逐一解决。青岛发动机工厂引进了大宇1.2升排量的发动机，这款发动机来得正是时候，它解决了青岛新车的动力匹配问题。二者相得益彰，将在未来的市场打拼天下。

凡事都有一些遗憾。尽管这款发动机后来陆续引进1.5升排量等品种，但由于在设计上未能实现完全自主，因此设计师很难进行大面积地优化设计。这也给上汽通用五菱未来发展乘用轿车，又留下新的动力隐患。正入万山圈子里，一山放过一山拦。这就是造车人的宿命。

2007年，上汽通用五菱年销量55万辆，再次蝉联微车市场第一。此刻微车市场格局已然发生了深刻变化。五菱之光，正在初步显示出王者风范，年底实现保有量突破100万辆，成为全球销量最高的十大单一平台车型之一。上汽通用五菱以43%的市场份额一马当先，长安以30%的市场份额位居其后，哈飞以14%的市场份额位居第三，其他微车企业最高的市场份额也仅在5%左右。销量上的飞跃，让微车市场形成了两强相争的格局。

新车型N300开始发力，它也让青岛基地快速成长。随着上汽通用五菱的厂房越来越大，周围也有很多零部件厂开始在这里就地建厂。有了主机厂，就会有零部件厂商，一个工厂带动一个工厂，供应链就像一棵树一棵树似的栽下来。周围的小区，也慢慢地多了起来。前两年还落寞的青岛西海岸线，现在不再是海鸥们的天下。它们需要让出一些地方，迎接越来越多的来海边散步的人们。

5.9 话语权之争

合资公司话语权，一直是汽车界最令人关注的话题之一。它暗含一个后发国家的汽车工业，是否能够借助于外部力量的引入，最终走向自主的道路。后发国家发展汽车，可以总结为三扇门模式[20]：韩国模式、墨西哥模式和中国模式。韩国是关门，墨西哥是全开门，而中国则是半扇门。

韩国代表了一种追赶者的自主发展模式，其特点是基本依靠国内资源，建立一个完整的汽车工业体系。而这其中，政府深度参与是最重要的特征。但在亚洲金融危机之后，韩国汽车工业积累的问题终于显现，内向型发展完全不符合汽车发展的潮流，此后韩国开始走向更加开放的国际化道路。

墨西哥则完全开放，只要能增加税收就好，而对品牌控制、国产化率基本没有太多限制。还有西班牙、加拿大等国家，基本都是对外资完全放开。

中国模式代表了一种意味深长的方式。这里，既有机会成为最大的制造国，也同样会是一个巨大的消费国。而在某种意义上，中国也曾经实施过韩国模式，想建立完整的汽车工业体系。但从1987年北戴河汽车发展会议之后，中国选择了混合路线，既有对产业的保护，又在寻求开放的机会，深入参与国际竞争和合作。

全关门的韩国模式，在发展初期还有一定的道理，由于国内市场太小，一开门就容易灭亡。但要参与全球竞争，这种模式就会显出劣势。而全开门的墨西哥模式，则

---

[20] 中国汽车工业协会主编《中国汽车发展战略研究》，机械工业出版社，2014，第1272页。

很难建立自主品牌。中国的半扇门模式，以灵活取胜，但也增加了调控的难度。最令人担心的是合资公司是否会失去独立开发能力。

上汽通用五菱算是开启了中外合资的第四种模式：合资在外，双自主在内。这也让它成为国内唯一一家保留自主品牌、自主开发权的合资汽车厂家。而这，正是从一线现场拼出来的话语权。

在2003年的时候，上汽通用五菱首次开始进行乘用车的尝试。投产的第一款微轿，就是雪佛兰乐驰，这是通用汽车整合全球资源从大宇引入的一款车型。上汽通用五菱的高管们对这款青春型的乐驰充满自信，认为非常适合青年人。但这款车在销售20多万辆之后，就停产下线了。一方面是受到成本的影响，来自通用汽车和大宇的全套技术，很难将上汽通用五菱自己的设计与制造优势嵌入其中，价格偏高。更重要的是，它也受到了车型的干扰。安徽奇瑞集团模仿乐驰外观而推出的一款QQ车，价格低廉，一度热销。但这种专利纠纷，让上汽集团也无可奈何。而且，这也不是第一次。2001年，看上去无法获得轿车目录资质的奇瑞集团，火速加入上汽集团。通过股份交换，上汽集团为奇瑞汽车提供了资质的荫护，让其得以成功进入轿车市场。但奇瑞后来推出的一款车型，引发了它与大众汽车的专利纠纷，让德国大众对上汽集团也颇有微辞。在经历过这场不愉快的纠纷之后，上汽集团决定与奇瑞结束合作关系。结果，乌云还没散尽，阴风再次来袭。

这个匆匆启动的插曲，让大家都意识到，按图索骥从国外引入轿车车型，绝非捷径。但类似的努力，也一直在进行中。铃木轻型四轮MPV微车LANDY，还有它短小精悍的发动机K14，是通用汽车想给上汽通用五菱的礼物。经通用汽车牵线，上汽通用五菱高管前后去了五趟铃木公司。车型不错，发动机也配套给力。但这些眼尖的高管，认为这款车需要经过一定的设计修改，才能落地中国。例如原车型的门洞太小，并不适合中国市场。但是，这种修改设计的想法，日本方面断然拒绝。尤其考虑日系微车已经领先全球，不太可能让中国人员来对设计指指点点。争执之下，多方不快，引进铃木车型一事，也就不了了之。为此，上汽通用五菱决定坚持车型创新，自行开发N300。

后来微车LANDY被昌河引进，命名为昌河浪迪，并同步引进了1.4升排量的K14发动机。对于昌河而言，除了旧款的面包车，就指望浪迪这款新一代微型汽车了。2007年，浪迪推向市场的时候，一时也算畅销。但是，由于缺乏独立设计能力，昌河只能依靠这款车型，后续修修补补的动作，根本无法支撑它做大的改进。

靠着对提高自主研发能力的坚持，五菱推出的后续产品系列，可以形成一个浪头接一个浪头的攻势，耐心地进行市场缝隙的覆盖。在这样的攻势之下，昌河浪迪的销量也就难免逐渐萎缩，后劲不足，颓势明显。

如果上汽通用五菱一开始也去模仿日本车，最后可能也会逐渐失去自主研发能力。在中国汽车界许多畅销车型史中，这样的结局并不少见。爆款车型虽能打市场，却未必能够持久。一个车型或许可以满足一个阶段的市场需求，但只靠一款产品的畅销也很难支撑品牌的建立。坚挺的品牌，需要持续的车型能力来维护。

在N300之前，企业已经命名了五菱之光、五菱扬光、五菱兴旺、五菱鸿途等系列产品，在讨论如何给N300命名的时候，大家一致觉得以"光"系列命名比较好，既朗朗上口又吉祥如意。而这款大尺寸的微客，被期待开创一个大微客的新时代，闪烁荣耀之光。N300从此有了自己的名字——五菱荣光。

2008年6月，五菱荣光在青岛正式量产上市，随后在北京车展亮相。很多企业都在现场音乐伴奏下发布新车，而不按常理出牌的上汽通用五菱则请来了舞狮队，用本土文化的活力来激活雄狮。在雄浑的乐队声中，现场嘉宾云集，时任通用汽车CEO、上汽集团董事长、上汽集团总裁等都见证了这个历史时刻。它是一款被全新定义的车型，其特殊的尺寸，开辟了一个"大微客"细分市场。即使细分市场，也大有天地。市场空间到处都是缝隙，永远等待着有心人的发现和填充。

2008年年底，五菱荣光实现销售3.75万辆，单月产销量突破1万辆。五菱荣光的面世，使上汽通用五菱成功地打开了东北市场。在此之前，上汽通用五菱的市场主要集中在华中、华北、珠三角等地区。有了新产品的注入，青岛分公司也成为一个坚实的战略支点，延伸了柳州总部的意图，向北进入了东北之地。

从车型定义到平台定义，从系统到整车，五菱荣光完整地验证了技术中心的能力。而这款新定义的大微客车型，也立刻引发了关注和追随。在中国市场上，永远不乏追风的身影。对于领先者，再快的身手，最多也只能拥有半个身位的领先优势，后面马上就会是蜂拥而至的同行者。本来还是空荡荡的新赛道，转眼就会人山人海。追逐者和模仿者就像是山谷里的回声，并不需要等待太长的时间。有人定义潮流，就有人跟随潮流。谁也无法停下来休息。

与历时三年开发而成的五菱鸿途相比，五菱荣光更接近五菱之光的血脉。为了满足拉货和乘客的双重需求，五菱荣光的车身更长、更宽，制造性能则完全采用了通用汽车的全球标准。而五菱鸿途，则从一开始就表现得不瘟不火，这是通用汽车作为股东，在微型商用车领域最后一次固执的尝试。作为泛亚汽车技术中心主导开发的微面，五菱鸿途添加了很多轿车设计元素，满足多种商乘需求，更加乘用化。但是消费者似乎并不买账。五菱鸿途的乘用化倾向，其实也是对社会走势的一种判断。通用汽车集团认为微车的发展已然到顶，需要向乘用化靠拢；而上汽通用五菱的管理层，则认为中国城镇化方兴未艾，微车仍然有很长的寿命周期。两种车型的思考，代表了对社会消费大趋势的判断。而五菱鸿途的败北，让合资公司话语权的天平砝码，继续向另一方加速倾斜。热冷分明，市场做出了选择。微车并不是轿车的降维，它是另外一个赛道的物种，这是一个完全不同于轿车的市场。

产品研发的话语权，一直是中国汽车合资公司争论不休的话题。一些人认为，这个问题是由于50∶50的股比造成的权力决策机制失调。实际上，这只是过于机械地看待管理层构成而形成的印象。实际上，这个从1994年中国《汽车工业产业政策》起开始固化的比例，也代表了一种平衡[21]。该政策对此后十年的合资公司和产业政策，起到了决定性的作用[22]。它就像是一个母版，后续的外商投资和技术引进等各种行动，不过是一次一次的临摹和拓本。合资公司前途未卜，双方都希望对方多担当一些风险。上海大众刚成立的时候，德国大众一度放弃销售权——两眼一抹黑的市场谁知道能够销售多少。而一汽集团和一汽–大众在1997年合资成立独立销售公司的时候，也是50∶50的股比。股权是烫手的馍，外企也未必敢要的太多。可以说，股权比例的五五开，并不会影响中资方的自主决策。合资公司主导权的确立，是来自对市场判断结果的逆淘汰机制。而话语权，是从市场上抢回来的，而不是分配出来的。

上汽通用五菱的实践，在反反复复验证着这个法则。2008年年底，五菱之光市场保有量突破140万辆，从上市至此只用了六年时间。神车自有神路。五菱之光，胜在结构；五菱荣光，胜在空间。这最朴素的两个原则，支撑两款自主研发、自主品牌的车型，完全走入了用户的心中。

[21] 李安定：《车记：亲历·轿车中国30年》，三联书店，2017，第402页。
[22] 中国汽车工业协会：《中国汽车工业改革开放30周年回顾与展望（1978—2008）》，中国物资出版社，2009，第27页。

第 六 章

2009 —

2010年 百万山岗

6.1 全世界的眼睛
6.2 质量封神
6.3 漫长的4S店建设
6.4 感知质量
6.5 地球上最重要的车
6.6 全球进退，通用心思

6.1 全世界的眼睛

日本本田汽车创始人本田宗一郎酷爱设计。本田造型室的工作人员称其为"造型科长"。宗一郎认为，"设计就是捕捉当下时代人们的心情，要能符合大家的审美偏好。"[1]

可以说，设计就是对潮流所下的赌注。设计师就像是晨报气象员，围绕着不可捉摸的气团一起飘浮。比过去要稍晚一些，比未来要稍早一点。判断潮流的真相，就像浏览毕加索的立体主义画作，它提供了满满的线索和脆弱的逻辑，但却没有明确的属性。而汽车设计师，就像是参照着一幅立体主义抽象画，试图设计出一款全新的汽车。这样的难题，落在了五菱荣光下一代产品的设计师身上。

这一次，线索有一点。2007年年初，沈阳带队到印尼出差时，满街上到处都是日本微型面包车，他一眼就相中了一种七座汽车。这种车型应该也适合中国用户的需求，或在节日聚会的时候走亲访友，或在天气晴朗的日子集体出游，家人朋友可以一同乘车，正好需要这种全家福一个也不落下的空间。

尽管五菱荣光上市在即，但新产品的开发已经迫在眉睫。这款曾经在脑海里盘旋多次的七座日本车，再次跳到了讨论桌上。

说干就干，上汽通用五菱迅速从印尼购回一辆日本丰田Avanza进行研究。这种七座大空间的车型，当时在中国市场还没有出现。技术中心面临抉择：要么原样照搬，

---

[1] 野中郁次郎：《本田宗一郎：原始人的经营法则》，陈娣 译，新星出版社，2019，第57页。

要么创新。但如果照搬，较日本竞争对手而言，能做到质量更好、性能更优、成本更低吗？

在自问自答了多个"不能"之后，只能走上自敲脑壳的道路了。

这辆丰田Avanza变成了一个被评头论足的对象。它尺寸不大，后驱七座，三排座位呈"2+3+2"型布局。虽然看上去漂亮，但作为乘用车也有着明显的缺点。比如采用半独立后悬挂，地板有三级高度，空间利用很不方便，中间三座坐起来也有些拥挤等。很显然，丰田Avanza更多以乘用车为主，后排空间小，第三排并不方便坐人。

经过多方头脑风暴，丰田Avanza的参考性被慢慢淡化了。它更多地被当作一个假想的靶子，便于设计师们集中思考。新车型的设计思路，不能受到这款车的局限，必须找到自己的特质。经过反复研讨，从意象到画像，新车的结构逐渐清晰：七座、大空间、乘坐舒适、前置后驱型。

就像足球赛场上，针对不同的对手，足球教练会将11个队员摆出不同的阵型一样，这次上汽通用五菱决定变阵。城市里的商务车，尤其是七座以上的，则是江淮瑞风、上汽通用别克GL8和广本奥德赛的天下。而设计师们认为，商乘两用车应该更适合中国城乡发展的需要。于是本来是"2+3+2"的座位排列，被摆成了"2+2+3"的布局。人员最多的座椅，放在了第三排，以确保乘坐的舒适性。为了方便进入第三排，第二排的两个座椅之间就需要自由通行。不能像丰田Avanza那样，进入第三排还必须翻开第二排的座椅才行。由于后座设计为三人座，车宽也被反推出来。五菱宏光的车身宽度，将比它的前辈五菱荣光增加6厘米。

看上去简单的排列，意味着车身架构的彻底改变，汽车也需要重新设计。

首先选择后驱。驾驶人的出行习惯，设计师们已经进行了细致的观察。如果采用前驱设计，对于上坡期间的停车再起步，一轰油门，就会有抬头效应，前轮容易打滑。而后驱则可以减少这种问题，因为同样情况下的后轮摩擦力变大，不容易打滑，对于坡起很有效。这些想法，源自现场的考察。很多驾驶人住在城乡接合部，无论走多少路，最后100米都要回家，可能要过小溪、小坡等，这样除了加速和上坡性能强，承载能力也更强的车型，便也符合老百姓的用车需求。即使家在半山坡，后驱车也可以让驾驶人轻松回家。

其次是空间。丰田Avanza车内的地板，由于底盘的结构，决定了它是一个像三级瀑布一样的形状。而要想内部空间变大，必须削平一切不合理的台阶。那么，如何拉平地板，让三级台阶地板变成两级台阶地板？这些空间上的迷思，令人难免会感觉到，设计一辆车有时候也像是捏拉橡皮泥的游戏：长一点、宽一点、高一点。还要兼顾姿态比例和内部空间，这正是汽车设计师整天忙碌并为之痴迷的几何世界。

每一个不起眼的部件，都可能改变几何空间的和谐。这一次，设计师把目光聚集在车辆弹簧的位置。由于考虑到舒适度的要求，以往车型采用的钢板弹簧这次被弃用，而采用了乘用车通常使用的螺旋弹簧。这意味着，设计理念从考虑装载的空间性，更多地转向了人的舒适性。

小小的一根弹簧，承载了社会变迁的力量。

悬挂系统作为决定车辆乘坐是否舒适的决定性要素，弹簧的使用至关重要。很多国外车型，都把螺旋弹簧放在汽车大梁的下面。但这种方式，既减少了车内空间，还使得车体更高，容易让长高比例失调，影响车的外观形象。现在，既要保持地板平整，又要美化比例姿态，就必须压缩整车的高度，螺旋弹簧就不能放在车架底下。几番讨论之后，设计师们打算把螺旋弹簧放在车架的两侧，从而有效降低车内地板的高度，扩大内部空间且可以美化外观。

然而，对于这个大胆的改动，上汽通用五菱当时聘用的韩国设计师，认为风险太大，不同意这种做法。

跃跃欲试的本地设计师们，则决定冒险一试。这已经是技术中心很普遍的一种心态了。跟上汽集团和通用汽车合资，尽管已经五年有余，五菱技术中心仍然处于一种压抑而寻求爆发的状态。就像青春期的少年，质疑反而成为最大的动力。在强大的合资方、丰富的经验面前，他们习惯了放手一搏的心态。寻求更合理的车型，就是在证明自身的价值。

这些设计师也有一个简单的逻辑。从考虑用户需求出发，五菱宏光的内部尺寸和空间，都应该在五菱荣光的基础上继续扩展。与此同时，车辆外部要有更好的曲线造型，以减小风阻和油耗。

这种螺旋弹簧后悬挂新结构，很快被设计出来，并且顺利通过了测试。

与那些地板不平的车型相比，五菱宏光的内部空间进行了优化，就像一块经过精心耕耘的沃土，一马平川。车内平地板优势明显，不仅增大了后排空间，也守住了姿态高度。

这些设计上的创新，还有另外一番意味。上汽通用五菱的每次立项，都需要得到董事会的批准。为了尽快通过董事会的批准，在立项申请时，会尽可能对一切改进都轻描淡写。五菱宏光这个产品谱系对于公司意义重大，因为它第一次采用了前置后驱的结构。以前的发动机都是中置型，放在驾驶人座位下面。每当夏季来临，燥热难当，驾驶体验会很差。而现在要把汽车发动机前置，彻底解决了令驾驶人苦恼的"坐火炉"问题。一次大手术，解决了五菱之光留下的问题。另外一个更具有战略性的突破也隐藏其中，如果有了前置发动机，那么下一步开发轿车的难度也会减小。合资公司话语权是微妙的话题，到处都是斗智斗勇的心思。

对于立项中提及的前置后驱平台，董事会并没有太在意，看上去仅是一个车型的升级而已。而五菱之光的热销，也让上汽通用的管理层看到了更多的希望。既然是微车行业的老大，对于微车的设计，看上去已经不会碰到股东方的质疑和阻碍。合资公司的话语权，就像是冰层下流畅的小溪水，凭借不断冲击的活力，渐渐地侵融着坚固的冰面。

五菱宏光，暗自承载着上汽通用五菱迈向乘用化的梦想，是走向轿车的第一次关键尝试。而它也将在汽车市场，经受全新的考验。它能突破两个前辈所创造的奇迹吗？

6.2 质量封神

五菱宏光要应对的挑战，远比看上去要大。以往，微型商用车的结构变化并不大，发动机和人之间用车辆底板隔开。而现在，既然已经向乘用化靠拢，舒适性就变得非常重要。发动机和人之间，也开始使用前隔板分隔开。结构有了变化，工艺就要有巨大改进。而且，乘用车和微型商用车的精度要求也不同。以用户体验为准则的感知质量，也在这个时候被提出来。为了更好地理解两类车之间的差异性，内部展开了大讨论，分析在设计、技术、质量标准等方面到底有何不同。

在确定较为关键的技术参数时，沈阳和姚佐平亲自出马，邀请吉林大学的郭孔辉、湖南大学的钟志华和上海交通大学的林忠钦三位专家，一起到柳州基地出谋划策。最终，将底盘结构、车身结构和车身精度等涉及的具体数字一一敲定。

相对于五菱之光而言，五菱宏光的外观有很大的变化，例如车门需要重新开发。由于车门比五菱之光的要大很多，会带来刚性不好的问题。如果单纯从静态质量看，就表现为门面上凹凸不平。冲压模具、压力机等只要有一点精度不好、稍微波动，就会导致外板件凹凸不平。而质量部则严格把关，这些车辆根本不可能被放行出厂。

他山之石，可以攻玉。为了更好地提高认识，上汽通用五菱邀请了很多冲压、焊接方面的日本专家和韩国专家。这些技术专家工作很卖力，但是警惕性也很高。平时对于技术人员们请教的问题，基本都是支支吾吾，只干不说。五菱人找到了新的办

153

法。这些日韩专家在工作中一丝不苟，但在酒桌上或者平时聊起天来的时候，则是无话不谈。在小酌微醺中，在漫无边际的聊天中，会吐露出很多真经。知识，在逐渐扩散，潜移默化到这片土地上。外部人才和内部人才熬在一起，才会形成知识扩散的空间。

五菱宏光代表了五菱制造试图冲刺的一个新高峰，除了满足乘用化的舒适性，再就是质量需要寻求跨越。

质量问题，一直困扰着中国制造商。多年来，车身的质量一直以一种暗刺的方式刺痛着五菱人。有些车门总是"龇牙咧嘴"，需要靠后期敲打才能够闭合。质量负责人对此也感到相当困惑。跟上汽集团和通用汽车合资前后，这个长期像是在"遥远的城市"造车的企业，打开了通向全球的窗口。2000年，进入上汽通用总装车间的一刹那，姚佐平就注意到了那里的车门装配质量与众不同：一眼望过去，简直就是严丝合缝。这是靠什么样的秘密武器解决的呢？

这些令人困惑的一大堆问号，二十世纪八十年代初，同样飘荡在美国底特律的上空。在日本汽车漫如潮水般进入美国市场的时候，底特律三大汽车公司不得不向日本同行学习，寻求改善汽车质量的方法。美国车向来是粗狂威猛的代表，不拘小节。车身门盖之间的缝隙向来不小，往往达到3~4mm且波动很大。而日本车则基本做到了2mm的均匀间隙，有效保证了车身的精度。由于很多零部件都在车身上实现装配，如果没有车身的精度，汽车制造厂最后一个环节的总装就成为一个灾难，会导致外观、密封、噪声等产品质量指标下降。二十世纪九十年代初，美国密西根大学吴贤铭教授在美国三大汽车公司的支持下，开启了一个车身精度攻关项目，这就是业界赫赫有名的2mm工程。它通过数据驱动的方式，将统计学有效地引入制造工程领域，从而提高汽车制造的质量。美国汽车质量，也因此得到了很大的提升。

世纪之交，正是全球汽车厂在中国的合资工厂加速起跑的时候，轿车制造的质量，也迫切需要提高。由于技术工人、供应商配套等问题，上海大众、上海通用的制造工厂，即使采用跟国外生产基地同样的设备，产品质量也与进口车相差甚远。车身精度往往为4~6mm，严重影响汽车的质量。此时，美国底特律的2mm工程，也开始被引入进来。但是，这种方法需要采用激光在线检测，导致价格昂贵，而且数据分析手段也非常缺乏，因此即使在合资公司应用，效果也大打折扣。

而在通用汽车的上海合资工厂里，姚佐平看到了令他眼前一亮的车门缝隙的时候，恰好中国汽车界刚刚解决了这个问题。上海交通大学林忠钦教授带领的团队，在原有2mm工程的基础上，摆脱了昂贵的激光测试。现场检测数据有在线数据和离线数据之分。每一种来源的数据都有缺陷，也有优点。激光在线检测，样本量大、速度快，但是测点少；三坐标测量机离线检测，样本量小、速度慢，但是测点多。上海交大团队构建了一种离线的小样本质量控制方法，来发挥两种数据检测方式的特点。它采用了田忌赛马的数据组合方式，将一部分离线、小样本数据，与在线、大样本数据相结合。这种方法重新书写了中国版的2mm工程。它改变了美国2mm工程对于在线检测的依赖，非常适合中国的低成本制造。得益于这种方法，上海大众的桑塔纳2000、帕萨特等车型，已经在大众全球基地的质量排名中挤入前列。上海通用也随之跟进，别克、赛欧、凯迪拉克都开始引用，进入了规模化的普及阶段。

姚佐平找到了答案，也找对了人。上海交通大学的林忠钦教授受到邀请，第一次来到柳州。在这里，一种令人吃惊的造车方式呈现在眼前。到处都是工人，自动化设备很少，现代化的测量设备也几乎没有。车间的地面不是堆满零部件，就是摆放着各种物料。有些料架连滚轮都没有，需要工人们搬来搬去。地面也都是泥土地，遇到下雨天车间里到处都是泥水。由于通风差，夏天车间里面非常闷热。

上海交通大学团队并没有建议立刻实施2mm工程，这里很多条件还并不成熟，但却承诺给予人员上的支持。这期间，上海交通大学团队多次访问柳州，提供整改建议和意见咨询。而上汽通用五菱的问题，也反馈到了大学的研究团队。大学和企业，正在进行着紧密的知识交换。

合适的机会终于到了。2006年，上汽通用五菱与上海交大建立了"现代车身技术联合研究中心"，开展车身2mm工程等技术产学研合作。大学里的年轻教师、博士后、研究生们也随即加入。这让上汽通用五菱面向车身精度的正规战，正式打响。这一年，上汽通用五菱的微型客车刚刚重回全国产销量排名第一的位置。第一，要有第一的样子。质量，找到了合适的主人。

然而，当上海交的研究人员进入车间时，迎接他们的不是鲜花，而是翻飞的榔头，到处都是榔头声。在车身调整线上，有很多上了年纪但仍然很精干的师傅，正在叮叮当当地砸车门。那些最有经验的师傅，往往都被派到这里来。调整车门需要精细的技巧，师傅们榔头不离身，人手一把，敲打铰链。

此时，正是五菱荣光开发的关键时刻。在上海交通大学团队的建议下，对于一直无法解决的车门异响，双方采用特别突击队的方式，多岗位联合办公。突击队，由上海交通大学团队牵头，上汽通用五菱调用多方岗位，联合参加。质量部，是参与部门之一。此外，还有工艺工程师和产品工程师参加。当需要看数据的时候，工艺工程师和产品工程师会打开数据库，车间也被授权可以通过电脑查看设计数据，通过对比，了解实物零件与设计零件的差异性。

现场需要权衡的因素很多，艺术性也很强。2mm工程也涉及好零件、坏零件的定义辩证法。由于涉及的零件很多，质量公差有大有小[2]。但是，不是所有好零件都会被保留下来。如果大的零件公差尺寸不够好，那即使小零件更精准，也可能换掉公差好的小零件（传统意义上的"好质量"），通过型面匹配的方式，让小零件去迎合大零件。一切要为项目结果负责，在保证功能的前提下，实现最低成本、最快周期，而不一定要修改误差更大的零部件。这些灵活的方式，都需要一种全新质量思维的建立。

在2mm工程的驱动下，上汽通用五菱对团队进行了重新组合，并且建立了尺寸团队，这在当时还是很时髦的做法。以前的测点，都由质量部负责，而现在它也变成了设计师的阵地。工厂里的工艺工程师、技术中心的设计人员，都和大学研究团队紧密组合起来。对于"外脑"的合作，上汽通用五菱总是力求快速、简洁的融合，因为这是克服边远地区企业知识浓度稀疏的最好方法。尺寸工程很快得到普及。2007年，可以看成中国自主品牌汽车的尺寸工程元年，在随后的岁月里，它以一种系统性、工程化的方式，支撑了中国自主品牌的崛起。

看上去，上汽通用五菱的2mm工程，似乎是在复制上海交通大学团队在上汽大众、上汽通用的经验，但其实并非如此。这又回到了汽车设计权的问题。在合资公司，很难想象工厂会去修改设计图纸。一般而言，它需要层层审批，甚至倒推到国外总部，而最后的结果也往往是"不"。这也使得此前的2mm工程实践，更多的只是在

[2] 注：公差大与小，有时被俗称为"坏"和"好"，其实在误差范围内，往往被看成是一样的。

车间里面兴师动众。而在上汽通用五菱，对于话语权，已经从制造深入覆盖到设计，包括结构、公差分配等。"想怎么改，就怎么改"，这正是企业拥有自主设计权的优势，也是低成本制造的关键因素之一。

虽然设计在整个成本中只占大约15%的比例，但它却决定了75%的质量缺陷成本。因此，必须要在上游的设计部门动刀子，质量才能有效改善。微型商用车的质量精细度，自然无须向通用汽车和大众汽车的乘用车去看齐。但上汽通用五菱下定决心要做好2mm工程的大文章。美国的2mm工程，初期主要是在焊接车间做车身，进行尺寸分析。而在这里，2mm工程已经从制造一直向前延伸到设计环节。

成效是显著的。2mm工程刚刚入手的时候，上汽通用五菱的车身制造质量的连续改善指数[3]达到8～12mm。这一令人望而生畏的数字，对于车企来说，就像是一个人生病而发烧到了42℃。而到了2008年，这个数字已经可以达到6～8mm。2mm工程是一个持续改进的过程，它就像是把各种缺陷排成一队。第一次改善，首先摧毁"高个子"缺陷。然后改进流程，重新洗牌，"矮个子"里面拔将军。第二次，再消灭掉缺陷"将军"。它并非致力于一下子解决所有问题，而是首先解决主要问题。就这样，每一次，最坏的缺陷都会被剔除。而下一次，再瞄准新的目标。

这正是上汽通用五菱实现"低成本、高价值"的奥秘。合资前，公司将几代五菱人创立的优秀管理成果与精益生产理念相结合，在五菱特色文化的基础上发挥优势，持续改进，创造出了"精益生产五菱化"体系。而合资之后，则充分消化通用汽车的全球制造体系。在总结通用汽车的工艺规范标准（BOP）和设备规范标准（BOE）先进性的基础上，重新形成了微车、家用车和乘用车三大BOP和BOE标准体系。它最大

[3] 连续改善指数（CII）：Continuous Improvement Index，是一种质量评价指标。

的特点是按市场需求造车，为用户造车，而不是按固定标准造车，打破了通用汽车全球一个BOP和BOE标准造车的惯例，使得制造体系输出指标真正体现了"低成本、高价值"的特征。

2007年，合资五周年之际，来到柳州的时任通用汽车全球总裁、首席执行官瓦格纳，大拇指频频竖起。在他的号召下，通用汽车全球45个工厂都陆陆续续派人来到柳州进行观摩。随后，姚佐平受邀前往美国底特律，面对台下的300多位通用全球高管进行授课。那一刻，喀斯特的整个山地都充满了高光。来自广西的一个地区打磨的东方制造，也可以成为全球标杆了。

2009年8月，来自上汽通用五菱的沈阳，在美国底特律领取了吴贤铭奖。这个奖项于1999年由吴贤铭基金会发起成立，每年颁发给一位企业领袖。这也是该奖项在设立十年之后，第一次颁给了中国的企业家。质量的圣火，在进入工厂的第一棒，一定是交给总经理的。只有在一把手的脑海里扎下根，它才能在一个企业中成为真正的熊熊燃烧之火。到了2010年，上汽通用五菱车身制造质量的连续改善指数，已经可以稳定到3~4mm。这是一个成熟健康的汽车制造商，应该拥有的正常"体温"。

6.3 漫长的4S店建设

丰田的成功不仅因为有丰田生产方式（TPS），更有销售天才丰田龙太郎所创立的独立销售公司。他将用正规军销售汽车的理念引入日本，穿西服的销售人员替代了穿工作服的员工，销售店再也不是油兮兮的地方。更重要的是，他激活了销售体系，让销量变成生产的指路灯。可以说，丰田所确定的销售公司策略，让丰田制造有了精准的时钟。时钟的报时，正是来自用户。这也是一种源自倾听用户的创新模式，与工厂的技术创新一样，有着巨大的贡献。

渠道销售网络，成为汽车制造商倾听用户声音的前沿阵地。

2009年，上汽通用五菱销量达到106万辆，成为中国第一家年产销超100万辆的单一车企。而中国的汽车产销量首次超过美国，成为全球最大的汽车市场。大浪头汹涌，小浪花精彩。这一年，国家"汽车下乡"等利好政策也显示了惊人的助推效果。到乡镇去，那里正是上汽通用五菱的地盘。它的销售网点，已经像毛细血管一样，向细处伸张。国家的政策利好，就像顺着血管流动的营养液一样，迅速被乡镇消费者所吸收。

这一时刻，上汽通用五菱已经等了十年。2001年10月，上汽、通用汽车和五菱三方在合资谈判阶段，成立了一个四人营销小组。小组成员一起进行了一次下沉式调研，足迹踏在了全国20多个城市中，很多网点处于城乡结合地带。这次经历让上汽和通用汽车的调研人员，感到非常震惊：汽车的销售可以如此简陋，组织机构可以如此单一。在这些经销商网点中，80%～90%都是小型私营企业、个体户、夫妻店等。除了销售五菱汽车，还同时经营其他汽车品牌，如安徽飞虎、汉江、南京凯旋等。而这些店面，很多都是厂家跟建筑工地临时租借而来的，然后免费提供给经销商使用。在车头上斜挂着大红花的各种品牌车，与各种坐垫、轮胎等配件堆放在一起，旁边还有烧饭的炉子。然而，这些经销商表现出来的斗志，更让调研组诧异。在温州瑞安的一条街，密密麻麻地并列着七家经销商，卖的五菱车销量看上去并不多，但是也没有放弃。

更大的震撼，其实来自五菱的销售人员，在这次马不停蹄的调研中，他们有机会听到了通用汽车对于经销商管理的理念和方法，很多新奇的观点从未耳闻。犹如窗户猛然打开，大风呼啸而入，穿堂入室。这次调研行动之后，五菱决定推动"专营化"，经销商不能再同时销售其他品牌的产品，既要告别粗放式经营，也要引入品牌化的建设。

关于经销商的准入、退出和激励的理性思考，逐渐变成规范和标准。但一开始，也做不到一刀切。只能从"专营化"概念触发，引导销售网点向专营店转变。例如要求经销商要有一个正式的五菱标志，悬挂在门店外，标明"五菱专卖"。

如果说店面形象的改变还只是形式上的文章，那么经销商和主机厂之间的商务关系，才是真正的灵魂考验。此时中国汽车产业正在经历快速发展，经销商能拿到车，往往就意味着利润到手。商务关系，就是指挥棒。"关系"二字充满了人性，但却掩藏着微妙的裙带法则。关系好，就可以拿到更好的经销商政策；而关系不好，经销

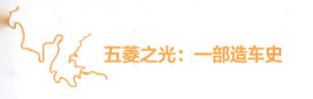

商的汽车分销资格可能会在一夜之间被没收。全国200多家经销商，各自有自己的算盘。商务关系，或者让人有恃无恐，或者让人担忧而缺乏信心。

必须清除经销商渠道中存在的不确定性和猜疑的气味，才能迎接大踏步地向前发展。上汽通用五菱决定推出透明的商务政策，左手亮剑，右手亮糖。这些商务政策，详细地表明了企业的价值观：提倡什么、反对什么，都在明处，而涉及的奖励力度，也极富诱惑性。然而，这些政策受到了企业财务部门的强烈抵制，意见分歧非常大，对于经销商的车辆批售返点、扣分返利等力度和阶梯性，看上去充满了跷跷板效应。财务部门非常担心预算不可控。

为了提高经销商的积极性，原来的商务政策是以奖励为主的，大力奖励排头兵，而对于落后者则以口头惩戒为主。经过激烈讨论，最后大家统一共识，优秀的和落后的，两头都要管。让经销商渠道变得更加健康，而那些跑得慢的机构则慢慢清除。

既然是商务政策，就有明显的导向性，核心则是赏罚到明处，公平到店面。随着详细政策和细则的公布，经销商们也逐渐吃下了定心丸。只要遵循这些准则，双方就可以做到休戚与共的"一锅甜"。在每年的经销商年会中，上汽通用五菱的主题报告都是经销商们听得最认真的内容，因为其中会透漏出很多未来的规划和政策。而在经销商的心田中，也需要一起植入高级销售理念。上汽通用五菱因此而开设了长期的经销商培训班，对经销商总经理、服务站站长等进行时间长达3个月的培训，不厌其烦地讲政策、讲人性，强调服务理念。

借鉴上汽通用的做法，无疑是一个最快的捷径。2002年别克君威的推出，正是上汽通用通过销售渠道倾听用户之声的一个经典之作。它正视了中国消费者对汽车的审美观，吸收了日系车华丽内饰的特点，在座椅材质、内部色调和转向盘做工方面，都跟日系车一样的精致。这款车，完全有别于美国本土的别克系列车型。这些由市场信息推动的本土化改进，为别克系列车型在中国大卖奠定了坚实的基础。上汽通用将经销商视为亲密合作伙伴，给予了先进规范的管理模式和金融的双重支持。这些做法，都深刻地影响了上汽通用五菱对于未来经销商体系的建设。

2003年，上汽通用五菱经销商从专营化向专营店，迈出了关键的一步。上汽通用五菱开始统一专营店的品牌形象，这是经销商商务政策配套的一部分。

这在当时还都是新鲜事物。尽管从四年前的广州本田第一家4S店开始，合资品牌销售店已经快速蔓延，但对于商务车而言，大部分店面基本还是地摊式的卖货。连专营店这种形式，也还都处于探索期。

正是在推动经销商渠道正规化的时候，这些行动也促使上汽通用五菱开始真正建立品牌意识。一个品牌，会引起消费者什么样的想法？他们进店买车时的感受如何？用户在脑海里会做出什么样的认定？汽车销售点能不能成为一个舒适得令人能够待得住不想走的地方？

这些问题，在上汽通用五菱的销售部反复盘绕。一定要统一形象，品牌大树才能成长。对于专营店的空间要求，也开始进一步明确。上汽通用五菱提供了四类标准作为引导，鼓励完全独立的展厅。而率先行动的经销商，将会得到阶梯式的优先补贴。

2004—2005年，经历了大规模的店面形象建设阶段，上汽通用五菱终于来到了一个关键的时刻，向4S店进军。

然而，4S店的投入要大得多，很多经销商都难免会犹豫。上汽通用五菱销售部的工作，就是要四处游说，稳定信心，除了优惠的价格扶持，帮助经销商一起研究策略跨过盈利平衡点之外，也开始坚定地收紧价格，集中精力向4S店倾斜。

市场自己会说话，4S店模式让用户体验大幅度改善，也拉开了五菱与其他微车品牌的差距，销量开始稳步上升。2006年上汽通用五菱跃居国内微车市场销量第一位，4S店渠道的铺设，功不可没。

更加精细化的管理，也进入了日程。如何确认终端的销售数量，一直是汽车厂与销售渠道博弈的难点。主机厂只有经销商自行上报的销量数据。但这些数据难辨真假，有时候渠道会为了获得主机厂的促销政策而修改销量，导致一些看上去被售出的车，其实还握在经销商手里。一场无休止的猫捉老鼠的游戏，使得汽车厂往往很容易陷入耳不聪目不明的状态，区域销量的决策，很多也只能是拍脑袋决定。

2005年前后，上汽通用五菱开始有机会购买各地区汽车的上牌数据。由于这是最真实的数据，汽车厂终于可以对终端汽车的销售数量有了全面的认识。这一次，汽车厂开始采用精确的数据导引，鼓励经销商向下发展自己的二级网络，将渠道继续下沉到乡镇。根据每个地区的销量统计，也会约谈那些不思进取的经销商，加大下辖地盘的网点建设。到2008年年底，上汽通用五菱在全国的销售网点上升至845个，服务网点上升至934个。

2009年国家实施"汽车下乡"政策，市场火得有点令人始料不及，全国交叉型乘用车微型客车，年销量达到195万辆，比2008年增长了83%。上汽通用五菱在全国的销售网点和服务网点分别都超过了1000个，仅一年中就增加了300多个县级服务网点，覆盖率达到了40%。汽车下乡，服务也下乡。对于偏远地区，采用"航班服务"

模式，由服务人员带上零配件下村入户进行巡回服务。上汽通用五菱采取了二三线市场消费者喜闻乐见的线下传播方式，已经连续五年开展了"电影下乡"活动。2009年在全国放映了2万多场电影。而在播放电影前，也会播放一点汽车保养的宣传片，以培养农民保养汽车的习惯[4]。

  坚决而细致的渠道下沉，伸向广阔的中国腹地。而每一家门店都是一个大大的招牌。上汽通用五菱就是要让这些门店，成为迎接消费者的第一张笑脸。

---

[4] 童政：《微型车驶入乡村大市场》，《经济日报》，2010年5月28日第16版。

6.4 感知质量

承载着"乘用化"梦想的五菱宏光，第一次亮相在2010年的北京车展。初出茅庐看颜值，五菱宏光似乎并没有给经销商带来耳目一新的感觉。习惯了卖疯的五菱之光和五菱荣光，他们对于这款车似乎不怎么"来电"。在晚宴上，觥筹交错间，姚佐平一再调节气氛，试图给有些无精打采的经销商们打气。有的经销商说，五菱宏光每个月只能卖5000辆。"我跟你们赌，这个车最起码每月卖2万辆"，姚佐平当即提高嗓门，并且举杯一饮而尽。这听上去更像是给大家助兴。酒杯在手，没有多少经销商相信这样的狂言。

按照原定计划，五菱宏光在车展之后就会上市。但在综合各方反馈意见后，发现负面意见居多，而这些意见中最大的一个问题，就是"感觉不像商务车"。沈阳决定推迟其上市时间，并责成技术中心立即整改。

五菱紧急成立了一个快速决策队伍，来琢磨"感觉"的问题。很显然，五菱宏光要作为紧凑型商务车，在形象上一定要远离面包车。比如一开前车门就会映入眼帘的B柱就不能过粗，圆角过大会显得车辆笨重，像是装甲车似的。这意味着，必须重新修改汽车侧围。而且，汽车的尾部不能太直，而是需要采取斜向的走位。同样，翼子板和发动机盖板哪个更高会更好看等问题，都被一个一个揪了出来。

受到这些细节的刺激，上汽通用五菱正式提出"感知质量"的概念，开始追求用户的体验感受。而以往，面包车的研发重点，通常是追求功能质量，以及尺寸的符合度。而通用汽车集团也在造型、设计、产品、工艺等方面进行协助，支撑感知质量评审。

技术中心当时有两个武器，一个是放大镜，一个是小纸条。技术人员拿着放大镜，从内到外对样车的每个地方仔细查看，发现问题就贴一张小纸条。第一轮下来，样车浑身贴满纸条，足有几百个需要解决的问题。

最大动干戈的是，需要投入新的模具。模具向来不是省油的灯，一套模具的成本就要几百万元。既要考虑降成本和强功能，还要考虑"感觉"，这可能是技术中心有史以来面临的最严峻挑战。供应商也不想捧场，风险太大，不如吃老款。彼时，五菱之光的一个车型一年就能生产几十万辆，模具商早已收回成本，惯常不必多生枝节。技术中心不得不一家一家门口敲过去，承诺销量，给予补助。半信半疑的供应商，还听到了满耳朵的"乘用化是未来方向，是本地供应链要一起升级的关键之战"。

认识到位，窟窿补齐。几乎没日没夜地干了4个月，技术中心才完成改进，五菱宏光终于在2010年9月正式上市。当年销量看似平淡无奇，每月销量维持在6000辆左右。虽然也有些忐忑，但管理层坚持认为，乘用化的拐点正在到来，五菱宏光的气质，应该可以跟时代同步。

转过年，市场开始陡然放大。五菱宏光在2011年实现了22万辆的销量。心花怒放的经销商，天天打电话催促产能。那杯酒的誓言，开始成真了。

与此同时，日本大发借助于跟一汽吉林汽车公司合作，也于2007年在中国市场推出了丰田Avanza的换标车森雅。但这辆在印尼市场备受欢迎的车，在中国市场表现却一直不温不火。

如果历史可以复盘，如果万物可以镜像，世界仍然不会一样。如果五菱宏光真的是完全模仿丰田Avanza，那恐怕也是一个灾难。两辆车型看上去有些相似，但设计的理念却是基于不同的土壤。上汽通用五菱对用户做了一次X光式的近身扫描，放在使用场景中，去理解一条河、一条山路、一次装货、一次聚会等对于购买者的真实含义。对于汽车而言，只看外表是远远不够的，其背后蕴藏着复杂的社会心理学。光靠着照搬车型，很难造就神车的精彩。

6.5 地球上最重要的车

三光三重奏，经典复叠加。2011年，在已经上市八年的五菱之光略现颓势之时，五菱荣光再度拉升销量，而上市不久的五菱宏光也后浪涌起。这些叠加起来的浪头，使得中国微车，打败了来自日本的老师傅。日本大发、铃木，尽管横扫东南亚，但在中国市场却走向衰局。在2001年开发五菱之光的时候，通用汽车高层当时问这款车有多大潜力。姚佐平认为在中国火上十年应该没问题。或许是随口一说，却一语道破时代的玄机。跨入二十一世纪以后，微型客车繁忙地穿梭于小城镇和农村市场，它是奋斗阶层昂扬活力的最好陪伴者。

从2001年到2010年，中国国内生产总值从10万亿元增加到40万亿元，十年时间翻了两番。而农村居民人均纯收入从不足2500元增加到近6000元[5]。一个农民家庭两年纯收入即相当于一辆微型汽车的价格，微型汽车成为富裕起来的农民能够负担得起的一种生产工具。二十一世纪初，中国农用车保有量约2000万辆，10%的农户拥有农用车。在这些农户考虑产品升级换代之时，微型汽车无疑具有极大的吸引力。

农民的收入增长是一方面，而道路的建设则拓展了农村市场的边界。高速公路和国道主干线犹如支撑国家宏观经济的交通运输主动脉，提升了远距离的公路运力。遍布城乡的普通公路犹如为基层经济组织供氧的毛细血管，是实现门到门运输的关键。2001—2010 年，前者有序掘进，后者开枝散叶，两者同步发展。2001年中国高速公

---

[5] 数据来源：2021—2010 年《中国统计年鉴》，中国统计出版社。

路不到2万公里，公路通车里程170万公里；到2010年年底，中国高速公路增至7.4万公里，"五纵七横"12条国道主干线的公路通车里程达400万公里。公路网密度由十年前的每百平方公里17.8公里上升到41.8公里[6]。"十一五"后期，公路交通建设出现了跳跃式发展。2008年全球金融危机爆发，为拉动内需，中国推出了四万亿元的一揽子投资计划，加大对国家基础设施的投入。公路交通建设向主动脉化和毛细血管化两个方向不断延伸，前者催生了公路运输市场对重型载货汽车的需求，后者拉动了运输集散市场对轻型和微型载货汽车的需求。

得益于中国经济的蓬勃发展以及一系列利好政策的出台，微型客车和微型货车凭借其低廉的价格和广泛的商业应用场景，获得了更大的发展，使得二十一世纪头十年成为中国微型汽车工业史上的黄金十年。上汽通用五菱凭着一门心思一根筋，无意中引领了微车的风潮。而那些东张西望的动摇者，则错失好局。

2009年3月，国务院正式发布《汽车产业调整和振兴规划》，提出了十一条政策措施，其中两项对微型汽车销售影响巨大：一是对1.6L及以下排量乘用车车辆购置税减半征收；二是开展"汽车下乡"，对于农民购买1.3L及以下排量的微型客车，以及将三轮汽车或低速货车报废换购轻型载货车的，给予一次性财政补贴。借助国家政策补贴东风，2009年中国微型汽车产销量首次超过低速汽车，2010年产销量超过300万辆大关，其中微型客车产销量逾250万辆，比2001年整个中国的汽车产销量还高。

但是从市场占有率的角度来看，真正享受到这一时期中国经济发展红利的微车厂家只有两大家：上汽通用五菱和长安。上汽通用五菱微车产销量增幅最大，2010年的产销量是2001年的10倍；长安虽然也搭上了发展快车，但微车盟主易人，难以再追。

[6] 数据来源：历年《中国汽车工业年鉴》。

四强中落后的哈飞和昌河，则经历了完全不同的命运转折。2008年金融风暴给美国三大汽车公司造成的冲击，令全球都为之一震。为了更好地抵御风险，《汽车产业调整和振兴规划》中八项"规划目标"的第四项，"兼并重组取得重大进展"。通过兼并重组，形成2～3家产销规模超过200万辆的大型汽车企业集团，4～5家产销规模超过100万辆的汽车企业集团，产销规模占市场份额90%以上的汽车企业集团数量由目前的14家减少到10家以内[7]。按照中国汽车工业学会对前一年的汽车销量统计，上汽、一汽和东风三大汽车集团没有一家超过200万辆，而排名第四的长安汽车销量还不到100万辆。汽车大洗牌开始，中国兵器装备集团和中国航空工业集团签署合作协议，后者将旗下的昌河和哈飞，划转进入长安汽车集团[8]。长安集团汽车板块同军品及其他附属业务板块也彻底分离。同属国防军工体系的三家微车企业，终于走到一起，微车四强整合成了两强。

这也使得在上汽、一汽和东风汽车集团之外，长安汽车集团成为更加强大的汽车第四极。对于微车市场而言，多年征战的老对手，从四国大战，打成了楚河汉界的两家对阵。

然而，市场也开始对微型汽车露出狰狞的牙齿。2010年年底，购买1.3升及以下排量的微型客车的农民财政补贴停止，直接导致微客市场像撒气的轮胎一样开始萎缩。外火燃眉，内火攻心，新长安汽车集团旗下虽然有三大微车品牌，但品牌定位雷同，诸多乘用车和商用车产品混杂，分散了消费者的注意力。三家合并后，非但没有聚合成为一个整体，反而互成拖累之势。哈飞、昌河从此一蹶不振，其中哈飞销量下滑得厉害，昌河后来则被整合到北汽集团。故事各有差别，但闹心的消息却是一致

---

[7]《汽车产业调整和振兴规划》，国务院办公厅，2009年3月20日。

[8] 中国汽车工业协会、中国汽车工业咨询委员会主编《中国汽车工业史 1991—2010》，机械工业出版社，2014，第256页。

的，它们的命运跟天津大发和贵州云雀类似，逐渐在赛道上不见了踪影。

这些令人唏嘘的翻车故事，让人们意识到管理层稳定的重要性。从2001年到2010年，微车四强企业中除上汽通用五菱的决策层空前稳定以外，其他三家决策层都有变动，哈飞在十年间换了五位董事长，昌河换了六位。决策层意志的每一次变更，都意味着对企业储备能量的一次耗散。对于国企领袖来说，决定不做什么往往比决定做什么更为艰难，也更考察战略定力。

与其他微车企业所采取的"微车为本、轿车为主"的多元战略相比，上汽通用五菱没有在主导产品之外耗散能量，而是坚持战略聚焦。哈飞、昌河都采用了广谱系列化之路，轿车与微车两条腿走路，而上汽通用五菱则以"宽系列、多品种、差异化"的产品策略聚焦在微车这个单一领域。二十一世纪的第一个十年间，上汽通用五菱的战略重心始终在微型汽车领域，围绕"做微型商用车的领导者"这一战略定位，持续丰富微型汽车谱系，"扎硬寨、打呆仗"，不为外部局势所动。

微型汽车自进入中国市场，经过二十多年角逐，列强沉浮，浮华洗净，尽显三十年河东、三十年河西之大局。二十世纪八十年代，中国微车领域八强纷争；到九十年代末，八强剩下四强；十年之后，寂寞双雄对阵。市场总是在洗牌，跟足球淘汰赛的规则一般残酷。上汽通用五菱最终力克群雄，稳占微车市场半壁江山，一家独大的竞争格局就此形成。跨度十年的三个产品，每次改进，都在时间的鼓点中，踩中时代的节拍。五菱之光胜在结构，五菱荣光胜在空间，而五菱宏光则是乘用化的关键性一步。

2010年，五菱之光出现在美国财经杂志《福布斯》的封面上，它被誉为"地球上最重要的一款车"。这份以引领全球企业家精神和洞悉商业模式而见长的杂志这样写道，"朴实无华的五菱之光，是迄今为止最好卖的车，2009年销量达到597000辆。平均每50秒钟，就卖出一辆。美国最好卖的汽车，是福特的F系列货车。但它的销量跟五菱相比，望尘莫及"[9]。

这些惊人销量的背后，不仅仅是汽车，更有很多用汗水书写财富的创业者。又不仅仅是创业者，更有中国制造崛起的大底盘。献给奋斗者的礼物，这正是五菱之光、五菱荣光和五菱宏光所带来的动力内核。它们跟奋斗的草根基层一样，抖擞精神，活力绽放，寻求向上发展的每一次启动。

都是同行者。上汽通用五菱也是时代大浪中奋斗的一员。

---

[9] 涂彦平：《五菱宏光的王者荣耀》，《汽车商业评论》2017年第10期。

6.6 全球进退，通用心思

2002年合资后的上汽通用五菱，给已是全球汽车老大的通用汽车，带来了很多欢乐。2005年销量为33.7万辆，2006年销量达到了46万辆，跃居国内微车市场第一位。这一年，连通用汽车总裁都声称，上汽通用五菱的发展超乎期望。

2009年上汽通用五菱更是跨过百万山岗，成为中国第一家年产销量超100万辆的单一车企。然而，作为股东方，通用汽车已经没有心情来按喇叭祝贺了：它的四个轮子都陷入了泥坑，机器咆哮却不能前行。

其实此时全球汽车巨头，谁都不好过。

2008年丰田出现了成立71年来的首次年度亏损，导致上任才三年的社长引咎辞职。丰田创始人的孙子丰田章男突然被推到一把手的位置，他在上任讲演中说："我在按动汽车喇叭告诉大家，车子已经开到了悬崖边上"[10]。

而通用汽车则开进了历史上最黑暗、最漫长的隧道。2009年3月，时任通用汽车全球总裁、首席执行官瓦格纳辞职；6月，通用汽车破产了。带着极其复杂心情的美国政府，不得不宣称继续注资300亿美元，占股60%。通用汽车，成为标准的国有公司。

同样深陷泥潭的美国三大汽车公司之一的克莱斯勒，被意大利菲亚特汽车集团并购重组。这个跟南京汽车集团在合作中先扬后抑最后分手的菲亚特，在中国汽车蓬勃

[10]《成本至上 百年丰田"驶到悬崖边上"》,《新京报》,2010年3月2日。

鲜活的历史上只是一闪而过，随后只能作壁上观。但在欧洲，靠着当家人清醒的意识和低成本制造能力，依然保持着强劲的活力，重塑了"小型车之王"形象。菲亚特有着清醒的认识，其总裁早已看透普通汽车的低利润趋势，他说道，"汽车业面对的是像沃尔玛连锁超市一样的市场，有人却当成豪华消费品来做，陷入困境不可避免。"

在通用汽车最艰难的时候，上汽集团起到了顶梁柱的支撑作用。为了保护合资公司，上汽集团收购了通用汽车 1%的股份成为上汽通用合资公司的大股东，股权比例从50%提高到51%。出乎意料的是，通用汽车要求增持上汽通用五菱10%的股份。在中国合资公司的股权上，大体量求退，小体量求进。一退一进，意味深长。

中国合资公司的整车产量，对于跨国公司至关重要，中国市场起着定海神针的作用。2003年，只有多年苦心经营的大众汽车集团，在中国的产量占比超过10%，而其他汽车跨国公司，没有超过4%的。然而到了2011年，通用汽车从2001年的0.8%跨越到27.4%，排名第一[11]，力压大众汽车的25.9%。这，正是靠着上汽通用五菱的汽车销量所实现的。这，正是上汽通用五菱的秤砣效应。这，正是通用汽车寻求增持上汽通用五菱股权的原因。

在日本市场，通用汽车先进后退。2005年通用汽车在国际化大撤退，在日本也是大撒把，先后结束与铃木、斯巴鲁的合作。通用汽车1981年首次投资铃木汽车，并不断增持。但就在2006年，通用汽车大量抛售股票，仅保留 3%的股份。通用汽车与铃木汽车继续合作的理由已经越来越少，紧凑型小汽车已经失去魔法。虽然铃木汽车在中国、印度等新兴市场处于领先地位，但通用汽车可以利用韩国子公司在这些地区扩张。通用汽车同时也失去对富士重工的兴趣，将股份转让给了丰田汽车。

---

[11] 路跃兵，蒋学伟，任荣伟：《中国汽车产业成长战略》，清华大学出版社，2014，第122页。

通用汽车另有考量，它的两个全球战略（小型化、新兴化国家），都与上汽通用五菱密切相关。而这，也正是通用汽车希望增持上汽通用五菱合资公司股份的原因。

此时的美国底特律，已经哀鸿遍野。但冰冻三尺，寒非今日，乌云并不是呼啸而来，它是缓慢地聚拢起赶走暖阳的力量，管理层也并未无视危机和警告。早在2005年11月，瓦格纳就宣布全球裁员3万人，关闭11家工厂。也就在此前1个月，他特意前往广西柳州，对五菱的"低成本制造"表现了极大的兴趣。他声称自己"不是来发表演讲，而是来学习的。上汽通用五菱的低成本运作方式，已经作为效仿典型，要介绍给其他通用汽车旗下公司分享"[12]。通用汽车总裁这一刻的谦虚，并非是出自礼仪的言不由衷，而是柳州山地里的低成本制造的活力击中了他的心脏。这几年来，在跟美国联合汽车工会（UAW）进行连绵不断的斗法而筋疲力尽的他，已经意识到一点，不断被推涨的美国生产成本再无回天之力，美国汽车不可避免地丧失了制造的优势。

职业经理人很容易成为浮云，大风来临即会四处散去。但这些美国高管留下的结论和往日印象，让通用汽车即使在艰难时刻，仍然有着清醒的选择。对于通用汽车而言，上汽通用五菱已经不是一个简单的合资子公司了，而是一个全球性的堡垒，拥有一种美国无法掌握的制造方式。通用汽车不能离开这些制造优势。即使在2009年如此黑暗的日子里，通用汽车的管理层依然很清楚地看到了制造的本质。

中国的汽车市场，已经成为照亮全球信心的灯塔。如果没有这一年中国市场靓丽的业绩，全球汽车巨头几乎大概都会夜不能寐。争抢中国市场，变得越发重要。

为了说服中方转让10%的股份，通用汽车也抛出三个橄榄枝。

首先是通用汽车可以将全球供应商体系引入柳州，这对于发展柳州的汽车城规划

---

[12]《突破发展天花板　上汽通用五菱十年胜负手》，《中国青年报》2012年11月19日第05版。

和民生就业，非常有吸引力。其次可以将广西柳州五菱集团（后改组为广西汽车集团）纳入全球供应链体系，加入全球化进程。这些都是地方发展经济不能拒绝的大红包。

最后一个条件，更具有诱惑性，令所有的柳州主机厂人员都怦然心动。那就是将乘用车品牌引入柳州生产。尽管此前已经引入Spark乐驰，但该车型还是直接引自大宇，并没有进行本土化开发。经历了连续高增长的上汽通用五菱的管理层，对于乘用车自然情有独钟。造轿车，这是任何一个汽车人都无法避开的梦想。毕竟，汽车企业一把手的眉头，永远是紧锁的。即使刚刚经历了车型的畅销，也会卷进另外一个赛道的焦虑。一辆车型的畅销期（前提是能够畅销），为4~5年。即使是幸运的汽车企业家，也必然会被时间拽着头发进行周期性拷问。

重要的是，五菱宏光大卖之后，下一块蛋糕在哪里？2010年中国微客行业正在试探它的天花板。为了提高农民购买动力，年初国家七部委发布政策，将"汽车下乡"政策延长至12月31日。这是微车市场的最后一剂强心剂，农村市场则备受鼓舞。然而，微型商用车毕竟是一个小容量市场，它也将在年底用完它的药剂。乘用车领域的突破，是唯一可见的选择。上汽通用五菱的管理层，对此跃跃欲试、摩拳擦掌，这是离轿车梦想最近的时刻。烟深虽不见湖水，且看长空万里天。

而广西壮族自治区政府，也再次陷入激烈的讨论之中。八年前的混合股改设计，已经充分证明了它的活力。现在通用汽车又提出新的要求，是不是得寸进尺？是墨守成规，还是再向新疆界？通用汽车承诺的在柳州河东基地，修建全新轿车工厂基地的投资，实在是太有吸引力了。如果能用股份换来本地产业群，换来更多的本地烟火，那么政府股份即使被稀释，也是值得的。毕竟，更充沛的新鲜血液，将再次注入地方经济血脉。

一切有利于本地发展的政策都是好政策，自治区政府最终决定，继续坚持初衷，将10%的股份转让给通用汽车公司。柳州五菱汽车股份公司，占股从15.9%减至5.9%。而估值，已经跟以前完全不同了。2000年谈判的时候，通用汽车花费了3000万美元，获得了34%的股份；而现在，追加10%的股份，则需要花费5100万美元。七年历练，昔日的山锦鸡，此时已经变成了金凤凰。柳州的土地，见证了制造增值的奇迹。

"不求拥有，但求所在"这一曾经为国企改革做出重要贡献的混改模式，再次绽放出光彩。形式上的退让，带来了实地的进取。柳州政府采用了"服务民生"这样一个不变的审查口径，拥抱了一个全新的乘用车研制基地。广西柳州，也有了更强大的汽车主心骨。

一个百年的汽车老店在至暗时刻，为一个全新的本土品牌祝福了新生。而新生儿需要自己蹚出一条路。

还有另外的新生命，也开始缓慢地伸展自己的身躯。2009年的《汽车产业调整和振兴规划》悄悄地推开了一扇门，微弱的光线从缝隙中透了进来。这个产业振兴计划的第六条目标，开始为电动汽车鸣锣开道，提出了形成50万辆电动汽车等新能源汽车的产能目标，主要乘用车生产企业应具有通过认证的新能源汽车产品。电动汽车，第一次怯生生地露出了一张陌生的脸。在北京奥运电动汽车试点项目之后，科技部等四部委牵头的"十城千辆"电动汽车示范工程也拉开帷幕。这些火种，日后将掀起中国电动汽车的漫天星火。一些车企做出了反应。上汽通用五菱开始派出先遣性的团队进行探索，在摸索中起步。

此后第二年，一直亏损的美国电动汽车特斯拉，在纳斯达克上市。

到处都是破土初芽的新生命。

第 / 七 / 章

2011 —

2019年 乘用化蝶

7.1 自主时分
7.2 宝骏首战
7.3 平行小分队
7.4 首席试车员
7.5 借船出海
7.6 单飞的洗礼
7.7 寻找独特的气质
7.8 巅峰两侧知阴阳
7.9 智能化陷阱

7.1 自主时分

汽车自主大旗早已经挥舞，合资公司在使用国外品牌的同时，也在积极开发自己的品牌。2004年，国务院提出"自主创新"的指导方针，国内汽车业自主品牌开始精神抖擞地发力，吉利、比亚迪、奇瑞、长城等企业都乘上了这场东风。而合资公司也开始寻求更大的自主权。2006年，上汽集团通过消化收购英国罗孚75全部的知识产权及技术平台，推出了自主汽车品牌"荣威"；2007年，通过收购南汽集团获得英国以速度和轿跑取胜的"名爵"，进一步巩固了自主品牌之路。这一时期，"奔腾""东风风神"等品牌的汽车纷纷上市。广汽本田发布了自主品牌"理念"，东风日产和一汽-大众也发布了自主品牌"启辰"和"开利"。合资企业的自主品牌，火热一时。

这期间，外资品牌和自主品牌的界限，引发了争议。合资公司的中外品牌产品股权比例，一般都是50∶50。这也导致合资公司新开发品牌的"自主"属性很难界定，许多合资公司也不愿意开发新品牌[1]。也有合资公司甚至把国外母公司的淘汰车型引进来，包装成自主品牌。这种概念之争的背后，是对合资企业自主研发权的渴望。单纯能挣钱的机器，似乎还不够好。

而自主品牌也在突飞猛进，出其不意地长出新的骨骼。民营汽车企业吉利，从福特手里，鲸吞全球豪华车品牌沃尔沃，成为2010年最令人振奋的事件。它被赋予了太多的含义，而每种含义都指向了血脉偾张的进取力。中国汽车长大了。

---

[1] 李安定：《车记：亲历·轿车中国30年》，三联书店，2017年；第215页。

虽然上汽通用五菱是一个合资公司，但一直使用国产的"五菱"品牌，也一直传承着老地方国企"艰苦创业、自强不息"的基因。上汽作为三方合资中的大股东，处于绝对控股地位，"五菱"属于根正苗红的自主品牌。

能否再次创业，创立一个全新的轿车自主品牌，早就成为一种跃跃欲试的冲动。

十年前，微车四强总体上取得了高达90%的产业集中度，遥遥领先于其他微型汽车生产企业。当时，无论是属于国防军工体系的长安、昌河、哈飞，还是柳州五菱，都有着难以割舍的轿车情结。在世纪之交，长安汽车年产15万辆奥拓的生产能力大功告成，羚羊下线，福特在谈，长安轿车战略产品在握。气定神闲之余，在微车市场持续铺张，凯觎河北，瞄准南京，自有天下盟主之势；昌河携手铃木，发力昌河北斗星，在小型多功能乘用车领域一骑绝尘；而哈飞前弃铃木，后联意大利，左拥大宇，右抱三菱，在细分产品领域对标微车三强，三箭齐发。微车企业，从不寂寞。都有好剧本，都有点将台。只有柳州五菱，即使与上汽和通用牵手，也没有引入合适的国外轿车品牌。

微车企业尤其是国防军工企业，为何对生产轿车情有独钟？原国防科工委副主任在2003年的一次汽车论坛上明确说道："汽车工业的核心问题是轿车的发展"[2]。发展轿车的梦想，也许是所有的车企负责人都会有的执念。当柳州五菱还是柳州微型汽车厂的时候，与法国雪铁龙的轿车项目合作被强制叫停。而军工背景的微车企业，后来靠着特有的渠道，在严格的资格管制中，仍然找到了通向生产轿车的出口。长安汽车是微车四强中获得政策扶持力度最大的一家企业。在国防军工企业当中，长安汽车是唯一既有微型客车又有微型轿车生产资格的企业。而资源有限的地方国企，则只能选择在有限的空间内腾挪。

---

[2] 张广钦：《加快军工汽车产业的发展》，《国防科技工业》2003年第8期。

好在过去十年，微型汽车市场迅猛发展，契合了中国城乡经济总体发展水平较为落后、城镇化水平较快攀升的国情。2001年中国城镇化率为38%，到2010年年底，城镇化率提高到49.9%。如果简单地以城乡人口的比例来衡量城市文明和农业文明的消长，那么2010年就是农业文明在中国占上风的最后一年。2011年年底，中国城镇常住人口首次超过农村人口，城镇化率达到了51.8%[3]。

在向大城市进军的道路上，因为环保和安全等原因，大量微型汽车被挡在了城市之外的城乡接合部。这片五方杂处的区域最终成了微型汽车的绿洲。跟微型汽车一起在这里大展拳脚的，还有众多的流动人口和个体经营户。2000年前后，北京市对微型车上路实行限制政策，哈飞就曾将营销目标对准北京四环路以外那些做小生意、小买卖的个体户[4]。如果说2000年前后的北京四环外还算是城乡接合部的话，2010年以后北京城乡接合部的范围已经推进至五环附近。农田菜地不复存在，工厂或停产或外迁，原来处于四环和五环之间的人口大量转型从事第三产业。以散兵游勇式的个体从业而非大工业组织为特征的小微经济，成为新时期城市经济瓦解农村经济的尖兵。小微经济不仅是支撑中国城乡二元经济有序转化的底部基盘，也是源源不断地复制社会创新细胞的培养皿。

社会结构变了，风向自然也就跟着变了。在2010年的历史节点上，城市经济和形态，都需要更好的车辆。微客渐微，轿车常青。企业家凭着敏感的直觉，抓住了时代微弱的暗示。对于已经稳扎稳打地守住地盘的上汽通用五菱，终于可以腾出手，来种下昔日梦想的幼苗。

乘用化和自主品牌，一次来了两个当头炮。

---

[3] 数据来源：国家统计局官网。
[4] 李苗苗：《做强中国汽车是我的梦想，访哈尔滨飞机工业集团董事长兼总裁崔学文》，《中国商报》2002年第6期。

7.2 宝骏首战

对于全新乘用车的开发权，通用汽车自有打算。

在光芒四射的微型商用车领域，上汽通用五菱已经确立了话语权，无论是在设计理念，还是在低成本制造，都已经展现了强大的能力。但在乘用车领域，毕竟还是生手。五菱宏光作为一款紧凑型MPV，采用前置后驱的结构布局，像运动型轿车一样有着不错的操控性能。还首次引入感知质量，探索流线型造型等家用车的特性。但是，尽管有了这些乘用化方面的探索，但是在股东方看来，上汽通用五菱仍然只具备微型商用车的开发能力。

自与上汽集团及通用汽车合资谈判以来，五菱技术中心一直好似扮演着陪读的角色。2002年合资的时候，技术中心甚至未能进入合资框架。这种本土研发岗位，在通用汽车看来，是一种负价值的土特产，是可有可无的资产。

这是五菱技术中心人员长期憋着的一口窝囊气。当然，这只是一个不对称的较量，因为泛亚汽车技术中心也根本没有觉得他们会是对手。五菱之光车型的开发，是第一个回合的较量。五菱技术中心战胜泛亚而竞争上岗，但也只是被认为"不过是成本更低而已"。五菱之光面市初期，在通用汽车内部得到的不是鲜花的迎接，而是一盆盆泼下的冷水。好在五菱之光，在市场上越战越勇，用销量奠定了自己的市场地位，也帮助五菱技术中心在实力较量中扳回一局。

第二个回合，泛亚开发了一个新的微车平台，打造了一款定位于商乘兼用的全新高端微面——五菱鸿途。外观不错，但依然不好卖。而相对照的是，五菱技术中心开发的五菱荣光，继续延续了五菱之光的热销局面。

　　两个回合，胜负自明。这也基本断送了泛亚在上汽通用五菱的微型商用车设计权。时光就像是一台修正机，慢条斯理地修理着一切偏见。八年光阴，确立了上汽通用五菱在商用车领域的自主研发地位。

　　此时，乘用车又挑起了一份新的情绪波动。乘用车开发，显然被认为是泛亚的地盘。而上汽通用五菱的技术中心，虽然被认为只能开发商用车，却也暗自跃跃欲试。双方都有说不出口的心结，暗地里的较量，早已开始。

　　于是，又是最常见的争吵。最后合资三方决定成立轿车推进小组。设计主导权，仍然是委托给泛亚。但为了舒缓紧张的气氛、减少分歧，上汽集团总裁陈虹提出了一个折中的方法，那就是成立泛亚柳州分公司，让泛亚的员工到柳州去，与五菱技术中心的员工共同面对乘用车的开发。这个充满智慧的想法，得到了大家一致的认可。在合资公司的天地里，人们时常需要跳开僵硬的条款，寻找更多灵活、充满人情味的策略。

　　毕竟，这是上汽通用五菱第一辆自主品牌轿车，意义重大。

　　此时通用汽车推出全新架构的平台，一辆车的设计，需要36个月。这也正是泛亚可以大展身手的平台。泛亚采用了上海通用凯越的平台，对外观进行了全新设计，对技术进行了升级改进。泛亚柳州分公司的办公地点就在上汽通用五菱公司内。泛亚先是派来了近三十人的管理层人员，然后自行招聘，队伍迅速膨胀到两三百人。五菱技术中心则仅派出不到十人，抱着学习的姿态去参与。泛亚的保密性很高，双方人员几乎不进行交流，办公区的门禁都是独立的。想学艺，师傅不说，就看自己悟性吧。然而，师傅其实也被锁在流程之中难以自拔。对于车型的每一次改进，泛亚都要报到通用汽车北美总部。每一个修改点，都是一次漫长的等待。

面对如此冗长的决策流程，上汽通用五菱的管理者虽然不满意，但也无可奈何。或许收回设计权是最好的方式，但这样的想法只能一闪而过。轿车设计权，暂时还没有办法抓到上汽通用五菱自己的手里。

2011年4月，定位于动感品质的中级车宝骏630，在上海车展首发亮相。从现场反馈来看，喜忧参半。从侧面看外形，感觉可以值12万元；转头去看车厢尾部，则要打个折扣降2万元；而坐进去之后，面包车的感觉再次浮现上来。于是，心理价位进一步掉进了面包车的价格区间。外看高价，内看低价，心理价格一路下滑。看来这款首发轿车的定位，并没有认真搞清楚。

改型已经不可避免，正面交锋开始了。

没有人反对改型。大家争吵的是对进度的看法。

内饰造型看上去要全部改动，不仅是颜色，结构形状也都要改。最为伤筋动骨的模具，也要重新开模。泛亚认为，改型需要大半年的时间。而对于中国车市而言，根本无法等待。中国汽车行情火爆，走出了全球独自上扬的大牛行情，2010年稳固了2009年确立的全球销量第一的市场地位。城市私人轿车保有量，开始急剧增加，远远超过了城市道路交通的规划。交通堵塞，成为大城市前所未有的新病灶。2010年年底，北京市出台了影响深远的限购政策，实施小客车数量调控措施。一面是需求如火山爆发，一面是围追堵截的城市治理，一辆汽车的上市时间，已经容不得半点等待。

焦急如渴的市场销售渠道，只能给宝骏630的改型留出两个月的时间。对于泛亚而言，这是不可思议的要求。光出设计效果图，就大约需要两个月，更不要提后面的落地投产了。但是战场上没有任何借口，战士只有选择能与不能。这次，选择"能"的五菱技术中心，被推上战场。

五菱技术中心连夜制定了需要修改的27项清单，并一一跟泛亚确认。这其中，只有车钥匙这一项，被泛亚接了过去；而剩下的硬骨头，都要由五菱技术中心来接手，仅用了两天，就搞出了效果图。在给总经理审批的签字过程中，技术人员还小声地建议其实就不用细看了。形势比人急，沈阳也就只好一笔签过。真是一批"胆大包天"的年轻人。

最重要的是先抢回模具开发的时间。模具正常开发周期需要四个月。对于五菱技术中心提出来的两个月时间完成，模具供应商简直不能相信自己的耳朵，万万不敢答应。技术中心也毫无退路，如何能够快速穿越时间周期？

经过彻夜商量，最后给出方案是要求模具商砍掉所有余量，不留任何余地，一旦出现责任问题则完全由上汽通用五菱来承担。但前提是，中间不能隐瞒任何一个问题。任何一个阻碍，都必须要急报。工业所有的雍容和按部就班，一刹那都被抹平了。所有沟通和间隙，都被压成了真空。模具，最后只用了40天就被做出来了。这辆车的改型，正好赶上了两个月的约定时间，量产在即。

2011年年中，上汽通用汽车总部的门口，迎来了两辆挂着同样标志的车。上汽通用五菱将泛亚和五菱技术中心各自开发的两辆车，都开到了这里。犹如无声的龙虎擂台赛，两车的对比，产生了巨大的震撼性。这震惊了通用汽车的高管。此前，在通用汽车的全球乘用车分布版图中，上汽通用五菱的设计能力从来没有被放在这个盘子里进行考量。通用汽车最擅长的是整合全球资源，比如通过巴西来设计车型和提供底盘，然后叠加上汽通用五菱的制造能力。而这次，这个合资公司长出了全新的本领。尽管是在原有基础上的改型，但上汽通用五菱独立设计的能力已经昭然成型。

这又是在中外合资大背景下，关于企业自主研发权的一次暗战。这一次，又是靠实物，上汽通用五菱向股东方通用汽车，证明了自己在轿车上的设计与制造能力。这种戏剧性的说服手法，是五菱人最擅长的招法。早在1982年中国汽车工业公司在天津召开微型汽车联合建设座谈会的时候，柳州拖拉机厂根本不在邀请之列。然而厂里安排将一辆微型货车，千里迢迢开到天津，硬是挤进会场。然后，在第二年的定点厂名单中，就出现了柳州拖拉机厂。事实胜于雄辩，有造物精神，方善打天下。

然而，对于上汽通用五菱的股东方而言，这不过是内部两支队伍之间的比拼而已，真正需要说服的是广大消费者，而不是管理层的意志。这款产品，还需要等待用户来点头。

宝骏作为一个全新的品牌，意味着全新的渠道。在销售服务方面，企业并没有任何经验可言。于是大量销售人员被派往上汽通用的4S店，进行了为期两个月的学习。同时4S店的建设标准、商务政策等，也紧锣密鼓地制定出来。

在招商标准上，除了选择部分上汽通用五菱的大型战略经销商，原则上尽量选用新面孔经销商，尤其强调要有乘用车销售经验。宝骏要树立一种更高的品牌形象，它的渠道建设，也需要完全区别于原有的网络体系。

在宝骏品牌的初期建设上，企业进行了细致培育，每个员工都被要求竖起耳朵，听见用户的声音。沈阳在网上注册了当时汽车行业知名的"汽车之家"论坛账号，关注着用户对宝骏品牌的反馈。姚佐平亲自参与企业组织的车友交流会，当面倾听用户的真实声音。

终于打通血管末梢，上汽通用五菱用了一年的时间，建立起独立的新经销商体系。四百多家经销商，将专心致志地只卖宝骏品牌的汽车，宝骏630一马当先。

渠道是铺好了，但消费者却没有如期蜂拥而至。每个月不到1万辆的销售量，对于习惯卖疯了五菱商用车的经销商而言，实在是一个小数字。2011年12月，五菱商用车月销量达到了15万辆。两相对比，宝骏630就像是在成人百米冲刺的跑道边，慢吞吞走路的孩子。

相对于它的性能而言，宝骏630的定价似乎仍然偏高。消费者的心脉，还是没有完全号准。宝骏630销售不利，部分原因也跟回应用户的反应速度有关。对于用户诉求，上汽通用五菱总结后向泛亚提出修改建议，而泛亚很难快速进行调整和修改。即使是发动机箱盖的一个凹槽，泛亚也需要先请示通用汽车的设计总部，才能做出决定。从市场端传来的用户声音，就像被裹住了层层棉被一样，最后消失得无影无踪。

滴答的时间，变得残酷起来。泛亚开发的后续产品宝骏610，一时也承接不上。开发新车型，永远都是可怕的赌注。上千人的队伍忙得团团转，投入两三年的时间，却都是在走向未知的战场。市场上是冰冷的斜眼，还是热情的拥抱，都必须在投入数亿元的真金白银后才能知晓。这次，市场情况不太妙。经销宝骏品牌汽车的经销商开始有些恐慌了，4S店需要救市，而宝骏品牌更需要保住。

焦虑的情绪，开始蔓延。

此时的沈阳，似乎同时喝着两种饮料，一杯是滚烫的苦咖啡，一杯是甜蜜的橙汁。五菱宏光自2010年上市以来，势如破竹，承接了五菱之光、五菱荣光的销量攻势。在过去十年，"五菱"品牌已经成为传奇的符号。这难免会让局中人觉得世事坦途，顺风顺水。但宝骏630疲软的表现，则是一个不和谐的音符，损害了宏大乐章的壮美。

对于汽车制造商而言，车型危机总是不经敲门，随时破门而入。一个车企的领导，往往会在同一时间体会到不同的情绪，而这全取决于看到了哪一条销售曲线。

如何挽救新品牌、新车型的颓势？

7.3 平行小分队

2012年1月，沈阳在总经理新春寄语中，提出构建"伙伴式"的新型企业关系。伙伴被解释为"同行者、众成伙、伴成行"，以激发员工的活力，追求人的价值最大化和员工成就感。这是对组织日渐僵硬化的一种警惕。微车市场在2011年尽管先抑后扬，但全年还是出现了10%的负增长[5]。微车市场见顶，看来已经成真。尽管上汽通用五菱的市场占有率在这一年大幅度提升了6个百分点，接近微车市场的半壁江山。但市场的边界在收缩，仍然大意不得。合资十周年，产量从十万级跳跃到百万级，员工从4000人已经膨胀到2万人，"大公司病"的影子隐约浮现。

沈阳最担心的就是僵硬的流程会损伤企业的活性，冰冷的PPT和邮件会取代面对面的沟通而形成冷漠的人情关系。合资前的国企，发展了四十多年，通过合资而获得新生的筋骨。而上汽通用五菱还是个才十岁的少年，正当好奇好学之时，切莫染上"大公司病"。

"一个人，可以走得很快；一帮人，才能走得更远。"这句新春寄语的简单概括，期冀能给员工们新的力量。

它被解释成相互帮扶，员工们很容易接收到了这个信号。这一年在开发五菱之光的改款车之时，需要获取零件数据。截止日期的当天，上车体组、车架组、门组的数据，都陆续完成了上传，唯有地板组的数据出现了问题。所有的压力，都汇集到了地

---

[5] 余跃：《上汽通用五菱：打破产能瓶颈》，《中国经营报》2012年4月23日第42版。

板组。下班之后，其他组的员工也没有撤离，都在等待这个数据。晚上七点多，其他组的同事派出代表，主动前来请缨，一起寻找奇异点。晚上十点，技术中心大楼里，多个房间依然亮着灯，陪伴也是攻关。等到最后终于成功发布数据，已是次日凌晨四点。车体及附件设计科，在项目时间节点内完成了数据发布工作，通告各级领导。没想到的是，邮件一经发出，立刻收到项目总监以及项目平台总工的慰问信，几乎是秒回。大家都在彻夜等着这个数据吗？ 五菱之光改款车的开发周期很短，员工们都是伙伴，大家死守时间节点，一个人有困难的时候，三五个人一起上；一组人有困难的时候，整个科室一起上。在伙伴的相互激励之下，大家会更有力量。

现在人们所有的心思，都聚焦在乘用车的梦想之上，就像感受到季节召唤的种子，在土地里勃勃欲动。

在上汽通用五菱从微车赛道进入乘用车赛道之前，五菱宏光的研发是一次温润的洗礼。在2011年开发它的升级版五菱宏光S的时候，已经能够对设计质量有很好的驾驭。上汽通用五菱将指标划分出十大性能，然后将关键零件、关键尺寸与参数、关键要求等一一甄别出来，实现重点管控，大幅提升了性能和设计质量。而经过对宝骏630的设计制造，上汽通用五菱越发熟悉了从功能车到乘用车的理念切换。

上汽通用五菱技术中心，也开始探索乘用车的研发设计。最好的方法就是激烈的思维大碰撞，人们被组织起来，各种小组在不同场合，讨论五菱宏光离乘用车有多远。从车身结构、能力、标准规范来对比，列出一系列差距。通过"大讨论、大震荡"的方式，统一共识，大力推动感知质量和细节质量。朴素的设计理念，正在被现代化设计思维一点一点地更新。

乘用车外观感知质量和噪声性能要求，与之前的五菱之光、五菱荣光和五菱宏光是完全不同的。例如，商用车对门缝的尺寸控制没有太高的要求，门的缝隙只要在5mm以内就可以，而乘用车的要求是3.5mm，且要求均匀分布、圆角整齐。焊点要求也不同，乘用车不能有痕迹，而商用车则可能有凹印。以往商用车的各种功能加强肋条，都像血管青筋一样暴露在外面，而这些一律不能出现在乘用车上。尺寸公差也要上一个台阶。此前的公差在10mm以内的都可以焊起来。而现在，则需要控制在1.5mm以内。这些品控必须严格，模具不行就必须重新开模，要求非常严苛。

为了让团队彻底认识差别，技术中心总工将乘用车、商用车的区别，通过图文并茂的课件，给车间主任和二级经理进行培训，讲解乘用车的每一个细节，同时对比商用车的做法。每次准备课件的时候，课件小组都蹲点拍照，以便跟大家讲解。然后再拉到车间里，比对实物进行描述。例如，一辆车的隔板跟车尾支撑前后门车身中间需要手工涂胶。对于商用车而言，大部分面积涂到胶就足够了。而对于乘用车来说，如果中间跟上面有缝隙没有全面涂胶，将来可能会有水漏进来，而且行驶的时候会产生很大的噪音。这些缝隙，数不胜数，如发动机舱和乘用舱的隔板、地板、侧围、顶盖和门等处都有出现，很多缝隙都需要通过焊接、涂胶来解决。课件小组也拍摄了很多成品车的视频，反复播放。技术中心甚至购买了医用的内窥镜，以便查看车体深处那些看不到的涂胶部位。放大镜成了人手必备的工具。

这些细活，都是上汽通用五菱一点一滴地抠出来的。将书本上的知识引入真材实料的制造中去，是一个漫长的渗透过程。有些人误以为，在合资公司里，只需要照搬国外图纸就可以轻松完成工作，所有的问题都写满了成排的答案。在很多工厂其实并非如此，现场的机器都需要重新调试，并非按照国外生产线的方式就能够搞定。

一款汽车的研发，在早期的时候，需要很多尝试，很多想法是支离破碎的。如果企业没有自己的研发设计能力，而是让外部公司去做，这条路往往行不通。再好的外部设计公司，当面对委托方变来变去的想法时，也无法提供让人眼前一亮的设计方案。只有自主开发，才能将心目中的创意，从不成样子的思路中，反复打磨并雕琢出来。对于汽车合资公司来说，要想保留自主品牌和自主研发的能力，就必须有强大的设计能力，才能将理想的车型从模糊的创意中开发出来。一些合资公司尽管赚了很多钱却失去了创新的能力，走上了品牌代工的路线，这往往是因为缺乏创意表达和设计能力。

上汽通用五菱人一边学艺，一边在图谋着一件大的心事：代号为CN200乘用车的开发。以往走的是微客的开发路线，从动力总成角度来看，都是后驱车，舒适性不足。而这一次，为了提高舒适性，全新开发了前置前驱的平台，重新设计了底盘和悬挂，完全就是为了乘用车而来。对于这样一款轿车，上汽通用五菱最早决定挂的是"五菱"红标，而不是"宝骏"品牌。宝骏牌的轿车，似乎还轮不到五菱技术中心来开发。尽管已经合资十年，通用汽车还是想把这个权利放在泛亚汽车中心。而对于"五菱"品牌的乘用车由五菱技术中心设计，通用汽车的管理层并无异议。

五菱的新车型呼之欲出。

就在董事会召开的前一天晚上，沈阳和姚佐平在一起商量如何汇报这款五菱牌乘用车。然而，宝骏品牌后续乏车，市场乏力，这才是更加火急的问题。两支烟，不停地在燃烧中忽灭忽亮。午夜时分，满是烟蒂的烟灰缸，悠长的烟气上方，突然冒出来一个惊人的想法：为什么不把这款车，直接从五菱品牌换到宝骏品牌呢？

凌晨一点多，上汽通用五菱负责销售的高管被电话铃声叫醒，连夜修改第二天准备汇报的内容。CN200，被切换成宝骏品牌。

汇报会上，通用汽车的管理层，对这款由上汽通用五菱完全自行设计的宝骏品牌车，惊讶不已。然而在陈清利害关系，尤其是在宝骏品牌汽车上市第一炮并未能打响的现实境遇下，通用汽车的管理层，最后还是勉强同意这款新车型以宝骏品牌对外销售。

这真是一个意外的收获。

一个人获得的一种印象或一个结论，往往并不是一次完成的。人们在现场所经历的很多细节，往往无法在当时理解它的全部含义，只有在事后的某一天人们才会突然咂摸出另外的味道。这次董事会上，无疑确认了一件事，那就是：上汽通用五菱可以自行开发轿车。这在以前，对于通用汽车的管理层而言，是根本不可想象的。合资十年来，这一项设计研发权，几乎从来都不曾列在议题选项之内。然而在这一刻，它就是意外地发生了，不动声色。

对于一家合资汽车公司而言，自主研发的话语权的最终确认，并不靠吵架或者比嗓门，也不是靠讲道理。既要斗勇斗智，又要斗而不破。实力之外，还要有很多细节的处理。它考验着决策者的智慧，以及对时机的把控，而这才能真正为企业留下足够大的自留地。

这款在上汽通用五菱看来是被股东方幸运放行的车型，被正式命名为宝骏730。在中国轿车行业，"7"是一个幸福的数字。中国汽车准入证目录里，"7"字头的车意味着进入轿车目录，而"6"字头则是客车目录。在中国轿车开始加速发展的2001年前后，很多跃跃欲试的造车门外汉，非国家计划"准生"之内的造车狂热者，很多都是靠着"6"字头的资质，擦边造车。先生米煮成熟饭，然后寻求能获得"7"字头轿车的准生资质。

"7"字当头，好梦初开。

7.4 首席试车员

一切就绪，品牌、设计，还有样车也制造完毕，就等量产阀门打开了。这时候，还需要再过一道坎儿，那就是总经理的极限测试。五菱每款新车，沈阳都会拉上技术人员一起跑，这次是宝骏730。沈阳像以往一样带队出发，专走一段烂路来冲坑。

每当这个时候，沈阳的操作动作都是简单粗暴、直接野蛮的，像是挥舞起三把斧头的考官。这往往是随行人员最紧张的时刻。第一要试三挡起步，车辆起得来就好，起动不了就不行。沈阳经常会表现得像一个毫无经验的小白用户，进行各种极限操作。动力性不匹配的问题首先暴露出来，在二级公路上超车时，挂三挡都超不过去，而只能换回二挡来超车。第二要试噪声效果。前排人讲话，后排人能否听得清楚，这是以往做后驱车的时候，经常容易出现的问题。而现在的噪声，则从顶盖呼啸而来。车辆行驶的时候，顶盖上面就像在打鼓。第三试颠簸。过坑的时候，冲击效果最明显。坐在后面的主设计师，脑袋往上冲得都快撞到车顶了。这下，沈阳连话都不用说，设计师已经脸红了。

一样也没过关。

没有人会完整地告诉设计师这一切的答案。上汽通用五菱长期以来不得不采用自教育、多琢磨的方式，积累自己的学习经验。

五菱之光在这方面曾经缴足了学费。五菱之光投放市场之后，总会有顾客抱怨，后门锁会弹开。于是，五菱经销店不得不经常给用户换后门，原来的门就只能报废，有的时候换下来的几乎都是崭新的，令人心疼。但工厂里没有人知道原因，因为在测试的时候，这种现象并不经常出现。后来偶然一次跟通用汽车的工程师交流，才知道车厢尾门的刚度会影响弹锁。五菱技术中心恍然大悟，只要尾门刚度大于某个特定的数值，就不会发生弹锁的问题了。

慢慢地，五菱技术中心开始学会量化刚度值、模态、弯曲刚度等。例如，车身刚度需要通过仿真和实验测试值，通过耐久试验，建立了指标数据库等。同样，在用户路况、耐久性等方面都做了类似调试。

这是一个集体认识和学习的过程。

以前的商用车开发，更多的是考虑结构、可靠性、安全碰撞；而到了乘用车，则必须要加入风阻、车身抗拗、挠度、模态等感知分析。如果不将这些因素考虑进去，汽车开动起来就会有声音，类似鼓皮的松紧会影响鼓声的均匀性。等到有了彻底的计算机仿真实验室，借助软件分析，才发现可以建立500多项指标。对于上汽通用五菱而言，这些都是通过一点点的累积而成的。企业的成长路程，也正是一个国家工业化进程的缩影。

对于总经理的这次试车，虽然结果难堪，但技术中心已经有了答案。通过修改速比等数据，重新修订标定，可以解决动力匹配性问题。顶盖噪声大，是因为顶盖与振动相关的模态分析不足，重新试算顶盖的筋条、高度、形状等，重开顶盖模具，就可以解决。至于颠簸问题，对后悬和减震等都要进行大的调整，取消钢板弹簧，全部采用螺旋弹簧。在实践中，技术中心学会了一身武艺，也找到用武之地。尽管在设计与制造方面，可以借鉴美国通用汽车的流程。但决定一个企业竞争力的，还需要更多的工业细节。这些无处不在的缝隙，需要上汽通用五菱在探索中自己去填满。

首席试车员的关注点，并不完全在于汽车驾驶的感受，也在于对用户心理的好奇。

早在2011年五菱宏光开始热销的时候，从销售数量来看，五菱宏光的高端配置车型，开始变得更加活跃。一种突破向上的力量，正在像孩童待发的牙根一样，叫人充满期待。好奇心正在酝酿。有一次，在一个茶水间，沈阳碰到了技术中心的产品负责人，两人就开始讨论起五菱宏光进一步升级的可能性。技术主任侃侃而谈，诉说当时外观设计和配置来不及调整的情况。就在水杯中的热气逐渐消散的时候，沈阳决定增加一笔预算，让技术中心确定一下能够做出什么样的升级版。

"领导，升级能增加多少预算？"

"每辆车给你们增加3000元，会是啥结果？"

"行！这就出方案。"

这种预算讨论方式，技术中心早已经习以为常。追加预算，也是从艰苦奋斗的节约中来的创新代名词。自己的设计自己最清楚，动刀子要在关键节点处。经过三天的内部大讨论，技术中心提交了预算2900多元的方案。这个过程，需要得到供应商的支持。每一次车型的改进，供应商都要跟着瘦身一次，毛巾要反复变着花样绞水。没想到的是，沈阳居然还心疼了，"还真用掉3000元？"。最终的升级方案预算确定为2500元。

2013年，升级版的五菱宏光S上市。对于这种更加舒适的乘用化策略，市场给出了积极的反应。在五菱宏光良好的口碑带动下，升级版也一鸣惊人。2013年五菱宏光全系列一共销售53万辆，而销量在年底出现了惊人的翘尾曲线，2014年1月更是单月突破8万辆，成为令人吃惊的"宏光"现象。五菱宏光逐渐巩固并演变成为一种国民神车的意象。

这次升级，再次证明了用户的心思就是一道等待揭榜的迷。谁能找到线索，谁就能赢得消费者的心。很多线索，都藏在销售报表中的数字排列组合之外。老练的猎人，不从报表里面找猎物。

更大的宏图，徐徐展开。2013年年底，上汽通用五菱重庆基地正式开工，通用汽车全球制造体系和上汽通用五菱的独特制造系统，也同步引进。重庆是长安汽车的总部，这两个多年的市场竞争老对手，有无数次在微车市场上的狭路相逢和在排行榜上的交手。这一次，终于在同城相遇。

加上此前一年已经投产的柳州河东宝骏基地，上汽通用五菱的生产基地完成了三城四厂的合围。柳州、青岛和重庆，构成了遥相呼应的金三角。生产的腾挪，区位的配合，坚实的骨架支撑着更多的想象力。

沈阳一向自诩为扎根山里的汽车人，2005年去青岛看见了大海沙滩，2007年去埃及和印度看见了异国风情，现在看见了更大的山城。每次看见，都是一次心灵的震撼，也是一次格局边界的重建。一心向外看的人，视野并不会被四周的高楼和山川所限制。

7.5 借船出海

2013年秋，中国提出"一带一路"合作倡议，以共建新丝绸之路经济带和21世纪海上丝绸之路，推动全球经济共同体的发展。国际化战略，成为许多优秀制造商的新望远镜。在印度、在埃及，上汽通用五菱，也开始探索中国汽车国际化的道路。

早在2004年，合资两年的上汽通用五菱，借助通用汽车、上汽集团的国际优势，寻找在南美、中东和非洲区域以整车形式出口的机会，锻炼开拓海外市场的人才队伍。2008年，上汽通用五菱提出三大战略，海外业务成为与微车、乘用车并驾齐驱的业务板块。

2009年之后，重组新生的通用汽车，对于全球市场有了全新的谋划。它决定在新兴市场不再单打独斗，而是跟合作伙伴共同打拼。半是力不从心，半是看到中国制造的优势。而上汽集团也因为对韩国双龙汽车的收购正焦头烂额。国际化需要有更灵活的手段，上汽通用五菱则是至关重要的支撑点。

三心合一。上汽和通用以对等比例，成立了通用上海汽车香港投资公司，作为投资与合作的平台，也是进军东南亚新兴市场的跳板。印度，是第一个着陆点。上汽通用五菱，是正面攻坚的战队。

印度是一个令人充满想象力的国家，也是汽车产业发展迅速的国家之一。2010年，印度汽车销量同比增长了31%，达到187万辆，其中小型车占其市场总量约四分之三[6]。在发展中国家，由于民众消费能力有限，小型车尤其是微型客车和微型面包车通常会有一个异常增长期。但当经济发展到一定水平，就被其他产品替代了，微面在小型车中的占比不大。此时的印度，正值小型车的上升阶段。也正是这一年，中国的微型客车开始面临一路下滑的局面。

作为微车之王的日系车，已经在印度深耕扎根。国内微车厂曾经最为熟悉的老师傅——铃木，在印度拥有接近50%的市场占有率。铃木社长铃木修在《我是中小企业掌门人》一书中的论述一针见血："印度市场以小型汽车市场为中心，这在世界其他地方绝无仅有。因此，把在其他地方卖得好的稍大车型的汽车带到这里，基本上行不通，不过对于以生产小型汽车为主的像铃木这样的微型汽车厂家，却是个千载难逢的好机会。[7]"要在印度市场打出一片天地，无论是上汽集团，还是通用汽车，自然不约而同地想到了上汽通用五菱。这个以"低成本、高价值"成为中国微车市场霸主的企业，在上汽和通用汽车现有体系中，运作方式一向是以成本领先的卓越制造，完全可以跟日本汽车厂家在这里一决高下。

在印度，通用汽车既有的地盘，包括两个整车厂、一个发动机厂和雪佛兰销售公司，都已经组合成全新的通用汽车印度合资公司。上汽通用五菱的车型和团队，都将在这里从头注入。

谁去印度打头阵？

必须熟悉制造，才能发挥低成本制造的优势；必须熟悉五菱文化，才能落地生根；必须……

好了，就是他了。

---

[6] 王超：《印度车市超越中国的时刻到来了吗》，《中国青年报》2011年2月24日第010版。
[7] 葛帮宁：《初入印度》，《汽车商业评论》2011年第1期。

在过去几年的发展过程中，上汽通用五菱采取了"农村包围城市"的打法，并非一丝不差地按照通用汽车的标准来造车，而是根据市场需求为用户造车。虽然上汽通用也是按照通用汽车北美标准执行生产，但姚佐平还是将设备和工艺标准进行演化，形成了上汽通用五菱独有的制造方式。这样建立的发动机工厂，与北美标准下的相比，运行成本只有后者的五分之一。它也成为通用汽车全球制造体系下唯一的例外。

通用汽车和上汽决定把上汽通用五菱的这种模式完全复制到印度。在更早的2003年，当时的通用汽车印度公司决定修建一座新工厂，通用汽车在全球的制造工厂都参与了讨论，并分别拿出方案。刚合资不久的上汽通用五菱也在其中，方案由姚佐平牵头，按照柳州工厂的模式制定。这个制造工程方案以实用性和成本领先而被最终采用，姚佐平也在通用汽车全球制造体系里崭露头角。现在，又要在印度大干一场了，上汽和通用汽车自然都一致青睐姚佐平带队出征。于是，相关部门分别找姚佐平谈话。

"你为上汽通用五菱做出了杰出贡献……"

"但是，干部是要流动的……"

"而且，印度最适合你……"

"……"

而在广西壮族自治区方面，并不愿意放人。上汽通用五菱正在大干快上的时候，焉能抽梁去柱？

离开柳州去印度，姚佐平一开始也并不情愿。已经在这家企业任职了25年，现在要到千里之外天竺之国的陌生之地重新开辟疆土，难免有些故土难离的感觉。而他多年来与沈阳已经形成"黄金搭档",也是一时难舍。姚佐平比沈阳小三岁,都是广西人,青葱岁月的时候,两人几乎在前后脚进入了这家企业,一起住过单身宿舍。在多年的搭档过程中,有着聊不完的话题。多少欣喜,多少焦虑,多少抉择,都在办公的红楼中留下记忆。

多方经几次磋商,最后的折中办法是,姚佐平在出国担任上汽通用印度公司总经理的同时,还继续兼任上汽通用五菱副总经理。

萧萧梧叶送寒声,江上秋风动客情。勇士出行的日子到了。2010年9月,在上汽通用五菱厂门口"艰苦创业、自强不息"八个大字前面,沈阳为出征的十三勇士简装送行。姚佐平将为印度工厂引入成本领先的业务模式,以及上汽通用五菱的五菱宏光等车型,它们将悬挂雪佛兰的品牌征战印度市场。

露从今夜白,月是故乡明。在印度迎接姚佐平及其团队的,并不是载歌载舞的大篷车,而是车间里满眼的质疑。中国工厂的制造经验,如何在国外进行复制?对月举杯,壮士们也望月赋词一首,一时意气难平。

有情最是中秋月,照得他乡如故乡。

且把甩饼当月饼,闻得天竺檀木香。

初入印度探虎穴,求得虎子方知归。

借船出海成大业,舍我其谁最英豪。

通用汽车印度工厂设备先进,标准化秉承了通用汽车全球制造体系,生产流程非常明晰。但这里的生产效率却是相当低,制造成本差不多是上汽通用五菱的3~5倍。印度工厂的单班年产目标为3万辆,但是工厂单班人数将近1600人。而在柳州,这样的产量，只需要300人就完全可以搞定。确实，尽管这只是一个以制造为主的公司，但其有着比较复杂的组织架构。

"通用印度公司就是一块湿毛巾，轻轻一拧就全是水"，一心都扑在制造系统优化和质量提升上的姚佐平，在看到了印度工厂的现状后，不由脱口而出。这里的浪费，对于一个制造老兵而言，简直都看不下去。

在印度举办的欢迎会上，姚佐平用刚学会的印度语，跟大家打了声招呼"那玛斯代"（印度语"你好"的意思），然后直截了当地说，"我来的目的，就是降成本。"然后指着旁边高个子的英国搭档说，"我们两人，他比我高。他代表质量，我代表成本……"。这番出其不意又幽默风趣的发言，赢得了员工们热烈的掌声。

所言无虚，首要任务就是降成本。姚佐平继续坚持对通用汽车全球制造体系开刀，重新优化。他的药方其实也很简单，那就是按照当地标准进行修订，入乡随俗。姚佐平在选择印度干部团队成员的时候，第一句话问的经常就是"能吃手抓饭吗？"。标准化永远不能解决文化差异的问题。虽然通用汽车对此有着不小的抵触，但行动上的抗议只是轻微的。通用汽车的管理层已经意识到，在全球化的进程中，通用模式并不能包打天下，必须切换到五菱模式，才有真正的机会。

国产化是每个地方政府都寄予厚望的做法，上汽通用五菱也将在柳州的供应商一起带到印度。这是一个中国企业的抱团行动，是一个国家供应链的出征。宝钢在那里投产剪切钢板，上海延锋内饰也跟着落地配套，并且进一步给印度塔塔汽车做配套，逐渐站稳脚跟。就这样，五菱宏光的换标车雪佛兰Enjoy在印度达到了50%以上的零件国产化率。颇具讽刺意味的是，在印度市场，中国零部件企业扎根了，但是通用汽车这棵大树后来却倒下了。

印度在2010年成为福特、通用和丰田三大车企的福地，三家企业在印度市场销量均大幅提升。数据显示，2010年福特汽车在印度市场的销量为8.4万辆，相比于2009年提升了近两倍；通用汽车在印度的汽车销量猛增59%至11万辆，而丰田汽车同期在印度的销量为7.5万辆，增幅高达38%。[8]。销量的提升主要得益于印度市场日益增长的汽车需求，以及各企业多款新车型的投放。

通用汽车有着全球的视角和胃口，有了上汽通用五菱更是如虎添翼。在印度项目落地生根的同时，埃及项目也有了实质性的突破。埃及是通用汽车在北非发力的桥头堡。2011年11月，通用汽车北非总裁代表通用汽车埃及公司，在柳州与沈阳共同签署了技术转让协议和工程服务协议。这是中国汽车行业的首例知识产权输出。以前是上汽通用五菱为知识产权和品牌付费给通用汽车；合资十年之后，终于轮到通用汽车为此支付美元给上汽通用五菱了。对于这样的收入，沈阳感触万分，"现在我们的人也能到外面挣技术管理费了，而以前都是我们缴给别人。"只有借助知识的输出，才能真正走向国际化。这一次输出的是上汽通用五菱青岛分公司的主打产品五菱荣光。它在埃及以CKD（零件出口、本地组装）的方式生产，并换上雪佛兰Move的品牌。这是通用汽车在埃及组装的第一款中国车型。美国百年老店与中国土生土长的技术，联手来到了这个神秘的国度。

2011年开始接任通用汽车全球董事长的艾克森，在上汽通用五菱青岛分公司二期产能竣工仪式上，也是豪情万丈、踌躇满志，青岛工厂将成为未来海外"重要的出口枢纽"。2012年，雪佛兰Move上市后，很快将通用汽车在埃及的市场份额提升至与

---

[8]《2010年亚洲各国汽车销量猛增　国际车企加速掘金亚洲市场》，《中国汽车市场》2011年第Z1期。

铃木汽车相当的34%，而售价比铃木汽车每辆还要高出1万埃镑。这是鼓舞人心的时刻，股东方也为之动容。

2013年5月，五菱宏光的换标车雪佛兰Enjoy，正式投放印度乘用车市场。为了适应印度市场的需求，它重新设计成右舵驾驶，并且增添了柴油机动力版。这款车上市后不负众望，从众多欧美日系产品中脱颖而出，在印度MPV细分市场中位列第二，打破了之前由铃木一统天下的市场格局，并在英国老牌汽车杂志*Autocar*与彭博社联合主办的Autocar-India 2013年度车型评选中斩获"2013年度MPV车型"大奖。

有了通用汽车和上汽集团的渠道经验，上汽通用五菱的国际化经验，得到了进一步的锤炼。在埃及乘用车市场，实现了技术服务的知识型收入；而在印度，雪佛兰Enjoy正式量产，成为中国车企第一次实现"知识输出，团队输出，管理输出"的海外业务三大输出模式。

中国乘用车，正在寻找在海外打天下的拼图规则。

7.6 单飞的洗礼

2014年4月，徒弟自立门户的时候到了。上汽通用五菱技术中心，用销量排行榜，证明自己完全可以单飞。泛亚柳州分公司的团队，按照自愿加入的原则，实现"功能性切换"，基本上转移到上汽通用五菱技术中心。这并不是一个忧伤的时刻，它只是一次成长的轮回。宝骏630和随后开发的宝骏610车型，总销量也达到了25万辆，也算是不错的业绩。而且更重要的是，泛亚给上汽通用五菱带来了密集的知识注入。这是柳州最需要的一种智力资产。

合资带来的重点不是资本，不是车型，而是造车知识的落地。通用汽车开创了全球造车的标准，这让它成为一架严丝合缝运转的机器，在不同的国家和地区都可以确保运作质量。但这只是规格意义上的保障，它可以生产一辆辆汽车精品，却无法确保能打赢市场。一款汽车产品的生命力，跟所在地区的市场消费习惯密切相关，本土化的调整不是可有可无的赠品，而是精心定制的礼物。而泛亚的每一次细节调整，都受到了严密的流程限制。这种严谨地对产品负责的研发模式对于打磨产品是好事，但面对需要快速反馈和响应的动态市场，有时难免会让人有种着急担忧但使不上劲的感觉。

制造也在发生着悄然而深刻的裂变。在工厂车间里的全球顾客评审区，一线现场员工对生产制造出来的产品以顾客的眼光和角度去发现问题。那里有各种各样的工具，可以对质量问题和诸如油漆厚度、缝隙间隙等顾客关注的问题进行评估，作为下一步改进的依据。作为通用汽车的全球质量评判标准区，每家工厂都是如此，上汽通用五菱也不例外。通用汽车专门派驻了一位质量专家进驻柳州，负责将企业的质量指标情况向董事会汇报。

在开发宝骏730的时候，每个车间门口都摆放着一辆当时上汽通用最畅销的MPV别克GL8。每一个进入车间的人，都不可能错过它。它的车门从不锁上，随时都可以打开，车间经理、工段长等都会经常过去看看，进行全面对标，研究如何做紧凑型MPV。

为了提升质量，上汽通用五菱派出大量员工去沈阳市的金杯通用学习。在别克GL8的早期生产线上，并没有想象中的精良装备。但这些看上去平庸的生产线，制造的产品依然没有留下质量瑕疵。这让上汽通用五菱的工程师们进一步坚信，质量不全是由装备决定的，更重要的是人们的质量意识。

很快，上汽通用五菱的工程师们开始了新的挑战。面向的国家、用户、产品都不同，完全用同一套质量评估标准如何可行？不能生硬地照搬全球标准，应该更贴近用户，满足用户的需求。于是，上汽通用五菱在通用汽车的全球顾客评审基础上，提出了感知质量评审，形成自己的整车评审标准。后来，又从以车辆为中心进化为以用户为中心，建立了模拟用户使用场景的工程化方法，形成了模拟用户评审的质量体系。简单地说，就是关注用户的使用场景，将用户的体验尽量前移，让设计和制造人员都能感受到它。

这一切，都为了这一刻的到来。那款代号为CN200，被董事会幸运放行的车型，终于来了。2014年7月30日，上汽通用五菱采用发动机前置前驱轿车化平台自主研发的第一款乘用车宝骏730正式上市。

此时，令人苦恼多时的五菱品牌与宝骏品牌的渠道统一工作，也已经得以落实。上汽通用五菱在经销商大会中宣布"一个体系，两个品牌，同一伙人"。这让原来单独销售宝骏品牌的经销商喜出望外。两年来的困局，也让他们颇有微词。而今，两个品牌的汽车都能在店里销售，可以充分保护既有的投资。销售网络就地切换，通过"品牌联动、县网突破"，直接把资源分布到全国两千多家县乡网点，公布价格统一售卖。借助这强大的网络基盘，甚至于连新品上市媒体活动都取消了。

上市当天，沈阳和姚佐平早早就来到公司总部的红楼行政楼，查看各地经销商不断往回报送的销量数字。两个脑袋挤在电脑屏幕前，就像是看足球比赛直播一样专注。足球，一直是姚佐平最钟爱的运动。而这一次，场上奔腾跳跃的主角，则是令人目不暇接的数字。系统订单在不断跳跃，就像是被激活的牛市指数一样，一路攀高。还不到九点，订单数已经过万。

成了！生当如夏花之绚烂。

宝骏730给大家带来了欢乐的甜蜜。上市三个月，月销量即达到3万辆，不到5个月的时间，累计销量就达到12万辆，它成为当时汽车市场上成长最快的车型。当时，中国MPV市场正爆发着勃勃生机，上汽通用的别克GL8、广汽本田的奥德赛，以及江淮汽车从现代引进的瑞风等，都已经引领市场风骚多年。然而对于再往下探的紧凑型MPV，依然是一个未能有效填充的市场。在这个汽车升级的大时代节点上，宝骏730来得正是时候。

作为紧凑型MPV，宝骏730看起来就像是别克GL8的小号版。它是一款为大家庭设计的实用主义七座家用车，车辆外部增加了设计风格，呈现一种朴素的乘用化特点。它采用前置前驱，使得用户舒适性大幅度提高，同时也继承了五菱系列车型传统大空间的特点。为了满足三排座位乘客的需要，在设计研发过程中充分考虑了车身高度及车内头部空间，在底盘高度不变的情况下，车内地板经过了数次降低、平整化改进，将这些空间1mm、0.5mm地扩展出来。汽车设计师，往往也是最精细的减肥师，他们需要在尺寸、成本、重量上一点点做文章，进行精心的设计。为了保证每个座椅的宽度，座椅垫子的包边宽度都需要精心计算，甚至细到每一个折缝都要考虑进来。同样，为了有更好的腿部空间，底盘的零件要往两边安装，而这又会影响到油箱、备胎等的摆放。螺蛳壳里做道场，抠出极限。尺寸的认知，被追求到了极致。

在企业内部，展现了强大的"目标同心化，声音就一条"的能力。员工的目标和认识统一、行动一致。宝骏730上市初期，有用户集中抱怨门提钮开关使用起来不方便的问题。听到，做到。五菱立即启动改进，用了4个月的时间重新设计提钮、重开模具，进行产品更换，同时给已购车的用户提供升级通道。探索一辆车的全新定位，让汽车的开发有时候好像一次盲人摸象，只有对事物有全面的了解，最后才能得正确的结论。宝骏730没有过多浪费成本，而性能和质量比以前开发的车辆上了一个台阶。

一切刚刚好，汽车行业讲究布局，以及顺势而为。两年前，柳州东部的宝骏基地投产。一年前，宝骏基地一期发动机工厂也建成投产。在随后一年的时间里，就像卫星空中变轨一样，"求新、求变、求极限"，宝骏基地连续完成了三次产能爬坡。这时，正赶上宝骏730订单旺盛的时刻。一启动，就是壮年。

要么成本领先，要么与众不同。而如果想让企业更有竞争力，那就是"要么二者兼顾"。

正是用户良好的体验，让宝骏730上市告捷，也让上汽通用五菱的团队士气大增。合资十二年以来，上汽通用五菱第一次完整地拥有了设计团队。刚合资的时候，沈阳就坚持"保留自主品牌、保留自主研发"，现在终于彻底实现了。多年的合资经历，让沈阳一直坚信"创新创业"的力量。没有设计权，就没有创意能力；没有设计权，就无法持续改进。宝骏730，终于为这个信条带来了迟到的嘉奖。

2014年，中国一些大城市对于汽车限行限购的"双限"政策已经陆续出台，如杭州、深圳等也加入了"双限"城市行列。受此影响，消费者选择汽车更加谨慎，而合资品牌厂商开始价格下探，将视线也转向二三线城市的市场，而那正是小排量车型发威的地方。这些综合因素，使得自主品牌车企备受压力。然而，上汽通用五菱似乎没有受到这个因素的影响。它在整个上汽集团的表现，显得非常突出，汽车年产销量都超过了上海大众[9]。上汽通用五菱原有的微型客车，依然保持了超过一半的市场占有率，但总体微客市场延续了2013年的下降趋势，开始向轿车和MPV演化。这正是上汽通用五菱的续手棋。在MPV市场上，常胜将军五菱宏光以75万辆的年销量继续傲视群雄，市场份额接近40%。新上市的宝骏730则以微弱优势排在第四的位置[10]。兄弟车型一起合力，把上汽通用五菱推到一个令人瞩目的位置。这也难怪在上汽集团的年度总结会上，上汽通用五菱的管理层，终于从多年来的后排常客，坐到了前排座位。

宝骏730，为上汽通用五菱实施乘用化策略，打响了漂亮的第一仗。即使到七八年之后，宝骏730每年依然有2万多辆的销量。这个一开始没有被合资公司董事会列入花名册的选项，成了一个顽强的长命车型。

[9]《上海汽车集团股份有限公司2014年年度报告》，第8页。
[10] 2014年，宝骏730销量为12万辆；上汽通用五菱的微客销量为65万辆，市场份额为53%。从2013年开始，五菱宏光等被中汽协从微客划分到MPV市场统计范围。资料来源：中国汽车技术研究中心、中国汽车工业协会主办《中国汽车工业年鉴》（2015版），《中国汽车工业年鉴》期刊社，第217，218页。

7.7 寻找独特的气质

从某种意义上说，宝骏730是五菱宏光的辉光再续，是五菱基盘用户的成功。通过整合五菱品牌的销售体系，宝骏品牌得以有一个发力的基点。汽车品牌的塑造，需要稳扎稳打。推广一个新的车型时，如果有以往车型的用户群基础，销量相对容易向上攀升。而贸然进入全新的用户群，则容易陷入绝境。

当年，火爆的SUV市场引发了广泛的关注。中国乘用车可以分为四类：基本型乘用车（也就是轿车）、多功能乘用车（MPV）、交叉型乘用车（也就是早期的微客）、运动型多用途车（SUV）。由于SUV既具有越野车的部分功能，又能满足家庭休闲的需要，同时还兼具多功能性等特点，受到了消费者的欢迎。市场上已有100多个自主品牌SUV车型，新车型还在不断涌现，竞争程度越来越激烈。

北汽集团是中国越野车的奠基者和先驱。北京212，从二十世纪六十年代开始，就代表着军队专属用车，见证并缔造了中国汽车的一个时代。而在2015年北汽集团也加大SUV的投入，并积极推进SUV智能化、小型化和高端化[11]。

来自河北的长城汽车，则是中国汽车史上的独特篇章。它最早发源于改装车市场，随后做农村皮卡，之后在SUV市场找到了自己喜欢的节奏，一根筋做下去，也因此成为SUV市场的重要玩家。2015年，它迎来了众多的挑战者。除了上海大众的途观、广汽本田的CR-V，本土品牌的江淮瑞风S3、长安CS75等也都加入挑战者行

[11] 余茂君：《中国SUV趋势发展论坛暨颁奖盛典 为SUV开路》，《时代汽车》2015年第Z1期。

列。不过，销量排名第一的哈弗H6，与排名第二和第三的国产品牌产品相比，优势相当明显。[12]

上汽通用五菱在SUV市场采用价格对比的方式，就像雷达探测一样，发现了一个意外的空间：没有十万元以下的SUV，当时市场上畅销的SUV车型，例如长城、长安等企业的产品售价都在12万元以上。向来执着追求低成本解决方案的上汽通用五菱，决心也要进场一试。

早在开发宝骏730紧凑型MPV的时候，一款中型SUV车型也开始进入设计师的计划之中，它就是宝骏560。它和宝骏730几乎可以在同一个平台进行开发，共享底盘平台，从而节省设计开发的成本，提高生产效率。进行发动机的选型时，当时只有两款可供选择。宝骏730搭载1.5L和1.8L两款汽油发动机，动力性能不错。而在匹配宝骏560的时候，在试制样车阶段，1.5L发动机的动力已经被证明并不够用，于是1.8L发动机被最终采用。

一辆汽车的制造，在设计造型阶段，需要反复制造1:1的油泥模型，来确保其实现了设计思想，并且可以被制造出来。宝骏560的油泥模型，前后修改了十几次，经过反复重新调整数据，最后才确定了车辆的H点和B柱等。噪声也是天敌，它无处不在。例如前隔板的噪声泄漏量，在样品观察的阶段才被发现存在问题。于是不得不紧急优化设计，重新开发模具，再加上隔音玻璃的首次使用，最后将整车噪声降低了2分贝。

宝骏560的试车，是在柳州市莲花山一段很长的坡路上。那里有合适的坡度以及独有的弯路，非常符合总经理沈阳"极限处试凡车"的试车理念。为了使车辆能够更好地适应各地不同的环境，上汽通用五菱在广西、重庆、云南等地寻找坡路，开辟试

---

[12] 周磊：《2015年SUV市场盘点：这几家中国品牌很牛》，《凤凰网》2016年1月28日。

车路线。例如在重庆有一个定点坡线，专门验证汽车变速器的打滑情况，以测试其对变速箱的影响和破坏性。选择平常的路况试车，是为了与用户真实的驾驶情形一致。而更极端的专业极限验证，则需要在北京、海南等地的专业试验场中进行。

2015年7月，宝骏560上市，杀入了竞争激烈的SUV市场。上汽通用五菱继续沿用朴实无华的上市风格。没有发布会，只有一句朴实的广告语——来自五菱的家用SUV。宝骏730的热销，提高了市场对宝骏品牌的期望值。连续两年，上汽通用五菱有了在市场上能打能踢的主力车型，乘用化也开始走向成熟。

作为一款五座家用车，宝骏560上市时配置的是手动变速器，定价在10万元以下的价格区间。它完全继承了上汽通用五菱多年来对于空间的理解力，即使它的使命是冲向SUV市场，宝骏560仍做足了车内空间的文章，轴距2750mm，保持着七座MPV宝骏730的轴距水平，使得后排腿部空间宽敞。而且地板也完全是平的，没有中间凸起，保证了后排乘客的舒适度。在设计之初，拥有同级别最长轴距、最优腿部空间，超越同级紧凑型SUV，就是它的目标之一。

它的另一个特点是，第二排4/6开分拆座椅折叠放倒后与行李厢地板完全齐平，形成了平整的空间，也使其容积可以从460L提升到1015L。经测量，前排座椅靠背到尾门门槛长度可达1790mm，不论是旅途中的小息片刻，还是装载更多货物，宝骏560都提供了充分的空间[13]。这些都给用户留下了深刻的印象。

为了解消费者对宝骏560的看法，上汽通用五菱在青岛4S店邀请了一些老客户前去试驾。结果，二十多位试驾者，都给出了满意的回声。有了青岛试驾的经验，尝到甜头的上汽通用五菱，迅速在全国开展了为期两个月的大规模邀请试驾活动。销售人

[13] 卫东：《上汽通用五菱 宝骏560》，《汽车与运动》2015年第8期。

员几乎倾巢而出，到各个商场、楼盘等去招揽可能的潜在买家，尤其是以往五菱的老客户。只要看到驾驶人开的不是新车，销售人员就会上前搭讪，邀请他们参加试驾宝骏560的活动。这一不同寻常的促销方式，燃起了消费者的热情。看上去的笨功夫，在捕获用户芳心时，效率却非常之高。

无论是大空间的设计，还是低于10万元的售价，以及土办法拦截式的地面推广营销策略，都让这款车成为当时的热点。新杀入SUV市场的宝骏560，没有令人失望，它以惊人的爆发力，驶入了赛道。一时间销量暴增，成为SUV市场的一匹黑马。它的月度销量，一度逼近当时排行榜上连续称王的长城哈弗H6。

2016年是中国SUV销量急速拉升的一年，SUV车型全年销售904.70万辆，同比增速高达44.59%，逼近乘用型轿车的数量[14]。这也让人们意识到，下个年度它的销量超过乘用型轿车，已经是必然事件。在销量爬升的背后，自然也是充满了激烈的竞争。与一年前的榜单相比，销售数量前五名的车型，换了三个[15]。宝骏560以接近第二名的微弱劣势，排名第三。而一年前，它还没有出现在榜单上。这一年上汽集团是最大的赢家，SUV前五名之中有三个品牌，都是上汽集团旗下公司的产品。上汽通用五菱的宝骏560，则是一匹最大的黑马。

新晋榜眼，成为耀眼的对象。从SUV市场的红海中，宝骏560找到作为一辆车必备的独特气质。而熟悉的空间，熟悉的轴距，背后都是隐隐的社会心理学在驱动。不知不觉之中，上汽通用五菱成为"空间之王"。

在交叉型乘用车市场，上汽通用五菱一家的份额就超过50%，长安汽车和东风小康两家则占据了25%[16]。三家切走了市场的四分之三，但这个市场已经开始逐渐萎

[14]《2016年乘用车销量超2400万辆 中国品牌首次超过千万辆》，新华网，2017年1月12日。
[15] 中国汽车工业协会：《2015年乘用车品牌销量前十位排名》、《2016年乘用车品牌销量前十位排名》。
[16] 中国汽车技术研究中心、中国汽车工业协会：《中国汽车工业年鉴》（2017年），《中国汽车工业年鉴》期刊社，第244页。

缩。从"十三五"开始,"三农"改革进程加速,乡镇收入提高,农业集约化明显,城乡市场红利显著降低。这让交叉型乘用车的市场被大大压缩,而这个下滑趋势,其实从2010年就已经开始了。它的生存空间,开始逐年被MPV所挤压。而上汽通用五菱,正是在那个时候,逐步开发了全新的MPV车型。

凡事有因果,而因果中间有一段很长的时差。时间的那一侧,充满了忐忑不安的猜测和决策的煎熬。但只要看准火候,下定决心,那么时差过后,旋转门后面就会转出来幸福的曙光。

太阳照在柳江河上。2016年,在MPV市场,上汽通用五菱靠着常青树五菱宏光和宝骏730,占据了超过40%的市场份额。在SUV市场,依靠宝骏560的爆发力,也排到了SUV市场的第三名。这相当于在乘用车的四个分项赛道上,上汽通用五菱参加了三项,获得了两个金牌、一个铜牌的成绩。这样的参赛成绩,自然将上汽通用五菱送进了1000亿元营收俱乐部。

此时的上汽通用五菱,已经形成高速运转的常态,从2014年开始到2017年,每年都会推出一个新车型。从商用车到乘用车,上汽通用五菱一直保持着成本领先和差异化的优势。2016年,推出了小型两厢轿车宝骏310,2017年,进一步推出了小型SUV宝骏510。而这背后,对于寻求自主研发的合资公司而言,每一次新车型的立项,都要有一次跟股东方相互揣摩出牌的过程。

宝骏310最初的定位就是两厢小型车,这让通用汽车的管理层很感兴趣。这是通用汽车一直在探索的一个领域,也一直希望插手其中。通用汽车积极地参与到产品车型开发的前期工作中,也提供了很多备选车型及方案。在最终的评估中,由于开发成本的巨大优势以及对用户的深入洞察，股东方再一次将设计研发主导权交给了上汽通用五菱。也许只有中国制造，才能实现这种成本领先的策略。小型轿车宝骏310引发了年轻人的关注，成为他们喜欢的坐骑。

从宝骏310开始，宝骏品牌便开始尝试向年轻化的方向发展，无论是外观、配置、售价、营销方式等，都瞄向了年轻消费群体。小型SUV宝骏510于2017年在深圳上市时，举办了一场以"玩全可能"为主题的潮流大Party。涂得五颜六色的车、变换闪烁的彩色灯光、潮酷的VR试驾体验等，都是为了迎合年轻人的喜好。随后，宝骏510全国巡演活动在各大城市相继展开，跟各地年轻人玩在一起。宝骏510再一次引燃了SUV市场，在当年的排行榜上，以36万辆的总销量，一举冲到了排名第二的位置，其12月的单月销量达到5.41万辆，仅与第一名相差一千多辆的微弱差距，一度接近SUV常青树哈弗H6的月销量[17]。

宝骏510简直是在布满了小红旗的沙盘上，发现了一个像卡车一样大的缝隙。这是一个捡漏的市场，只有成本勇士才能跟进。如果说宝骏560书写了一个中型SUV的传奇，那么再小一号的小型SUV，应该是什么样子呢？这正是宝骏510要回答的问题。进军小型SUV市场，是一次高度艰难的性价比挑战，售价很难提高上去，但成本降低得其实也并不多。这好像是在钢丝绳上的舞蹈。日本企业跳过，印度塔塔跳过，现在轮到中国企业了。

没有制造商愿意生产这样的汽车。或者说，很难有强健的制造系统，可以支撑如此低定价的造车游戏。小型SUV是一个成本禁区，如果没有好的成本控制能力，企业往往会铩羽而归。拥有低成本秘籍的上汽通用五菱则决定乘胜追击，一反SUV高大威

---

[17] 中国汽车工业协会：《2017年乘用车品牌销量前十位排名》、《2017年12月乘用车品牌销量前十位排名》。

猛的路线而反向为之。

然而这一款车型，一开始是被内部否决过的。当时，在推出的小型SUV六种备选车型中，姚佐平看着都感觉不太满意，总觉得缺少一点什么。不得已，只好要求把既有淘汰的车型方案也都送过来。审美观有时就是一瞬间的事情，很难说清楚为什么，管理层一眼就看中了其中的一款，这让技术中心的人也颇感意外。又是一番争辩，这次是直觉占了上风。宝骏510，就这样从不被看好的淘汰方案中捞了出来。谁也没想到，它后来被称为SUV中的"颜兽"，并一举成为SUV市场的年度杀器。

7.8 巅峰两侧知阴阳

宝骏510、宝骏310系列产品，都成了汽车细分市场中的爆款。即使面对着微车市场断崖式下跌的趋势，昔日的"微车之王"，依然完成了自己的带量切换，保持着高速的增长。受到宝骏品牌的一路拉动，加上传统商用车五菱之光、五菱荣光、五菱宏光继续发力，上汽通用五菱在2015年成为国内首家年产销量突破200万辆的车企，在2016年成为广西壮族自治区首家销售收入突破千亿元的制造企业。

这一切，带动了柳州汽车产业链的蓬勃发展。作为上汽通用五菱的重点零部件供应商，以柳州五菱汽车公司为主体组建的广西汽车集团有限公司在2015年正式成立，第二年就跨入了200亿元产值俱乐部。此时的柳州，汽车产业已经拥有了整车企业的五虎上将，包括上汽通用五菱、广西汽车集团、东风柳汽、一汽解放柳特和中国重汽集团柳运力。大批柳州本地的制造商，也跟随着上汽通用五菱向前冲的步伐，一起脱胎换骨，融入国际供应链之中。十四年前的合资蓝图中，广西壮族自治区党委政府提出的"不求拥有、但求所在"，在此刻犹如一个音乐篇章的主旋律，再次回响。

2017年成为上汽通用五菱的一个巅峰时刻，全年215万辆的销量在中国整车销量排行榜上熠熠生辉，宝骏品牌年度销量也突破了100万辆。就乘用车而言，从一开始宝骏630轿车的试水，到紧凑型MPV宝骏730抢得头筹，再到中型SUV宝骏560和小型SUV宝骏510的顺势而上，七年打拼，硕果累累。上汽通用五菱第一款电动汽车宝

骏E100也悄然上市，新能源汽车的种子小心翼翼地探出了头。百相丛生，百花绽放，这是一段令人欢乐的美好岁月。多少年积累的辛酸，都可以在这一刻化为热泪。

2017年中国汽车销量达2887.9万辆，同比增长3%，再创历史新高，连续九年居全球第一[18]。同样SUV也达到了巅峰，超过1000万辆的销量，令全世界的汽车销售数字都黯然失色。作为乘用车，SUV空间宽敞、底盘高、有运动感等特点，迎合了城镇用户的需求。时代，再次以不动声色的力量，将人口社会学和经济结构的变化，投射到汽车的产品形态之中。

2017年年底，汽车界应该会幸福地感觉到，中国市场是一个多么磅礴无边的大海。作为汽车保有量达2.17亿辆[19]的国家，中国汽车进入了存量置换的年代。即使按照汽车保有10年的周期计算，每年也需要保持3000万辆的销量规模[20]。而且，汽车升级趋势明显，智能网联、新能源汽车、共享出行都开始热情洋溢地招引着更多汽车门外汉的进入。

汽车市场变成了互联网企业的新试验田，自动驾驶汽车则是最耀眼的明星之一。整车制造商与IT企业的"互联网+汽车"，开始激荡着人们的心田。更加富有冲击力的，还有跃跃欲试的像蔚来、小鹏和理想等汽车新品牌，已经从聚光灯下的演讲台转向轰鸣的工厂，从PPT造车之梦转向为量产而战，它们被称为"造车新势力"。而后面，则还有更多的门外汉队伍在源源不断地加入，它们都顶住了乐视汽车的崩盘带来的巨大惊恐感。本来是含着金钥匙入局的乐视汽车，当家人却选择了仓皇离开中国。这本该给未来留下的一丝不安阴影，现在却被到处都是的高声欢唱和明亮光线驱散了。当年一波波门外汉涌进微型车市场的历史场景，重现盛况。造车新势力的情绪无

---

[18] 商务部新闻办：《商务部召开例行新闻发布会（2018年1月18日）》。
[19] 《2017年底：我国机动车保有量3.10亿辆驾驶人3.85亿人》，中国政府网，2018年1月15日。
[20] 中国汽车技术研究中心、中国汽车工业协会：《中国汽车工业年鉴》（2017年版），《中国汽车工业年鉴》期刊社，第14页。

比乐观，语言则充满挑衅，好像要眼睁睁地等着传统汽车从悬崖上跌落一样。

转过年，中国汽车市场出现28年来的首次下滑。汽车市场高速增长的逻辑，已经以各种形式给出混乱的警告信号。但此刻高涨的热情之下，很少有人能识别即将到来的危险。

寒风摧树木，严霜结庭兰。2018年，中国汽车市场遇冷，当年的汽车销量出现了28年来的首次下滑。乘用车首当其冲，四类车型均出现不同程度的销量下滑，其中，商乘两用的交叉型乘用车下降幅度最大[21]。此前，汽车市场本是春光一片大好。国内实力强劲的长安汽车集团，从2013年销量跨越200万辆之后，在2016年达到了巅峰的306万辆[22]。上汽通用五菱的销量则在2017年达到了历史性的最高峰215万辆。庆祝之声犹在耳边，不好的消息就开始接连而至。这种寒气，在2018年的初春就开始蔓延。

向下倾斜的大盘之下，每个车企的销量都在呲溜呲溜地往下滑，只是速度快慢不同而已。宝骏品牌在2018年春推出的紧凑型SUV宝骏530和六座MPV宝骏360，都没能延续它们的前辈系列车所创造的气势如虹的梦幻开局。

2018年，与汽车大市场扭转向下的趋势相反，汽车行业最令人瞩目的现象就是特斯拉一改前几年"有热度无销量"的状态，在全球市场进入快速爬坡期。2018年特斯拉以24.5万辆的销量，开启了陡峭的电动汽车销量曲线，这个数字相当于其自2003年创办到2017年这15年间的交付总量。然而，特斯拉带动的电动汽车发展，与其说是引爆了销量，不如说是引发了消费者的情感。人们开始接受它，但还没有走向狂热。

后续的产品升级迭代之路在哪里？又是每个车企周期性的偏头痛问题。下一个粮

---

[21] 中国汽车工业协会：《2018年中国汽车市场运行情况及2019年预测》，2019年2月22日。

[22] 长安汽车：《荣耀三百万 发展新征程——2017年元旦献辞》，2016年12月30日。

仓在哪里？每年都要回答。

　　尽管宝骏品牌销量已经超过百万元大关，五菱商用车也后劲十足。但五菱和宝骏两个品牌的区隔，似乎还有待更清晰一些。而动力总成，多年来也一直是一道拦路虎，股东方也没有很好的可选项。这些问题，在市场巨浪反扑而下的时候，会格外突显。沈阳向来居安思危，两三年前，他就在新春寄语中，向全体员工强调，要树立危机和底线意识。

7.9 智能化陷阱

此时，上汽通用五菱已经全面完成了既定的三大战略，即成为微车领域的领导者、乘用车领域强有力的竞争者、国际市场的重要参与者。迈向下一步的策略是什么？智能网联是最重要的选项之一。经过内部讨论后，它被列入上汽通用五菱"乘用化、国际化、新四化（电动化、网联化、共享化、智能化）"的新三大战略中，开发车型转向全新的战场。而"宝骏"品牌也进行了重新定位，"新宝骏"迎刃而出。它被赋予了年轻、科技、智能、网联的品牌基因，主张创造出行新生活，争做年轻人的第一辆车，面向具备一定消费能力的"90后"用户群。

品牌的标志也在进化。由于有些用户觉得宝骏的"马头"标显得不够鲜明，新宝骏启用了全新"钻石"标，凸显了几何元素的美感。这意味着，宝骏同时修改了标志并启用了新名称，这也是一个大胆的举动。汽车品牌的标志会不断变化，例如大众、奔驰、宝马等的标志都会不断进化，但名称却往往保持不变。

新宝骏品牌所配套的营销体系，也全部重新启动。上汽通用五菱从两千多家网点中，选择一百家作为建设新宝骏的试点。整个店面在人员、流程、内部展示、销售方法等方面都进行改变和提升，期待为小镇青年和城市青年提供充满活力的购车体验。

2019年，"新宝骏"品牌首次发布，智能SUV新宝骏RS-5先打头阵。这款车在宝骏530车型基础上，加载了全套的智能驾驶装备。而宝骏530也在不断地升级，底盘得到重新设计，在外观、座椅布局等方面持续完善。紧接着，新宝骏RM-5、新宝骏RC-6、新宝骏RS-3也很快上市了，就像煮饺子一样，三个型号的新品噼里啪啦都下了锅。

所有新品都有智能网联技术的嵌入，许多新功能被加入进去。尽管车辆售价也上扬不少，甚至比市场上SUV车的标杆车还要高，但凭着外观不错，配置也多，上汽通用五菱对这款车依然充满期望。

但市场表现并不尽如人意。尽管已经有了精选4S店的培训，但经销商的销售思路，依然停留在传统车型上，并没有立刻随着门店的焕然一新而转换卖车思维。新宝骏的智能特性的标签，很难快速建立起来。其实，一些经销商早已跟五菱体系根深蒂固地绑定在一起。上汽通用五菱一家东北地区的经销商，养了一只八哥，已然会说："不便宜""下一个"。

以往，宝骏和五菱两个品牌的汽车都在一起售卖，还能进行轿车与商用车的区分。但这时，宝骏、新宝骏、五菱，这三个品牌的车辆都放在一起，熬成了一锅粥，味道难分彼此。

其实，不同品牌是有不同味道的，都要区分开。当年丰田汽车准备推出高端品牌雷克萨斯的时候，单独建立了一批销售队伍。丰田4S店要想申请销售雷克萨斯品牌的车辆时，都需要重新学习、培训与考核，甚至包括日常的很多细节。

除了品牌混淆，新宝骏卖得不好，有没有更深层次的原因？上汽通用五菱的管理层决定下沉到4S店经销网络，进行"微服私访"。在很多4S店中，发现销售人员根本不提"智能化"。新宝骏品牌与宝骏品牌的产品相比，售价可能会高出两三万元。但销售人员能说出的理由，仍然是外观和材质上的差别，而不是智能化。在连串逼问之下，现场销售人员才会说两句，"这车有联网，可以跟手机相连"。而在顾客希望连接起来看看效果的时候，普通的手机却无法直接连接，要用4S店的专用手机才能连接上。

销售一段时间后，当顾客开始抱怨出现新问题之时，许多经销商都发蒙了。以前是维修机械部件，而现在是维修电子设备、调试软件等。至于怎么修理，连维修技师有些都不知道。于是只能要求用户更换零件，这就增加了费用，造成了顾客更多的抱怨。销售人员不愿意推销新宝骏，因为没有人能描述得清楚。而车辆卖出去之后，使用问题很多，追责回来，又导致不少销售人员辞职。

智能网联汽车的特性跟传统汽车相比，有很大的差异性。技术储备不充分，这是所有车企都面临的亟待解决的新问题。需要培训客户使用，这成了最大的门槛。美国质量大师戴明颇有先见之明地提出了"质量金三角"[23]，其指的是一个产品的质量，是由产品本身、顾客训练（使用说明书等）和顾客使用的方法所决定的。用户培育，是对新产品感知质量的重要影响因素。厂商要合理导向顾客的期望，这一点至关重要。很多用户会因为使用中的挫折感而放弃对产品的选择。仅仅是产品本身，是无法决定全面质量的。戴明的这一理论，放在智能汽车的销售上，凸显了门店销售的独特价值。如果一个销售人员，在推销智能汽车的时候，不能熟练地告知用户其增值的部分，质量金三角就会失效，用户多半就不会购买。智能网联汽车无疑是一次过早的销售尝试，这个探索经历也引发了上汽通用五菱对于体验质量的深深思考。

对于上汽通用五菱而言，新宝骏的智能化似乎有点太早，当时有些用户群体甚至

---

[23] W. 爱德华·戴明：《转危为安》，钟汉清 译，机械工业出版社，2017，第145页。

还在使用功能机。新宝骏具有智能车联网、自动驾驶辅助系统，可以自动跟停和转向等，但是，从后台数据中很容易看到，用户对于辅助驾驶功能是基本不去使用的。

用户跟汽车厂想的完全不一样。看上去，用户对智能互联有着巨大的"惰性"。首先是不会用，三成的用户根本不知道如何操作；其次是感觉不好用，需要进行烦琐的注册，而断网现象也时常发生，这又导致将近三分之一的用户弃之不用。更重要的是，用户也不爱用。智能网联带来的价值似乎有限，对用户而言并没有太高的吸引力。

节奏走得太快，反而容易受到伤害。配置了先进的智能产品，而销售体系、维修体系等，也需要同步跟上来。显然，智能网联汽车跟传统汽车的差异性，比想象中的还要大。要想引起客户的价值共鸣，还需要多几年时间的培育。在智能汽车上，上汽通用五菱可以说是起了个大早，赶了个晚集。

不仅仅是一家企业感到凉意。2019年，应该是整个汽车行业或许都会感到悲伤的一年。受宏观经济下行、中美贸易摩擦持续、消费信心不足，以及国六排放标准提前实施、新能源汽车补贴大幅退坡等诸多因素影响，中国汽车市场需求低迷。2019年中国乘用车产销量分别为2136万辆和2144.4万辆，同比下滑9.2%和9.6%。

长安汽车集团的销量已连续三年下滑，从前三年的306万辆高峰滚落下来。2019年，长安汽车集团的销量只有176万辆，同比下滑15%，而其2018年的销量就已经比上年下滑了四分之一[24]。这不过是雪崩之下的一座雪山的缩影。潮落时分，每家车企都需要思考品牌的力量和产品的组合。

一个汽车品牌的系列产品，就像一个兵团中的独立师，面对用户群的时候能够形

---

[24]《重庆长安汽车股份有限公司2019年年度报告》，《重庆长安汽车股份有限公司2018年年度报告》，第15页。

成掩护和护航，而且可以如同叠罗汉似的，一个搭着一个肩膀上。例如，如果有需要价格冲到10万元以上的产品，则需要在8万～10万元的价格区间上有另外一款产品的销量作为坚固的支撑，每一块砖都要有下面的基石。一枝独秀的产品，往往是幸福而短暂的蓝海。如果只是强调单款和爆款，撑不住太长的时间。

广汽集团自主品牌传祺SUV，曾经创造了销量纪录。从上市到2018年9月，只用了41个月，主力型号传祺GS4，就达到了100万辆的累计销量，一举成为最快达成百万辆销量的中国品牌SUV。但这个势头，在2019年戛然而止，急转而下。相对于合资品牌的可控可管理的成熟状态，自主品牌的经营就像是走钢丝，每一款新车型出来，都要捏一把汗。

在这种红海市场中，必须有正面抗击的能力，产品力不能有弱项。要有迭代更新，守住基本盘，才能掩护新产品进入新的市场。市场天天在变化，一款今天正在研发的产品，可能到明年制造出来时，市场已经变了。而汽车产品往往需要2年的周期，才有机会得到检验。有了基本盘的护航车，可以防止新车型犯错误而来不及被纠正。再看新宝骏，也可以说是生不逢时，正赶上中国汽车市场从巅峰期走过拐点开始滑落之际，这对于新品牌而言，是一个最难熬的冬天。

五菱商用车，是可以保持较长生命周期的车型，五菱之光、五菱荣光、五菱宏光都独有神韵。这几款车的销售高峰，往往可以跨越3～5年的产品迭代周期。但是上汽通用五菱的乘用车，却只能持续1～3年的热销。这是为什么呢？

每一种社会潮流都会酝酿、再酝酿，然后有一个情绪的空洞留在那里，等待着挑衅性的刺激。五菱商用车的成功就在于发现了这个空洞，并且成功地把它引爆。这是一种先于同行发现社会浪潮的洞察力。然而进入乘用车市场后，车型呈现短生命周期的趋势，部分原因是社会发展变化和用户需求变化太快所导致的，但也有五菱乘用车需要定义自己"气质"的问题。必须在用户需求上下苦功夫，定义出鲜明的个性，而不仅仅是外延扩展和叠加需求，这样才会有发展机会。

如果不清楚一辆车的内在逻辑，只单独比拼配置，在中国品牌已经非常成熟的汽车市场上，收割的只能是灾难。中国汽车的自主品牌，曾经被早期的政策规划锁定。在加入WTO前，国家的"三大三小"汽车合资公司扶持计划，可以说为国外汽车在建立用户品牌认知方面，提供了根深蒂固的培养。

中国要发展起汽车自主品牌，并不是一件容易的事情。即使是爆款车、神车，在下一个市场浪头来临时仍然可能被吞噬。例如，华晨昔日风光的金杯、中华，还有一直没有加入合资行列的江淮，都在浪头中浮沉。

那么，汽车能否出现类似手机崛起的现象？手机行业有通过爆款产品带动品牌发展的现象。华为手机，初期凭着摄影功能有了突破，通过跟徕卡合作，从中端市场一跃而起，一举突破苹果和三星的高端垄断。苹果抓真实，华为抓美颜。这算是一种突破。但手机作为快消品，用户往往会快速更新，有更高的选择频率，这也给新品牌留下了机会。这种有缝可以插针的特点，使得国内手机品牌迎风而上。

而汽车是一种耐消品，由于使用周期要长得多，每个用户都会很慎重地更换车辆。汽车用户无法通过快速更新来体验品牌的进步，这也阻碍了汽车新品牌的成长。汽车的品牌效应，比其他行业的品牌，更容易根深蒂固。

上汽通用五菱的团队，迫切需要振奋起来。其实，整个汽车产业也是一片暗灰，中国汽车业需要振奋起来。克劳塞维茨在其名著《战争论》中有一句名言："当战争打到一塌糊涂的时候，将领的作用是什么？就是要在茫茫黑夜中，用自己发出的微光，指引着你的队伍前进。"微光之下，信念正在凝聚。2019年年底，对于大多数汽车人而言，或许会心生余悸地想，看上去最漫长的一年就要翻过去了。2020年的春节前，沈阳正在脑子里复盘，推演一年的进退得失和开春后的盘算。

但一场谁也没有想到的变化，彻底地改变了产业的形态。

第 / 八 / 章

2020年

人民需要什么 五菱就造什

极简主义

8.1 "950"，救五菱！
8.2 假如没有补贴
8.3 "三好学生"与柳州模式
8.4 小即挑战
8.5 意外的改变：人民需要什么
8.6 异地大转移
8.7 小叶榕的气生根

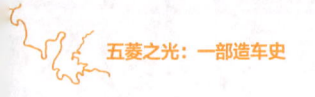

8.1 "950"，救五菱！

2020年1月25日，正月初一，正是中华大地本该喜庆的春节假期。这一天，沈阳和姚佐平打电话相互拜年，两头却都是心事重重的。尽管上汽通用五菱也成立了新冠肺炎疫情防控专项工作组，但没人能够明确地指出疫情来自何处、有多大的危害、到底应该做哪些工作。

但即使满天愁云，日子总还要强打精神过下去。工厂里的机器，还要继续运转。正月初三，再也无心在家里等下去的姚佐平，匆忙离开老家，赶回工厂。国务院已经发出了春节假期延长的通知。事情正在变得清楚，正常复工恐怕已经做不到了，必须做好应急准备。工厂里的生产，将在2020年1月31日（农历正月初七）正式开工，一些基本的防疫物资，需要提前到位。在清点开工准备清单的时候，专项工作组发现作为防疫最基本的必需品——口罩，已经严重短缺，无法采购了。

而只有造出口罩，才可能早一点实现复工。

口罩这么简单，应该可以自己做吧。上汽通用五菱几个工厂的技术骨干，早已经在办公室里等候多时。接到火线命令之后，以前几乎从来没有正眼看过口罩一眼的工程师们，开始到网上四处搜集有关口罩的常识。口罩的构成主要是一种两层无纺布裹着一层熔喷布，它们都使用聚丙烯原材料。没有想到的是，口罩制作其实也是由装配工序来完成的，将三层布放到模具中进行切压，然后热熔，就可以制成口罩。

搞清这两个最主要的生产步骤，让工程师们感到欣慰。汽车的内饰都有隔音棉，它们的原材料跟熔喷布、无纺布其实也没什么太大的不同。至于装配工序，那就更没有什么搞不定了。

在确认了原材料的供应情况，以及对生产装备的快速排查摸底之后，上汽通用五菱在2月6日宣布与汽车隔音棉供应商一起生产口罩。第二天，上汽通用五菱联合小组就开始进驻供应商工厂，帮扶供应商一起进行口罩生产、产能及质量提升。紧急生产口罩的机器开始高速运转。此时这家工厂生产的口罩都是"裸口罩"，是用硬模具直接冲压出来的，而挂耳的两根绳子需要靠用户自己穿起来。

然而，就在刚刚可以开始生产口罩的这一天，这家工厂却接到通知，口罩生产将由广西壮族自治区政府接管70%的产量。此时的口罩已经成为战略物资，由政府统一调动。这意味着，上汽通用五菱恐怕又没有足够的口罩可以用了。

下一步应该做什么？时间滴答一天，焦虑也在日增一天。只有行动起来，才能破除恐惧，免除被动。2月8日，上汽通用五菱召开复工会议，决定自产口罩，指挥部立刻成立。2月9日正式立项，这个项目被命名为"950"（"救五菱"的谐音）。这种带草根语气的标语，彰显了上汽通用五菱非常独特的一种生动文化。将目标形象化，才能让所有的员工都知道发生了什么、需要做什么。这是一种直逼人心的呼唤。所有的采购人员都被动员起来，挖空心思找人找渠道，主要解决两个问题：采购聚丙烯原料、采购制造口罩的设备。

上汽通用五菱在柳东基地的车间已经开始行动起来。工厂里的钢板冲压设备，通过自制的模具对布料进行冲压切边。从切断钢板，到切断软布，所向披靡的压力机经

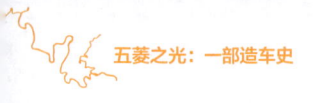

过改制调试，还是切得不利索。口罩的四边无法做到百分之百的切断，还必须用大量的工人进行手工剪切。而且，耳带线也需要人工焊接。口罩耳带要求捻得细、穿得准，需要非常细心，女员工的优势就体现出来了。受到"950"呼唤的上汽通用五菱的各部门女员工们，早已经自愿排队上岗，"巾帼突击队"迅速成立。无论是车间操作工，还是后勤、技术中心的员工，只要人在柳州，都前往请愿。到处是一片热闹忙碌的景象，工厂里三班倒，不停歇地将简陋的平面口罩输送出来。

每天传来的消息都令人紧张，做出的决定都必须说完就立刻去执行。来不及仔细斟酌，有时全靠直觉一闪念，决策者跟看不清楚的力量在赛跑，争分夺秒。2月10日，10万级无尘车间改造完毕。第二天凌晨，从无锡购买过来的口罩制片机进厂了，终于可以有现代化的机器生产线了。然而，这两台设备却无视迎接的盛况，处于"半睡不醒"的状态。经工程师检验，这两台设备上到处是铁锈，因为闲置多年基本接近报废的状态，而且零部件缺损较为严重，看上去无法恢复。

七嘴八舌之下，工程师们决定合二为一，通过拼凑零部件，把两台设备变成一台，先进行生产。同时，通过测绘工程，修复另一台的零件。说干就干，尽管工程师们以前都没有见过口罩机，但大家就是在现场，通过上网四处搜索口罩机生产线的样子，再对着图片，将一个个零件辨认出来，并连夜凑齐。第一台老爷口罩机，在阳光洒满大地的时候，居然还真"苏醒"过来了。此时，离它"半死不活"地进入工厂之时，还不到8个小时。机器，再次轰鸣起来。

另外一批工程师则负责搞定另外一台。不到两天的时间，利用它现有的样子，现场工程师通过测绘，重新制造出一台仿制的口罩机。两台口罩机就像俩兄弟，撒欢儿一般地将口罩火速运下生产线。一片一片，带着镇静的功效，运出车间，运出厂房。口罩，承载了当时人们在不确定性之下对于希望的信念。然而这种口罩机，依然是半自动化的，需要大量的人手进行穿线。还是要设计出自动化的机型，才能解决自动耳带焊接和穿线的问题，以满足越来越高涨的口罩需求。

不得不重新回到原点，分析研究口罩机的制造原理。一台口罩机，居然也有170多张图纸，包括43类电控、气动、机械系统，涉及800多种元器件的选型。不过，没有人打算退缩。2020年2月11日，上汽通用五菱决定自主开发口罩机。一个特别行动小分队，紧急成立，姚佐平亲自带队。如何规划机型和产能？领导这次连脑门都没有拍，直接就喊上了，"先日产200万只再说。"

200万只？

当时，每天一台设备只能生产2万只口罩。但没有人质疑这个数字，在风中传过来的领导指令，迅速凝固成坚不可摧的目标。日产口罩200万只，被迅速布置下去。几个小分队，各自领命。筹备小组负责安排设计和抢购资源，调试小组、交付小组则整合技师资源，完成机器调试，尽早交付车间。

抢时间，就是抢生命。设计部门连续工作24个小时，完成了测绘和设计。实际上，很多人连续工作了28个小时，甚至36个小时以上，不吃不喝不睡的大有人在。另外一部分人则在拼命打电话，一家一家地确认是否可以制造相关设备和零部件。口罩机含有非常多的零器件，是需要去外地抢购的。其中，最重要的部件之一是超声波焊接机。此时的超声波焊接机，价格已经开始迎风而涨，以往一台设备在2000元左右，上汽通用五菱开始询价的时候，网上报价已经涨到1.8万元一台。等真正找到货源开始问价的时候，对方上来的报价就是2.5万元了。

好，成交！

采购一口敲定。在这个档口，必须马上决策，没有犹豫的时间，否则的话可能就会直接被别人抢走。空气中，到处弥漫着抢购的气息。这样的设备，再过一周时间，可能就会涨到10万元一台。

进一步的要求也提上来了，口罩最好打印上五菱标志。在深不见底的黑暗中，信念必须用各种方式反复点亮。于是，开发打标机设备的任务，就开始传递下来。内饰磨具团队前来揭榜，2小时内完成方案结构设计，然后操作车、磨、钻床等设备，连通加工、装配、接电路、调试等工序，6个小时内完成了第一台手工样机试制。所有人，都像齿轮一样，相互啮合，跟时间赛跑。

与此同时，上汽通用五菱开始利用自己庞大的经销商网络，四处寻找零部件。口罩机用的气动执行机构和元件供应商主要在广州，五菱于是直接授权给经销商，无论如何都要拿下这些部件。而经销商也不含糊，连夜去仓库门口等货。第二天，一开门就立刻拿货拉走。

风声鹤唳之中，拼的就是伙伴之间相互的托付与担当。

连续76个小时，工程师们已经拼红了眼。外部零部件正在一波一波地涌向柳州工厂，而车间内与办公室之间，则穿梭着调试与装配工程师。原来半自动化的设备则连轴运转，人歇机不停。整个工厂，白天黑夜，都是一片沸腾的热浪。

2月16日，广西第一台全自动化"五菱牌"口罩机下线。终于可以开始发挥大规模自动化生产的作用了，成箱五菱标的口罩从车间源源不断地运送出去。完全从零开始，上汽通用五菱从门外汉，一举成为口罩生产的主力大军。在这个过程中，一开始一阵慌乱，然后就是乱中取胜，快速决策，先人一步抢到原材料、设备和元件——即使这些离柳州很远。但快速的判断，弥补了地理位置的劣势；随后就是快中有序，把精益生产体系贯穿到极致，连标准化的生产作业和物料管理，以及口罩交付标准的管理，也融入产能提升。到了2月底，上汽通用五菱已经生产了全自动口罩线上的口罩切片机16台、耳带机35台。3月1日，工厂产能达到了每天100万只。到了3月17日，日产量正式突破200万只。

口罩成为最受欢迎的产品。上汽通用五菱利用快速的转产产能，开始对外大批量捐赠口罩。此时被隔离在家的全国人民，逐渐注意到了这些进入口罩制造领域的门外汉奇兵。

关注纷沓而至。上汽通用五菱顺势推出了"人民需要什么，五菱就造什么"的口号。这一刻，让人无限感动。

这个口号，不仅激活了企业的制造能力，更重要的是它从心底上给每一位五菱人添加了一把热火。前两年汽车市场阴霾所投下的阴影被一扫而空，五菱人找回了强大的精神动力。

这场突如其来的疫情，其病症在2020年2月11日被世界卫生组织命名为"COVID-19"。当时几乎没有人能够充分认识到，这一年的春天只是一个全球性灾难的开始，它将全方位地改变全球的社会形态，整个制造体系和供应链都在悄然发生重塑。

在全民居家防疫的岁月，人们的注意力开始更多地被吸引到短视频上。这是一次注意力经济的里程碑式的转移，短视频一举确立了自己流量中心的位置。而上汽通用五菱在口罩领域的奇兵突起，得到了社会普遍的关注。当螺蛳粉备受关注，一度卖到脱销时，上汽通用五菱又推出了螺蛳粉。"五菱牌"口罩、"五菱牌"螺蛳粉等，都吸引了巨大的流量。这种流量，开始涌向上汽通用五菱的新媒体阵地，包括抖音、B站、小红书、快手、微博、微信公众号等。负责运营的人员忽然发现，几乎是一夜之间，粉丝暴增。很多带着善意的关注，让上汽通用五菱意识到自己已被"焦点化"了。

在这个时候，上汽通用五菱开发的第二代电动汽车，正在进行上市前的测试。两条不同的历史线索，意外地发生了交叉。

8.2 假如没有补贴

上汽通用五菱发展电动汽车由来已久。最早的种子创意来自2008年的北京奥运会。奥运年之后，国家提出"十城千辆"的电动汽车示范工程，并谨慎地向前推动。2009年，科技部进一步确立了中国电动汽车发展的目标，为备受质疑的电动汽车开路。

微风吹过，燃油汽车的殿堂里传来一丝全新的气味。当真的人并不占多数，但也总有相信未来力量的企业家。沈阳决定组建一支特别先遣队，专门向电动汽车市场进军。这支队伍就是一个火种团队，队伍中一共只有3个人，而组长是上汽通用五菱与湖南大学联合培养的博士生，才刚刚毕业。

又是一个全新版本的艰苦创业的故事。电动汽车团队在摸索中前行。

2012年，国务院发布的《节能与新能源汽车产业发展规划2012—2020年》，政策显得更加成熟。而在当时，中国运营的新能源汽车只有4000多辆，尚处于蹒跚起步阶段。而规划的目标是争取到2015年，中国纯电动汽车和插电式混合动力汽车累计产销量达到50万辆。三年的时间，听起来似乎是天方夜谭。

那时在重庆基地，上汽通用五菱正好开始扩充产能，电动汽车初创团队就在五菱之光的基础上设计了一款电动汽车。尽管最终并没有投产，但电动汽车的亮光已经照在更多五菱人的脸上。

到底要做成什么样的车？大家还是有点儿懵。当时行业普遍的想法是，纯电驱动汽车形成大车小车"两头挤"格局。借助国家补贴的力量，新能源汽车率先应用于大巴、客车等公共交通，然后用于城市代步（如A0级小车），再着才能带动用户的认知，最后发展成主流车型。

经过反复思考，沈阳确认了一种想法：一味靠政策补贴驱动的市场，恐怕会是一个虚假繁荣的市场。政策补贴退出时候的电动汽车市场决战，才是消费者真正需求的体现。一定要制造出不依靠政策补贴，也能赢得市场青睐的电动汽车。

那么，一辆不需要补贴的电动汽车，是什么样子呢？

发展小型电动汽车，应该是一条不错的路子。大方向清楚了，但如何定义这款小型车，则还需要更多探索。而对于执掌合资公司已经十年的沈阳而言，还有一个更大的困扰，即如何面对通用汽车的管理层？对于上汽通用五菱要开发小型电动汽车，通用汽车的管理层从一开始就表示反对。通用汽车一直希望能主宰小型车的发展，尤其是未来的电动汽车。

到了2015年，上汽通用五菱的技术中心已经在电动汽车领域有了足够多的技术储备，但电动汽车的立项，在董事会上两次被否决。还是老话，通用汽车高层认为上汽通用五菱对于电动汽车是一无所知的，应该由通用汽车派出研发设计团队进驻。作为一个研发制造过无数经典产品的全球车企，这种想法也无可厚非。但是鉴于上汽通用五菱对中国汽车市场及用户需求的准确判断，以及独特的"低成本、高价值"制造能力，在每一次对新平台、新产品进行前期沟通时，通用汽车其实也需要再三斟酌。当看到沈阳如此坚决地捍卫电动汽车开发权时，股东方又一次看到了熟悉的形象。

争吵的最高艺术是和解。在增加了对未来销量的预测目标之后，董事会终于通过了上汽通用五菱的电动汽车立项。而沈阳也再次把自己逼得没有了退路。

这期间，在技术中心的内部，争论也在继续，到底做什么样的电动汽车？沈阳只给出了一个谜面，"不要补贴的城市出行新物种"。这就是项目立项的原则，剩下的就靠团队来"猜谜"。

当时，产业链成熟度不足，而开发团队的十几个人都完全没有接触过传统燃油汽车，造型团队也很年轻。这些年轻人就从500多项法规要求和产业链现状中，一点一点地拼凑答案，直到2016年年中，上汽通用五菱的第一款电动汽车——宝骏E100终于做出来了。这可以说是一个猜出来的车型。

做出来的车，卖给谁，也还是一个谜。这次轮到销售部来猜。对于这样一款车，销售部也陷入了迷茫：它究竟应该卖给谁、谁会喜欢。这辆车的设计初衷已经被确定为替换电单车（电动自行车），作为代步或接孩子时使用。柳州市有70多万辆电单车，而南宁市有100万辆，如此大的单车基数，哪怕只有10%的换车转化率，也将是一个非常可观的数字。

然而，市场不是想象出来的。在试车的过程中，有人评价空间太小，无法坐一家人；有人评价续航里程太短，无法去周边远点的城市；等等。这些人首先想到的都是一辆车的功能，认为自己买的是汽车，就要有汽车的样子，而不单只是代步。这意味着，原本计划替换电单车的车主，其实并不是宝骏E100的典型用户。

事情似乎陷入困境。

8.3 "三好学生"与柳州模式

2017年，上汽通用五菱的领导讲话中，出现了"好看、好玩、好用"的词语。每年新春的总经理致辞，已经成为上汽通用五菱的保留性节目。对于五菱人而言，公司每一年目标和重点都在其中，而且文采飞扬，到处都是直逼人心的活泼语言。有目标、有手段、有温情，这是上汽通用五菱最擅长的"战略意图生动化"的一个阵地。上下同欲，目标直达。

一辆神车的造就，自有神奇制造的逻辑，而背后则是一个企业的精气神，传承不息。这其中，一些细节被讲成故事，一些故事成为传奇，一些传奇成为神话。神话，正是文化的最高抽象形态，蕴藏着嘉禾向上的一切力量。

这一次，被抽象化和人格化的宝骏E100，承载了开拓电动汽车市场的使命。"好看"是指外观独特入眼，"好玩"是指操作简单有趣，"好用"则意味着小巧、方便停车、充电费用一个月不到100元等。这三点高度概括了产品特性，让用户更容易产生好奇和共鸣。通过这种方式，上汽通用五菱避开了跟用户解释极致空间、子系统集成化、高压安全等一些难以理解的描述语。这为第一款电动汽车宝骏E100定好了调子，这就是一个新时代的"三好学生"车。

面对此前电动汽车用户群定位不准确的问题，上汽通用五菱决定改变思路，与其猜测市场，不如直接让市场反馈。上汽通用五菱决定干脆将宝骏E100这款小型电动汽车，在柳州市场投放两三千辆，让人们免费体验两个月。相对于传统试驾采用的抽样人群、每次几小时的体验方式，这无疑开创了大样本、纯素人的试车时代。

但这也可能是危险的举动。两三千辆车投入市场，如果用户试用后不满意，是否会影响口碑？这些试用过的车，将来如何处理？推广新产品，需培训用户和培育市场，要花费大量时间和费用。上汽通用五菱选择了一种更贴近用户的方式，把产品免费交给用户使用，给其能够全面评价的机会，让用户参与产品改进。

从2016年下半年到2017年上半年，宝骏E100经历了密集的免费试用过程。柳州市民热情高涨，上汽通用五菱收到了数万条申请，因报名参加车辆试用的人数太多，还组织了秒抢体验权的活动。有一万多名市民参与了试车，其中有大量的公务员、医生、教师、大型企业员工等优质潜在客户。通常每人是一到两周时间的深度试用，有些人甚至试用了一个月。体验活动主要在柳州开展，也有一部分在南宁地区进行。

试用过程产生了大量的用户反馈，这也激荡着设计师的思路，产品改进方向逐渐明确。无论产品定位，还是性能体验，都得到了新的锤炼。

对于电动汽车这样的新生事物，它早已超越了一辆车的本身，而是与一个城市紧密地结合在一起。从1990年算起，燃油汽车在中国已经历了三十年的发展，基础设施非常成熟，以至于人们几乎都忘记了其最初是如何发展而来的。而电动汽车则好像是一个刚出生的婴孩，对于城市的基础设施保障来说，是一个巨大的挑战。

一个城市与一辆汽车，应该如何互动？

在宝骏E100试车的一年里，柳州市政府已经为新能源汽车新建车位、充电桩等基础设施，大力支持电动汽车的发展。新能源汽车像一只红色的画笔，它需要在一幅城市蓝图中,画出不一样的全新痕迹。充电桩安装在哪里?车位如何划分?这些问题并不简单,往往需要协调规划、投资、交通运输、公安、环保、城管、住建、质监、物价、供电等多个部门才能实施。对于新生事物,有些以往的规范可能并不适用,或者需要填补空白,推动实施也是相当复杂的事情。这充分考验着地方政府的城市治理能力和创新热情。

为此,柳州市政府倡导发起,市新能源汽车推广应用工作领导小组牵头,联合市内上汽通用五菱、东风柳汽等重点企业,启动实施"政企三级联动工程",探索新能源汽车推广应用与产业发展相融合的新模式。三级联动包括领导组、协调组和工作落实现场组。其中,工作落实现场组以柳州20多个政府职能部门核心工作人员和企业技术专家为成员。不到半年时间,柳州就新增了1万个车位、2万个充电桩,还提供优惠的"路权激励",如电动汽车可以使用公交车道、单双号不限行等。重要的刺激政策还有充电补贴和限时停车免费等,每公里补贴0.1元,最高1000元/年,补贴3年,减少用户的使用成本,大力鼓励绿色出行。

多年以后,当人们对满大街跑的电动汽车、对于充电了无障碍并且习以为常的时候,这一年柳州市的探索,会是值得记忆的一个重要篇章。它为执政者如何哺育地区产业的新生命,提供了一个可复制、可借鉴的样本。

催生城市新物种,需要有人培育土壤。而它一旦成长起来,就可以自己发展了。2017年7月,宝骏E100正式上市,去除厂家补贴和车辆享受的政府补贴后,购车价为3.58万元。这个亲民价格,加上便捷易用的特点,让很多人在车辆试用期结束之后,真动了购买的心思,把车留在自己手里。免费试用的客户转换率很高,超过60%的长期体验用户都直接购买了体验车。

在新能源汽车推广过程中，柳州强化政企联动，探索出了一条"产、销、用、停、充"等服务新能源汽车推广应用的新模式，并在广西大力推广，将"柳州模式"上升为"广西模式"[1]。然而，这种模式在其他城市的推广却有些缓慢。打造全场景智能出行的新能源汽车生态应用环境，并不能一蹴而就。显然，它需要地方政府的积极配合，需要城市与汽车互动的新型思维的跟进。宝骏E100的出现，似乎仍然是太早。

---

[1] 毛昀贤、郑振远：《新能源汽车的"柳州模式"——新能源新生态给广西老牌工业城市注入发展新活力纪实》，《广西电业》，2021年第10期。

8.4 小即挑战

有了第一步的迈出，第二步就不需要多费踌躇。在宝骏E100的基础上，设计团队进行了升级。品质感更强的宝骏E200开始上市，都是两座车，都是定位城市出行。对于人口不到400万的柳州，超过一半人口住在市区。就通勤而言，用户上下班路程一般在20公里以内。每周充一两次电就完全够用，续航里程并非是最为焦虑的问题。这样的车应该适合很多中小城市的情况。那么它如何才能走出柳州呢？

目光转向北方。山东和河南都是人口大省，平原地带地域开阔，一直是低速电动汽车和代步车的产业基地。作为时速不超过70公里每小时的低速电动车，也被称为"老头乐"的产品，虽然简陋，也无法保障安全性，但却有着价格低廉、出行方便的特点。当时，全国低速电动车年销量超过100万辆。不用上牌、无须驾照、不买保险、不用年审，一直是政府管理部门想加以规范的灰色地带。但由于涉及路权、安全和交通等多个方面，导致其处于一种弱监管的状态，当然这种状态也不可能持续太久，清理整顿的政策陆续也在颁布。

而前几年，发展低速电动车成为地方县市非常感兴趣的经济突破口之一。2016年9月，河南省开封、洛阳、驻马店等10个省辖市共同成立河南省低速电动车合作示范区，推进电动车市场发展。当时，河南省低速电动车生产厂商达50余家，够得上规模的企业却寥寥无几。

河南省驻马店市对上汽通用五菱的电动汽车很感兴趣，期望可以引入上汽通用五菱的生产基地。经过20多次的调研，上汽通用五菱打算专门开发一辆电动汽车，替代山东、河南等地的低速电动车。替代车，要求必须是最便宜、最小和安全的。电池成本是关键，最适合的就是要刚刚能够符合国家法规的最低电量标准。由于很多家庭往往是女主人用"老头乐"来接送孩子，而两座车无法满足需求，这意味着车子再小，也必须有四座。这就看空间设计了。

经过一年的艰难谈判，落地合作的项目并没有谈成。但这期间，新一代型号为E50的电动四座小车，已经研制开发出来了。看上去是为了替代"老头乐"而研发的E50车型，非常仔细地定义了一种外观设计法则。

外观设计，向来是汽车制造的一门大学问。外观设计牵扯到内部空间的比例，每一条棱角、每一个凸起，都不仅要具有美学含义，也要有实用性的考量。在汽车早期发展历史上，外观设计部门最早被称为"艺术与色彩部"[2]。这是由通用汽车最早引进的，一个颇具才华的设计师被聘请来负责这个部门。这种安排并非心血来潮。在1921年产品计划项目中，通用汽车就强调了"外观在销售中极其重要的意义"，但直到1926年轿车日渐成为行业主流的时候，才首次务实地考虑到外观的设计。当时轿车的外观，与消费者的需求还有相当大的差距。而通用汽车开始逐渐意识到，车身的奢华程度、外观和配色上的赏心悦目程度，以及与竞争对手的差异程度，将构成汽车的主要吸引力，而通用汽车的未来就取决于这些吸引力[3]。1927年是通用汽车启动艺术与色彩部的那一年，也是福特T型车结束其产品生涯的一年。作为一个时代结束、另一个时代来临的标志，外观设计就这样登上了历史的舞台。汽车设计师就像是巴黎裁

---

[2] 吴韧彦：《哈利·尔的十大设计》，《车迷》，2018年第12期。

[3] 艾尔弗雷德·斯隆：《我在通用汽车的岁月》，刘昕 译，华夏出版社，2017，第255、257页。

缝，对潮流的敏感性变得越来越重要。裁缝裁剪的是面料，而汽车设计师裁剪的则是钢铁。

第二次世界大战后，通用汽车时任总裁斯隆进一步预测，相当长一段时间之内，产品的吸引力将主要来自外观、自动传动和高压缩比发动机，而且吸引力的大小顺序也是如此。后来市场验证了这个判断。1954年通用汽车首席设计师哈利说，所有的设计都是围着长方形而来的。他工作了28年只有一个目的，那就是：加长并且降低汽车外形。因为在人们对于比例的感觉上，长方形比正方形更具吸引力。

降低车身的高度引起了无休止的工程设计问题。艺术和色彩都建立在两条主线上：一个是造型发展，另外一个则是将车身上的凸出物都整合到车身内部去[3]。降低高度，就给传动系统的位置设计带来巨大的麻烦。而加长车身，往往会带来重量问题。1948年，借鉴了战斗机造型的带尾鳍的汽车被开发出来，尽管这种外观特点在当时没有功能性，但这在"二战"后却最合公众的胃口。

总要有一种定义，留给汽车的空间。

一开始，这款跟宝骏E100有着血缘关系的E50电动汽车，就特别强调对于空间的追求。这是汽车的一种"MM"空间设计理念，是空间极端化的概念，也就是追求人能享受车内空间的最大化，车必备的机器占有空间最小化[4]。E50的开发团队，发起了极限挑战。

为了节省空间，技术团队绞尽脑汁。车身长度不到3米，可以只占普通轿车的一半车位。整车使用极简的后驱布置方案，4个座位以灵活折叠的形式，实现内部空间最大化利用，全车还精心布置12处储物空间。

[4] 中国汽车工业协会、中国汽车工业咨询委员会主编：《中国汽车工业史 1991—2010》，机械工业出版社，2014，第185页。

还有一大设计原则就是集成。电动汽车跟燃油汽车不同，很多零部件都可以集成，如电机和减速器之间的集成。研发人员想尽一切办法，重新根据空间，设计零部件。车载充电机、变换器、高压配电盒被集成在一起，实现充配电三合一。在这种情况下，零件数量从3个减少到1个，重量则可以减少3.54千克。当时，工程师就用天平秤将部件一个个地进行比对。此外，还减少了8颗螺栓与2套连接器装配，既减轻了重量，也使得装配工时节约100秒。设计师的心思，在计算器上和秒表的指针上反复推敲。

极简的物理平台，极尽的物理空间。空间为王，倒逼零部件的尺寸和连接方式。集成，正在成为电动汽车行业思考的一个基点。

迭代中会有新发现。项目立项时候的续航里程是100～150公里，在实际制造的过程中，由于发现车重、风阻、驱动效率、电机、传动等整体控制和优化都很好，而且这一段时间电池能量密度也在逐步提升。最终测试结果，已经将续航里程定格在120～170公里。

如此小巧别致的车，以五菱宏光MINI EV的名称，开始它上市前的试车准备。这是它最后一次接受试验的机会。在经历了疫情制造口罩后，五菱人群情激昂，这款车会带来什么？

8.5 意外的改变：人民需要什么

口罩带来的巨大流量关注，以及这款E50车型上市前的试车行动，正在时空中迎头相遇。

新型冠状病毒肺炎疫情看上去已经有所缓解，但居家办公、在线会议、远程教育等以前只是零零星星的行为，现在已经成为各界人士广为接受的做法。这期间，也在催生一种全新的电商直播经济。很多人开始在抖音、快手等新媒体平台上发布各种视频，而且社交平台上也是一片活跃。这是"大V"引领观点的时代，每一种想法似乎都能找到自己的传播空间，每一个缝隙里好像都有一个意见领袖。

上汽通用五菱正在紧张地应对一波又一波扑面而来的流量。从上汽通用五菱转型生产口罩，到移动商铺"地摊车"的问世，再到推出"五菱牌"螺蛳粉，一举一动都引来无数人的关注。人们将热情的目光投向这个地处华南城市的车企。营销团队每时每刻都在忙不迭地回帖答复。这些蜂拥而至的流量，让他们一时还有些吃不消。

一次偶然的机会，有人注意到了一个视频。视频上是两个"95后"的小姑娘，在五菱4S店里自发和宏光MINI EV拍摄短视频，并调侃说："这个小车太可爱了，你们赶紧来买，等它长大了就要去拉货了。"

这是自嘲，还是励志？

这是信号弹，还是烟幕弹？

营销团队的小伙子们就此展开了讨论，这批年龄以"95后"为主的营销团队最终得出了一个结论：年轻人，更喜欢这辆车。

这个简单的结论被迅速呈报到上汽通用五菱的管理层。沈阳和姚佐平互相交换了意见，对这样定位的急剧改变，充满了惊讶。那时连抖音账号都没有的沈阳，一时无法分辨，这其中到底是一闪而过的杂音，还是充满启迪的信号。有一点可以想到的是，宏光MINI EV的极简主义法则，或许还真有可能被年轻人接受。新生代的心思并不是完全靠既有的经验逻辑就能猜得透的。

最后，这个决定权还是交给了年轻人，营销团队的想法开始得以实施：宏光MINI EV的定位被直接切换到年轻主义。原来的销售计划被更新，转成了全新的方案。

市场营销团队快速行动起来，将这个简洁产品的标签定义为：年轻化和个性化空间。宣传渠道也开始发生变化，不再局限于传统的汽车垂直媒体，而是主动寻找用户流量所在地，如抖音、小红书、B站等。与此同时，开始参与潮流活动，如与西湖音乐节、上海时装周等开展多元化合作，形成时尚的调性。当市场部决定跟喜茶联合宣传的时候，沈阳都有点懵了：谁？喜茶，是谁？

这就是年轻人的声量，年轻人的车。

线上流量大力推进的同时，线下两千多家经销商也开始发挥作用，采用各种年轻人喜闻乐见的方式，让用户感受热情、体验实物。线上线下的互动，进一步推高了市场的热度。

用户的想象力是丰富的。年轻人很快就发现，大面积留白可以实现更好的改装，从而突出个性。极简主义汽车设计所留出的余地，为后面的消费者自己动手进行装饰，留下了一个重要的气口。简单，变成一种巨大的优点。高手在民间，各种故事与传说越来越多。

在定价方面，也向年轻人靠拢。上汽通用五菱又一次展示了对于"神车"精髓的把握，宏光MINI EV，简单、便宜、好玩是核心。只要有了民众的体验，成本问题可以通过量产和生态化的方式进行彻底解决。对于营收的平衡，沈阳也有着冷静的盘算，只要汽车的销量上去了，还可以按照新能源汽车的碳积分政策，获得碳积分的收入。这样一来，哪怕这款产品最低价格只有不到3万元，仍然可以实现小有盈利。

2020年7月，五菱宏光MINI EV正式上市，新车售价区间为2.88万~3.88万元。铺天盖地的舆论，已经将这款汽车打上了"网红车"的标签，订单数量迅速接近3万辆。车身长度不到3米、马力为27匹的小车一经问世，就展现出强大的市场号召力。这款微型纯电动汽车带来的幸福的销量数字，快乐得让人觉得简直喘不过气来。

8.6 异地大转移

2020年的夏天，一股兴奋中夹杂焦虑的氛围弥漫在上汽通用五菱的管理层中。此前，宏光MINI EV要"狙击"的市场对手是质量参差不齐的"老头乐"电动车。由于山东占据了"老头乐"市场的半壁江山，因此这款车主要的生产任务都放在了青岛基地。根据年初的销售预测，宏光MINI EV上市初期的月度销量将在五千到一万辆。因此，青岛基地的单月极限产能也为此定在2万辆。

8月是宏光MINI EV的第一个完整销售月，其销量已经飙升至1.5万辆，超越特斯拉、比亚迪等车型，一举问鼎纯电动汽车月销量排行榜冠军。市场接受度之快、认可度之高、脉冲型的销量，都远超出所有人的预期。

巨量订单如雪花般飞来。

机器热烫，物料告急！"神车"再现，青岛"爆仓"。如何生产出数量足够多的宏光MINI EV，成为上汽通用五菱的头等大事。青岛生产基地不得不将生产线从一天一班增加为一天两班。由于还要兼顾其他车型的生产，当地宏光MINI EV的生产，实际上一个月最多只能有1.5万辆就到达了产能天花板。

新一代车销量"跑得太快"，把所有人的想法都甩在后面。青岛生产基地产能已扩无再扩，上汽通用五菱面临前所未有的供给挑战。

要想留住订单，只能物资大挪移，重新组合产能。管理层迅速地商定解决方案：

异地转移生产。相应地，被高度授权的特别行动专项组，也迅速成立。

专项组的任务很明确：要在最短时间内，在柳州生产基地将宏光MINI EV的月产量从0提升至3万辆。但要是异地转移生产，其实是从零开始。上汽通用五菱在柳州的河西、柳东宝骏两个生产基地，原本没有准备生产这款车，因此既没有该车型所需要的零部件、生产模具，也没有生产线准备。面对"三无"挑战，异地转移生产意味着，要把零部件从两千千米外的山东青岛，完好无损地运送到地处华南的广西柳州，然后在河西基地、柳东宝骏基地进行组装生产。

9月，一场中国汽车史上最大的异地转移生产拉开帷幕。

上百家单位进行产业链联动，先是柳州的两大生产基地，紧急做好机器调试的生产准备，就等原材料和零部件的到来。而连班运转的青岛基地，则进一步拧紧了上游的发条：供应商要求在短时间内要实现翻倍生产，以满足外地供货的需要。

超长距离运输通道，在青岛与柳州间被紧急启动。

公路和铁路，零部件从两路开拔。小型零部件在工厂包装后，直接发货到柳州。为此，特别行动专项组对接了包括顺丰、京东、菜鸟、安吉家、普天等在内的国内大型物流企业，每天调度物流车达82辆，以致几乎整个山东物流圈都知道"五菱有货要从青岛发往柳州"的消息。

为了提高效率，上汽通用五菱将包装材料送至大型零部件供应商工厂内，现场包装后，直接运至铁路枢纽中铁特货黄岛库，再由每天6辆的专列装车送至柳州宝骏基地附近的雒容火车站。每辆专列运量960吨，需要动用大量标准集装箱。此时新冠肺炎疫情肆虐，全球集装箱开始走紧，可谓一箱难求。上汽通用五菱几乎将山东省内能调动的集装箱资源全部调度起来，以致连中欧班列的集装箱也被用来发往柳州。偌大的山东境内，恐怕再也找不到一个闲置的集装箱。由于长途运输使用的木箱，需要经受长途颠簸、堆垛及多次装卸，对木材的结节、厚度等都有严格要求。因宏光MINI EV突然迸发的木材需求，基本把山东的包装木材供给"吃干榨尽"，当地包装木材因短缺而价格明显上涨。

成千上万的零部件，每天源源不断地从东部沿海被传输到华南地区。

零部件运至柳州后，由于总量庞大，上汽通用五菱不得不在当地找到一块1.8万平方米的场地，组织了70多名员工每天专职负责拆木箱。而从青岛源源不断地发来的零部件，导致柳州库房资源不足，延绵百余米长的车队从厂区排到马路边，都等着卸货。因此，也不得不增加仓库，以进一步扩大库容面积来化解库房压力。

110多家供应商被紧张的流水线拉动起来，上汽通用五菱的采购中心、生产制造等部门又一次开始全体总动员。年初生产口罩时的全厂忙碌景象，到了年底重现。12月，宏光MINI EV的订单已经超过了5万辆，而柳州两大基地也开始全速产能爬坡，产量急剧放大至3万辆。

惊心动魄的转移，一种奇迹背后总有另外一种奇迹。

这一年，汽车焦点当之无愧地属于电动汽车。特斯拉是领衔明星，它几乎以一己之力在全球主要汽车市场吹响了电动汽车大踏步出发的号角。而头一年年底它在上海工厂的成功投产，极大地释放了产能。Model 3已经成为行业标杆级的产品，2020年全年交付量达到近14万辆。

但如果仅从销量而言，从8月开始，Model 3就没有成为过纯电动汽车销量冠军。

它碰到的对手就是宏光MINI EV，一共从上市第一个月交付1.5万辆开始，销量一路走高，12月单月销售量超过3.5万辆，成为一种现象级的产品。

虽然续航里程并不长，但宏光MINI EV却在市场上打出了一番新天地。宏光MINI EV和特斯拉相比，价格差别巨大，但它们代表了不同的突围方向。并非所有的电动汽车都要背负着颠覆燃油汽车的使命，有的时候人们只是需要一款代步车。能够符合国情，让消费者以低廉的成本解决出行问题，这也是电动汽车的一个细分市场方向。

"人们需要什么，五菱就造什么"这一口号，与2020年，正是绝配的一句。口罩、螺蛳粉、夜经济地摊车一一呈现，还有：电动汽车。

福特汽车在1914年开始运转流水线的时候，没有人知道它有多重要，尽管很多汽车制造商趋之若鹜，但它真正的意义还是要到二十世纪四十年代才开始得以承认。领先者引领了潮流，但是它并不知晓。只有当追随者众多的时候，一切才会豁然开朗。历史的进步，往往伪装成平常事件，掩藏在普普通通的新闻之中。它就在日常生活的身边，但总是穿着隐身衣。人们很快就会发现，2020年成为电动汽车加速穿越拐点的一年。作为人民的代步车，宏光MINI EV的热销走红，让2020年值得回味。

8.7 小叶榕的气生根

在柳州，到处可见的是小叶榕树，这种常绿乔木的气生根，可以吸收空气中的氧分，使得叶茂荫浓。有的支柱根则会垂落下来形成多个分支，从而可以独木成林。由于温度高，在接近地面的部分，氧浓度就会很低，因此暴露在空气里面的根系，可以吸收高处的氧气。这种顽强的生命力，令人赞叹。

在五菱的供应链中，如钣金和注塑件等需要外部协作的产品，一般都由柳州本地供应商。在柳州，上汽通用五菱的一级配套供应企业约160家，而带动的汽车行业企业则有六七百家。

柳州本地的供应商以自己的方式，采用了很多低成本的做法。早期的时候，有些柳州供应商甚至不是靠零部件赚钱，而是靠卖材料。冲压件、焊接件等往往按重量计价，基本上是按照原材料价进行销售，博取的就是数量、规模。上汽通用五菱不得不引导这些企业，从研发新品、精益制造等方面开始，寻求更大的利润池。这是一个城市与一辆汽车的交互。低成本与高质量的匹配是柳州供应链的贡献。

供应商的质量一直是主机厂的心病。对于一家拥有600多家主要供应商的企业来说，如何精心管理这些企业的产品质量，需要经历一个痛苦打磨的过程。统一的体系和标准是不可或缺的。通用汽车在全球各个国家的基地工厂中，冲压标准都是统一的。通用的手册达到令人惊讶的200多页，不厌其烦地详尽描述：从钢铁冶炼开始，一直到模具调试。通过这套标准，全球各地的工厂都可以从零开始把模具做出来，而且是一模一样的。但是，有了标准不代表成本就可以降低。上汽通用五菱在导入这些标准的同时，进行本土化创新，并组织供应商进行全链条的"拧毛巾"，挤干可能的成本浪费。

2010年，上汽通用五菱开始研发乘用车。这是一个决定性的新起点，标有高度的刻度尺，会拦住很多不合格的候选人。柳州的供应商面临着新量尺的检验。

城市的产业形态正在变化，原有的供应链必须升级才能进行切换。上汽通用五菱作为主机厂，也需要精心扶持供应商。就在此前一年，其采购及供应链管理部更名为采购及供应链管理中心，负责采购、供应商质量管理、物流管理等，从而将采购与质量环节完全打通。供应商的商务谈判和质量体检，被放到同一个显微镜下进行审视。时针拨回到合资公司建立之初，带着国企惯性的上汽通用五菱，就将"三比采购法，一体化管理和溢出支付法"与通用汽车全球采购系统相结合，构建了具有柳州本地特色的"低成本、高质量"采购体系。结合通用汽车的全球供应商质量16步流程，建立了平台供应商、重点供应商、战略供应商三个类别的体系。这也意味着要严格控制新供应商准入，与供应商共同分享规模经济效益。

除了一些重要的一级供应商，上汽通用五菱并没有从外部直接引入乘用车供应商。这主要是因为成本要求，外来的乘用车供应商要转向做单品产值和利润的减法，可能很难适应。而对于柳州原有的商用车供应商来说，转向乘用车是做加法，产品精度提高，而且采购价格也有提升，自然也很开心，更容易一起成长。"艰苦创业、自强不息"的企业精神，也悄悄地从五菱工厂南门墙壁上飞出去，不知不觉地成为供应商企业文化的一部分。

以前，一家零部件供应商的产品质量总是不稳定，在其车间现场，很多工序都是通过人工校正的，导致公差波动较大，甚至连焊接都是直接采用大力钳，很容易引起抖动而造成精度不高。为了节约成本，稳定的工装夹具被忽略掉了。这可以称之为一种"大力钳文化"，曾经蔓延在很多工厂之中。"螺丝刀工厂"则是另外一种现象。一把螺丝刀，拧拧转转，如果完全取决于操作者的经验，质量稳定性就很难保证。上汽通用五菱的制造总监每周都要去一次检测室，还不得不逐个工序去进行矫正，落实工装夹具、带数码显示的电动扳手等，既要敦促供应商投资改进设备，又要手把手整改工序。

上游供应商的质量改进，成为天天萦绕在上汽通用五菱质量部门头上的大事。有一些供应商，因为无法适应，只能逐渐退出。这些供应商并不是被哪一家竞争对手所淘汰的，只是被时代留在了门后，这就是产业的自我净化。

国内外的一些大供应商，质量体系相对比较成熟，甚至是上汽通用五菱的学习对象。那些价值比较低的部件，质量反而更令人担心。这也是一个很常见的现象。中国汽车工业的格局已经非常成熟，主机厂和一级供应商的边界清晰。但它再上游的零部件供应商，依然处在一个夹生饭的状态，良莠不齐。这也是整个中国基础工业的软肋，小型企业在基础的机加工、冲压、焊接等工艺方面，还没有跟上中国汽车工业的快速发展步伐。

谁对这些小型零部件供应商负责？这看上去并不是政府的使命——即使政府有心扶持中小企业的发展，而市场，则只会用冷酷的淘汰法则。总要有人，站起来为他们竖起明灯。一个城市的主机厂，正是本地中小配套企业的明灯。对于有志于跟随的供应商而言，提升其零部件质量，也成为主机厂的重要责任。一波一波的供应链质量团队被派送到供应商处，直接驻厂，手把手地帮助供应商在设备完善、工艺水平、产品质量、供货能力、快速响应等方面进行提升。

　　一个企业的进步程度，每年都能看得出来。而一个地区的生态变化，则需要五到十年的时间去观察。有了前面这些规范工作的铺垫，上汽通用五菱终于可以腾出手来，做更长的供应链条的梳理。2016年，上汽通用五菱开始启动"供应商质量Q+"管理体系，用系统管理的方法与工具，推进供应商体系能力持续提升。五菱派出质量经理，到企业直接挂职总监，向公司总经理汇报。一方面是现场拦堵，保证产能和质量；另一方面，"供应商质量Q+"不仅给出标准要求，而且给出工具和途径，将具有指导性的操作内容提炼出来。工厂现场需要的是朴素的行动指南。为了更好地进行管理，负责供应商质量的团队甚至就像销售团队一样，进行片区管理。每个片区指定一名能力提升负责人，年底提交报告，彼此互动。在一家钣金件厂，原有料框40多种，经规范后标准料框只有11种。之前，为了保持安全库存需要安排提前生产，而引入电子质量派单系统后，仓储面积从6000平方米减少到仅1500平方米。而省出来的厂房正好可以为新购置的大型冲压设备腾出空间。这家只有不到2亿元规模的供应商，正在雄心勃勃地提出，下一步不仅要看单位人均产值，更要看到单位厂房面积的产值。这让人不由得想起丰田汽车提出的"减半原则"，就是用一半的厂房，生产跟原来同样多的车辆。可见，柳州本地的供应商在上汽通用五菱的带动下，经营者的理念也在发生惊人的变化。

借助于这样似乎笨拙的功夫,上汽通用五菱才能带着一个成本领先的柳州产业链条,缓慢爬向高处。合资公司股东方惊讶于上汽通用五菱的成本领先优势,也曾经组织20多人专程到柳州进行调研。然而,看得懂,却做不到。上汽通用五菱的成本体系,已经跟周围柳州的供应商体系长在了一起,扎根在这片土壤上。例如,对于一些车身零部件,上汽通用五菱会以钢材重量来计算价格,而供应商也能接受。后者会利用边角余料,进行二次加工,再为打火机制造商提供零部件。这种独一无二的方式,在其他地区的工厂恐怕是很难复制的。

企业成本体系的背后,就像是一棵大树在深土里扎根的根须,是一个地区的同化,是一个群体组织的相互支撑。对于上汽通用五菱而言,每一次发展跳跃,都需要靠顽强的集体学习。这是一种充满了攀越的成长轨迹,而自生长则是关键。喀斯特的红土,独一无二的地貌,形成了丛林和峰林。孤独的山峰是最常见的一个特征。在柳州,缺乏乘用车的人才,周边城市也无可借鉴。没有高维人才的空降,上汽通用五菱的成长就像是在螺旋轨道中,昨天的经验成为今天的扶梯,自我爬升。每一个车型的进步,无论是设计、制造、供应链,即使有部分外力的介入,最后也都需要上汽通用五菱自己学会从柳州喀斯特地貌的溶土里,一点一滴地刨出来。

这不仅扶持了本地生龙活虎的中小企业,也吸引来了国际大型企业的投资。联合汽车电子公司也见证了柳州工厂的起步、爬坡和扩张。这家致力于提供汽车动力总成和车身控制系统解决方案的合资公司,随着上汽通用五菱步步攀高的鼓点,在2011年加入了柳州建厂的行列。它与五菱的乘用车工厂柳东宝骏基地之间只有6千米的距离,来往穿梭的货车,充实着柳州汽车城的每一寸土壤。上汽通用五菱的产品从微车发展到乘用车、电动汽车，而联合汽车电子的柳州生产基地也在不断拓展业务。2018年落成的二期基地，产品已经从发动机控制产品，增加到车身电子产品、变速箱控制产品等。同样，上海延锋汽车内饰系统、法国弗吉亚，也都陆续在柳州安营扎厂。

一锹一个坑，一铲一把土，柳州汽车产业的基石，随着"火车头"的拉动，在不间断地壮大。如果没有领先的龙头企业，一个地区的汽车产业很难有未来。1992年，通过技术转让的形式，中国贵州航空工业集团正式引进斯巴鲁REX车型，生产云雀微型汽车[5]。1998年，富士重工与贵航合资，投入4.5亿元重新打造贵州云雀[6]，这比上汽通用五菱合资公司的成立早了四年。彼时，正逢中国汽车合资最繁忙、也是最好的时光，而且贵州云雀还是国家全力扶持汽车的微车基地，一时光环无数。然而，时光就像筛子一样，岁月似水漫过去，留下的总是少数。贵州在2021年的汽车产量只有大约8万辆，处于全国省市汽车产量的倒数几名位置，而广西已达到了190万辆，全国省市排名第六，仅次于广东、上海、吉林、湖北和重庆。这一刻，缔造了上汽通用五菱的中外合资模式的定海神针——"不求拥有、但求所在"，再一次彰显了它巨大的生命力。这种开创性的模式，为本土留下了宝贵的汽车血脉，带着柳州的泥土和根须，一起向上拔。一时的股份之争固然重要，但企业持久的发展，如同独木成林的老榕树般的倔强生命力，才是最好的回报。

[5] 安放、阎明炜、孙莹等：《消失和新兴的品牌，值得信任吗？》，《家用汽车》，2016年第12期。
[6] 耿慧丽、贺北时：《贵州云雀命运仍多舛》，《中国汽车报》，2005年7月11日，第A06版。

第八章 极简主义

第九章

2021年

为国征战

9.1 进退之间
9.2 供应链绞杀
9.3 文化迷雾
9.4 一路闯关
9.5 学会本土化
9.6 最好的外交
9.7 陡峭的爬坡之路
9.8 退化与逆袭

9.1 进退之间

2021年，上汽通用五菱在海外市场，实现整车及散件出口145550台（套），同比增长88%，创历史新高[1]，也将出口版图拓展到40个国家，覆盖中南美洲、非洲、中东和东南亚等地区。这其中，上汽通用五菱印尼公司功不可没，年累计销售25650辆，市场份额增长了1.3%，达到2.9%，成为印尼车市增长最快的品牌。在疫情的大环境下，五菱印尼公司营收逆势上涨，超越了当年日系车的增长幅度。

点滴，点滴，水滴石穿。国际化的出征，需要一种穿越时间的定力。

早在2004年，通用汽车希望上汽通用五菱支持通用印尼工厂的发展，沈阳曾经带队前往印尼进行考察。而2007年再次赴印尼考察的时候，在马路上看到了广受欢迎的日本丰田Avanza，以此为灵感，紧凑型MPV五菱宏光被开发出来。这些零散的记忆碎片，像是一幅长时间创作的油画，隔一段时间会添上几笔，形象变得丰满起来。

2009年，美国通用汽车、福特和克莱斯勒三大汽车厂的痛苦经历，证明了美国汽车业在全球化布局中出现了漏洞。通用汽车在破产后通过重组、再融资，重新站立起来，依然是汽车行业的"大师傅"。但时光难回，物是人非，全球化市场已经需要新的支撑。

2013年，上汽、通用汽车两大汽车集团开始认真地讨论在新兴国家的分工。集团化的战略分工开始在全球进行布局。而成本领先和差异化已经是上汽通用五菱独特的

---

[1] 黎冲森：《七大战略支撑力促中国五菱新能源战略落地》，《汽车纵横》，2022年第4期。

竞争力，成为新兴发展地区的战略护盘者。

机会，来了。

2013年中国政府在印度尼西亚正式提出"一带一路"倡议，上汽通用五菱也决定乘着政策东风，南下出海。国家要"走出去"，制造业是最重要的板块。上汽通用五菱决定将国际化业务，作为三大战略板块之一，从初期的单一整车出口贸易模式，逐渐尝试更多的跨境制造模式。

东南亚依然是一个充满诱惑力的市场，而印尼无疑是重要的滩头堡。五菱具备低成本、高价值、商乘两用方面的优势，正如一把突破的尖刀。

第一站，目标就是印度尼西亚。

印尼在地域上离中国本土不算太远，而且也不陌生。早年间，在印尼的偶遇就曾激发设计五菱宏光车型的灵感火花。

2013—2014年，受到畅销车型的鼓舞，上汽通用五菱公司感受到了自身发展磅礴的活力，一种齿根向上的力量让大家群情振奋，斗志昂扬。在国内大战SUV汽车市场的同时，强烈的"走出去"的国际化策略也开始不断回响。2015年6月，上汽通用五菱印尼汽车有限责任公司正式成立，制造销售五菱品牌汽车。上汽通用五菱成了中国在印度尼西亚投资最大的中国汽车制造企业。董事会授权上汽通用五菱全权管理和建设印尼公司，实现直接决策。

终于等到了这一天，柳州车企可以放开手脚了。

印尼市场充满了诱惑，看起来是一个完美的汽车销售之地。印尼是全球排名第四的人口大国，共有2.6亿人口。而且，它是东南亚国土面积最大的国家，2010年印尼

---

[2] 木佳：《人均GDP升至1703美元》，《中华工商时报》，2006年1月26日，第001版。

的人均GDP就已经超过3000美元。中国人均GDP在2005年约为1700美元[2]，而那正是中国汽车市场大爆发的年代。

然而，相对于摩拳擦掌的上汽通用五菱而言，开拓国际化市场，一向纵横四海的通用汽车，情绪却有点低落。在这里，美国汽车企业始终无法获得与它们全球巨头地位相匹配的徽章，等待它们的总是失败的尝试。

早在1995年，通用汽车就在印尼首都雅加达附近，建立了一个拥有500名员工的工厂[3]。2005年通用汽车开始陷入窘迫的时候，那里就开始停产。2013年5月，带着一款从巴西引入的全新小型MPV，通用汽车卷土重来。工厂重新开工，并将雪佛兰Spin面向印尼及其他东南亚市场销售，通用汽车认为这是一款价格低廉、性价比高，且能征善战的车型。

通用汽车的雪佛兰Spin试图跟在印尼畅销的丰田Avanza掰手腕。然而，雪佛兰Spin大部分零部件需要从国外进口，售价约1.2万美元，完全缺乏竞争力。通用汽车在印尼市场寄予厚望的这款七座汽车，始终无法获得能让工厂持续运营的销量。2014年，组装厂中雪佛兰Spin的产量仅为1万辆左右，而在印尼本土销量为8412辆。通用汽车一向在国际舞台上的长袖善舞，似乎失去了功力。2015年2月，通用汽车称，印尼汽车工厂将永久性关闭，500人的工厂团队也就此解散。工厂设备和生产线则全部打包，转移到印度。但在印度也没有开展生产，这些从印尼运过去的设备，最终还是报废成一堆破铜烂铁。

同时期，通用大宇在泰国生产的两个品牌汽车，开拓者（Trailblazer）和科帕齐（Captiva）也呈萎靡不振的状态。市场销量越来越差，泰国的工厂关门或被出售，也

[3] 通用汽车勿加泗（Bekasi）工厂。

只是迟早的事情。

败局已定。通用汽车的国际运营总裁，对通用汽车公司多年来在东南亚生产基地的反复调整，已经彻底失去信心。通用汽车基地无法匹配市场需求及成本的变化，这是国际化的挫折，必须"止血"。通用汽车在澳大利亚的汽车生产也随时处于停摆的状态。2015年是通用汽车全球大撤退的一年，它还要用三四年的时间，才能彻底吸收这种战略收缩的阵痛。通用汽车对东南亚地区似乎已经失去兴趣，它将核心业务转向了中国和美国市场。还有，它需要聚精会神地迎接电动化和自动驾驶的挑战。

即使是带着韩国、巴西的经济型轿车，通用汽车依然无法在印尼生存，挂着通用汽车全球品牌的光环也不行。

在这里，一个可怕的对手，已经驻扎多年。

9.2 供应链绞杀

通用汽车不得不退出印尼市场，因为这里的日系车早已居于垄断性地位。由于多年来在东南亚地区深耕，日系车在印尼市场独占鳌头。

那么，日本企业是如何垄断东南亚汽车市场的呢？

这就是供应链的死亡缠绕。好像是蟒蛇对猎物的缠绕，是经过计算的。无论蟒蛇自身有多长，其缠绕点位都很精准。它能够准确地感知猎物的心跳，然后将缠绕力量全部用在心脏附近的位置。它没有多余的动作，也不会随意进攻，动作简单直接，就是迫使猎物的心脏因血液停止流动而坏死。这种方式，导致了致命性的不可逆。

在东南亚国家，日本汽车企业就用这种如同蟒蛇捕猎般的供应链绞杀力量，迫使欧系车企、美国车企等的雄心千里的国际化战略严重受阻，直到退出市场。在印尼，以丰田、大发、铃木、本田、三菱等为代表的日系车品牌几乎主宰了90%以上的市场份额。福特、通用汽车、大众等外资品牌先后退出印尼市场。中国的一些自主品牌也曾经尝试以直接出口或小规模CKD的方式拓展印尼市场，但效果并不显著。

通用汽车公司一直看好印尼的汽车市场潜力，将韩国、巴西、美国的三个车型轮番引进，奋斗了十年，依然是折翼断翅。通用印尼工厂也是两建两关，生产基地始终无法扎根。最后只好将设备全被拆卸打包，转移到印度工厂了。

这是国家供应链之间的较量。

日本何以独霸了印尼汽车市场？源于供应链打包出海的方式。产业转移，向来是犹如一片森林的开垦，而非一棵独木的移栽。日本车企没有单打独斗，而是有一套完整的打法，重点是综合性的工业命运体的转移，而非一个企业生产基地的落地。无论是供应链、物流、情报还是金融，它从各方面体现出令竞争对手望而生畏的力量。一个国家的供应链，对战一个企业，结果可想而知。

日本的综合商社往往神出鬼没，它以情报收集取胜，但却同时具备金融、物流、贸易等多样化功能。日本伊藤忠商事株式会社是最为典型的代表之一。它对当地的情报获取相当到位，任何一个新来的日本企业，都有可能从它这里直接获得潜在顾客名单等建议。它的体量也很大，2014年以552亿美元收入名列世界财富500强的第183名[4]。而日本排名第一的三菱商事株式会社收入则达到750亿美元。

这种集情报收集、产业和金融为一体的复合体，在中国甚至也找不到能直接对标的对手。从某种角度而言，这也是中国制造国际化还没有完全成熟的一种表现。在印尼，正是类似伊藤忠这样的商社，帮助日本制造企业精准地寻找到猎物的心脏。

这是一场供应链的绞杀。日本已经耕耘多年的零部件厂商，可以给其他国家制造业企业供货，但是可能需要按照三倍以上的价格。银行也是由日本财团控制的，如果别国企业需要放贷服务，门槛大约要提高50%。印尼是一个多岛的国家，交通非常不便，如果运输车辆，需要采用日本发达的物流运输体系，物流费用也会歧视性提升。

还有更加隐蔽的绊马索。日本影响和主导了印尼汽车市场的法规、标准、政策等，形成了行业壁垒，使得欧系、美系的汽车产品难以在印尼形成足够的竞争力。2013年，印尼正式签署了低成本绿色汽车计划（LCGC），提供各种优惠条件，大力

---

[4] 伊藤忠商事株式会社在2018年收入大跌一倍，2020年收入约为1005亿美元，世界财富500强地71倍。

推动小型车的发展。在此前很长的时间里，凭借印尼政府想发展轻型车和绿色车辆的契机，日本一直帮助印尼政府出谋划策，提出相应法规，进而促成了印尼发展轻型绿色小车的产业政策。日本一向以轻型车取胜，于是通过精密的计算，给其他国家的车企挖了一个深深的大坑。例如，要求转弯半径在4.5米以下，很多企业做不到，除非改轴距，这意味着必须重新设计车辆。再如，要求发动机排量必须在1.5升以下，也框住了很多国际汽车品牌公司。此外，对油耗、售价等也都有定义，符合条件才能享受零税率的优惠。

日本制造业用软绳子绊倒了其他国际汽车厂家，导致它们基本全部出局。这些门槛对其他国家的汽车企业进入印尼市场造成障碍，甚至封闭了发展之路，日本车企则可以在印尼汽车市场上长期雄霸一方。

在印尼，连银行也遵循日本的规范。印尼银行和金融公司从业人员的资格考试都是由日本出题的，以前甚至需要去日本考试。这，就是话语权。这，就是蟒蛇供应链。

当一个国家的经济发展到一定程度时，就可能会对外采用经济捆绑的方式，把大量资源投放到发展中国家，开展各行各业投资合作。印尼地产商金光和日本财团合作，一起经营工业地产。日本财团背后可能是三菱商事、丰田通商等企业。在印尼的银行体系中有很多合资银行，所有汽车公司背后都有日本银行的支持。

在流通领域，日本汽车在印尼成立了很多销售公司，同时整车和零部件生产企业一起到印尼，建立全产业链的布局。后来，韩国和中国台湾地区的零部件也慢慢进入印尼市场，基本都是围绕日本整车的配套。这些企业虽然都是受益者，但无一例外都是为日本汽车服务的。日本汽车在泰国的布局也采用了同样的方式。

雷诺的前CEO路易·施伟泽在《我的雷诺岁月》一书中曾经感慨，日本汽车培育市场的耐心和赔钱的耐性举世无双。日本在进入非洲市场的前15到20年几乎都是赔钱的，在东南亚也一样。但到了2005年的时候，东南亚和中东，几乎全是日本车的市场[5]。

丰田汽车进入中国市场时，也是相当的隐忍。2000年日本丰田汽车与天津汽车合资，建立天津丰田汽车公司。而实际上这个项目正式批准之前，丰田已经将麾下近30家零部件供应商带到了中国。早在1995年，它就在天津成立了丰田汽车国产化技术支援中心，为进入中国做了充分的准备[6]。

丰田汽车有足够的耐心等待中国市场的成熟，但这种等待只是表面上的。丰田通商，则是先行一步的前哨[7]。1993年8月，丰田通商就开始在江苏昆山建立中国第一家生产铝车轮钢圈的汽车零件生产厂，后来陆陆续续建立了25家汽车零部件生产厂。这都是为了配合未来丰田汽车的登场。这么多服务企业的生产能力，很多是被闲置的。如果单纯考虑投资回报，这样的企业是不值得投资的，但是丰田通商的行为耐人寻味。它正在为丰田汽车中国市场的出生，打下长远的基础。这是日本企业海外扩张的典型路径，日本前期所做的调研可能是全世界最全面细致的。一个国内市场行业的调研项目，有三分之一的出资人都来自日本。

丰田汽车进入中国市场不是从正面战场入手，而是从天津小客车（1998年的夏利）、四川大客车（2000年柯斯达）的合资入手。然而当看到中国轿车市场的成熟后，丰田立刻行动起来，在2002年推动它的合作伙伴一汽集团，分别整合了这两家企业。这样，它就可以腾出一只手来，2004年跟广汽集团形成广汽丰田汽车厂——当时政策规定一家外资车企只能有两家合资企业。就在同一年的早些时候，广汽丰田发动

[5] 路易·施伟泽:《我的雷诺岁月》，杨文千 译，青岛出版社，2009，第146页。
[6] 中国汽车工业协会:《中国汽车工业改革开放30周年回顾与展望（1978—2008）》，中国物资出版社，2009，第124页。
[7] 白益民:《三井帝国在行动: 揭开日本财团在中国的布局》，中国经济出版社，2008，第174。

机工厂已经奠基落地。成熟的棋手，往往都是多手棋子落下，没有单手棋。了解了这种侧面围打的战略定力和瞬间爆发力，就可以理解为什么丰田看上去进入市场最晚，但最后依然能名列前茅。

事实上丰田汽车进入中国市场很晚，只是一个误解。其主力产品的进场时间，让它看上去落后于其他厂商。但实际上，丰田一直在蓄力做周边围攻，同时在收集情报理解中国市场。多年国际化经营的丰田，早已深谙此道：国际汽车市场的开拓，永远都是一场马拉松，不在于一时之勇，不争一时早晚。

当然，日本汽车品牌内部之间也有竞争。在印尼，丰田旗下大发品牌的小型车，就在力战铃木。本田、三菱也都在其中鏖战。日本丰田系的零部件供应商中，有一批是最亲密的合作伙伴，甚至通过技术共享、资源共享、互相参股等方式进行绑定。其背后，商社、银行等则有相同的股东身影。这是更大范围的盘根错节的竞争与合作。然而，这是一个闭门角斗场，其他国家的竞争者则干脆被关在门外。

在这里，只有更多的制造商扎堆积聚，才能将上游供应链牢牢稳定住，真正实现成本的降低。这里所需要的协同助力已经超越了公司与公司之间的竞争。这是一个国家供应链集体深化国际化的根须。

9.3 文化迷雾

尽管印尼的汽车市场充满了围猎的味道,但也并非无懈可击。印尼的日系车往往是老旧的第二代车型,日本汽车企业正在那里延长着产品的寿命,充分享受技术周期拉长带来的丰厚利润。而上汽通用五菱的车型,很多都采用全新的汽车电子技术,而且对成本有着足够的自信。是不是可以有机会冲击一番呢?

印尼市场的大环境和中国乡镇非常相似,对于定位较低的高性价比车型有着庞大的需求,而这一点正是上汽通用五菱的强项。十年时间,2010年印尼的中产阶级比例上升为56.5%[8]。印尼人喜欢家人朋友一同乘车,因此微型面包车的销量一直遥遥领先。印尼汽车市场销量中,约有30%的份额为MPV车型[9]。印尼市场反馈对简单的多用途面包车的兴趣与日俱增,因为这些车通常有三排座椅,可容纳七或八个人。这正是上汽通用五菱最擅长的车型,秉持低成本、高价值和差异化的优势,其有机会跟日本车企进行较量。

早先埋下惦记的种子,到了合适的季节就会破土而生。在沈阳第一次去印尼调研后的第11年,多年的梦想成真。尽管当地的日本厂商抱团排外,早已布下铁桶阵,但上汽通用五菱仍然带着自己的兵团,踏足印尼,重建新生力量。2014年下半年,在上汽通用五菱柳州河西基地红楼的附楼一层,自主海外基地项目启动了,成为未来印尼公司运营体系的孵化场。并且,以印尼国际电话区号为代号,"0062项目组"命名成

---

[8] 吉丽亚:《上汽通用五菱:从埃及到印尼》,《汽车观察》,2017年第6期。

[9] 郑文清、胡多君、彭辉波:《浅析印尼乘用车市场现状及发展趋势》,《时代汽车》,2022年第4期。

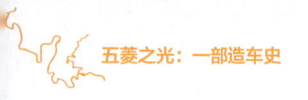

立。这种充满灵性的目标生动化，在上汽通用五菱到处可见。顾文思义，每个人都知道公司在干什么。

但要在印尼怎么做，却到处都是问号。首先要确定的是，工厂选址在哪里？印尼幅员辽阔，但汽车产业的发展并不均衡，几乎所有的主流汽车主机厂都集中分布在雅加达以东50千米内的工业长廊中。印尼所有的工业地产项目均为私人企业所有，对于当时人生地不熟的0062项目组成员来说，选择与哪家工业区合作感觉都像是陷入了重重迷雾。"权证陷阱""交通症结""征地被动""能源困境""私人主导""中央与地方政令不一"等印尼特有的土地问题统统摆在项目组面前。经过反复研究，上汽通用五菱最终选择了印尼西爪哇省班加西县芝加朗工业区中的一个地块。那是一块凹地，填了很多土才达到地平标高，地势比公路对面的工厂低一些。而对面矗立的，赫然就是日本铃木的工厂，两家企业中间只隔着一条公路。挑战，就是要打到强敌家门口！

对面的铃木汽车新工厂占地130万平方米，2013年斥资600亿日元（约合6.11亿美元）建设，2015年刚开张。铃木Ertiga MPV车型的生产由丹布虹工厂转移至新工厂，当时铃木印尼两座工厂的整车总产能接近每年25万辆。日本三菱汽车也宣布在该地块的西南购地建厂，总投资额也达600亿日元，预计年产能将达16万辆。这里还预留了一块上百万平方米的土地，原本是等通用汽车来投资的，然而就像故事《等待戈多》一样，通用"戈多"一直没有来，最后来了一家中国制造。2015年8月，在这片日本汽车厂环伺的洼地上，上汽通用五菱印尼工厂正式奠基动工，计划总投资7亿美元，占地60万平方米，其中主机厂占地30万平方米，供应商园区占地30万平方米，建成后具备年产12万辆整车的能力，而且拥有完整的四大制造工艺。

在异国他乡开展生产制造，需要融入当地的本土文化。这块经百般挑选、反复谈判才确定下来的地块，在实际建设中再起波澜。这块土地原本属于当地村民，开发商从村民手里把土地买过来再转给汽车企业建造厂房，并没有进行广而告之。在土地没有开发之前，村民们继续在那里放牛、种菜。当工厂开工建设的时候，不知情的村民们看到掘土机正在推平土地，感到非常气恼。当地村民用木头打桩子，并扎上红布，作为警示阻拦施工车辆进入。施工现场陷入僵局。后来，还是有赖本地人的指导，项目组带着礼品找到当地的穆斯林长老谈判后，工地平整工作才得以继续开展。后来每到逢年过节时，都会和村民们表示友好，比如在开斋节送头牛，给孩子们送些书包，聘用村里的人做小时工等，帮村里做点事。制造业是一个注定要扎根的长期性行业，入乡随俗，社区友好，周边的公共关系都具有特别的含义。

印尼工厂建设简直就是一次跨国搬家的行动。印尼工厂80%的部件都是从中国运过去的，甚至包括车间里的大风扇。不过，预算只用掉了80%。当时，正赶上钢材价格低，于是项目组抓住了时机在全球采购。除了水泥是在当地购买的，其他建设工厂用的大型钢构件、门窗、玻璃等都是从中国运输过去的。工厂建设也由中国企业负责实施，包括济南二机床集团有限公司和机械工业第四设计研究院有限公司等，机电设备等都是全套从中国运送过去的。

印尼上空响起了完美的中国制造交响乐，上汽通用五菱成为一个篇章的指挥家。印尼人从开始的不相信，到最后的瞠目结舌，夸奖中国企业的速度和质量是又快又好。上汽通用五菱在印尼政府层面也得到很大认同，起到了传播作用。

上汽通用五菱的工艺规范标准和设备规范标准（BOP/BOE）已经在中国复制过多次，从柳州河西基地到青岛分公司，再到2012年投产的柳东宝骏基地和2014年投产的重庆分公司。等到印尼工厂时，品质管控等已经非常成熟，因此可以实现一次完美的输出。

等到开业这一天，在日本铃木工厂的对面，上汽通用五菱的印尼工厂举办了一场声势浩大的开业典礼，大有摆起擂台之势。而附近看热闹的，除了对面的铃木汽车工厂，还有本田和三菱的汽车工厂。

号角乍起，挑战开始。

9.4 一路闯关

上汽通用五菱印尼公司导入了通用汽车全球制造体系，并且结合企业发展的现状和自身特点，对整个标准进行了大幅度的修改，采用了上汽通用五菱一贯的"低成本、高价值"的精益生产方式。这样一来，上汽通用五菱建设一个涂装车间的费用，还不到通用汽车的一半。通用汽车的策略是，建设年产25万辆的汽车工厂的预算，在东南亚地区控制到5亿美元以内。然而，按照上汽通用五菱的方式，在印尼建厂只需要花费1.5亿美元。如今，这已经是全球标杆，成为通用汽车在发展中国家遵循的标准，比如在印度、南美、东南亚等国家和地区建厂都要以此来对标。

人力成本和规模决定了工艺和装备的自动化程度。先盘算人的能力，然后才开始建立适度的自动化。上汽通用五菱坚持认为，一切都要以人为根基。就这样从一片荒地开始，建成了拥有四大制造工艺和质量检测系统的整车工厂。然而，工厂建设只是开始，供应链是必不可少的。

在印尼设立整车厂，离不开上下游产业链的伙伴。2016年3月，多年来一直在为上汽通用五菱提供配套的广西汽车集团，到印尼建立乘用车零部件生产基地，出海谋共赢。7月，柳州五菱汽车印尼公司在雅加达举行揭牌仪式，正式建成投产。这是广西汽车集团在海外的首个制造基地，总投资2.1亿元人民币，投资建设包括冲压线、焊接线、装配线在内的共6条主要生产线，打造底盘件、冲焊件等乘用化零部件的核心竞争力。

其他供应商也跟着抱团出海。中国宝武钢铁、耐世特、曼胡默尔等一批国内外知名零部件配套企业都到印尼投资建厂。16家国内供应商陆续入驻供应链园区，共同在印尼开展国际化业务。上汽通用五菱印尼公司在整车投产时，供应商的零部件厂也同时建成投产。

自带供应链也是迫不得已的行为。为了符合东南亚自由贸易区的政策要求，上汽通用五菱必须还要开发印尼本地供应商。而当时在本地供应商的脑海中，似乎只有日系品牌的产品。

如何跟印尼供应商打交道，推进五菱的制造体系？

即使是在国内最简单的工作流程，在印尼也需要对当地供应商进行解释培训，包括标准流程报价、填写进入供应链体系的相关表格、采购的一般条款等，上汽通用五菱需要一点一点培训本地供应商。

当时，上汽通用五菱调研走访了将近100家印尼企业，最后从中选择了23家作为正式的零部件供应商。它们大多数曾经接受过日本汽车公司的培训，因此总是会强调日本车企是怎么做的。对于上汽通用五菱提出的制造规则，本地供应商初期有些抵触，只能通过反复的技术方案讨论才能贯彻下去。不过，这也是一个双向教育的过程，印尼供应商也在反向教育上汽通用五菱。例如，根据在国内的经验，为了减少振动和风噪，五菱汽车顶板上的顶衬采用了很厚的材料才能达到静音的要求。但印尼供应商则认为日本车企采用的方式更好，日本大发用的材料又薄，安装又简单。只是在外边增加了两个扣子，完全不同于五菱精密的锁边方式。虽然这两个扣子看上去并不美观，但印尼人并不在意，当地的用户完全能够接受。上汽通用五菱很快采纳了这个建议，毕竟各地的审美都自成一派，各具地方特色，并没有适用全球的标准。

要想在国外站稳脚跟，建立制造基地只是一个方面。另一方面，市场营销网络的建立同样困难重重。印尼是世界上最大的群岛国家，由太平洋和印度洋之间约1.75万个大小岛屿组成。爪哇岛、苏门答腊岛、巴厘岛等人群集聚处，都成了被反复盘算之地。如何选择合适的岛屿销售点、避开日系车的强势存在，是一件令人心乱如麻的工作。

见识异国风情，会发现很多有趣的事情。在中国的商场中，也会有新款汽车的展示，人们或许会驻足观看、拍照，但是直接在商场中买车的人却很少见。但在印尼大型商场和超市中的展示区，汽车可不仅仅是用来展示的。印尼天气炎热的日子多，人们喜欢在有空调冷气的商超闲逛，专程或顺道看看汽车。受到歌舞促销活动的鼓动而临时起意的消费者大有人在。汽车展示区的旁边，经常会看到一排小桌子旁坐满了一对一签单的顾客，很多订单都是在商超的促销活动上直接进行签订的。

除了制造体系、供应链体系，销售服务体系建设也迫在眉睫。印尼的汽车经销商与当地零部件供应商有着类似的想法，初期对于五菱的做法有着同样的抵触心理，喜欢把"日本车怎么做"挂在嘴边。普遍采用金融信贷方式购买汽车是印尼汽车市场的显著特点。五菱汽车的消费信贷没有专属金融公司。如果借用日本金融体系，只能接受日本商家设置的门槛。例如，消费者贷款购车时，购买日本品牌汽车的首付款比例为10%，而购买五菱品牌汽车需要支付的最低首付款比例为25%。这大大提高了消费者购买五菱品牌汽车的条件。印尼二手车的交易也非常繁荣，同样需要依赖发达的金融体系。

信贷就像是为汽车工业"输血"，日本商家扎住了"血袋"，大大增加了中国自主品牌汽车进入印尼市场的难度。既然日本商家在信贷方面开出歧视性的条款，也只能想办法去解决。2018年9月，中国第一家海外汽车金融公司——上汽通用五菱多元金融印尼有限公司，在雅加达正式成立，印尼消费者终于可以按照首付10%的比例购买五菱汽车了。

以上这些都是与日系车抢市场，所不可或缺的条件。每一寸土地，每一条规范，每一个细节，中国制造都需要一点一点长出根芽，向下深扎。2018年，东风汽车集团利用DFSK品牌，正式在印尼推出了一款SUV车型，该车型低配置售价只有当时丰田在印尼在售SUV"CHR"价格的一半。上汽通用五菱和东风汽车的共同点是扩大了在印尼的生产规模，并以低价格为武器挑战日系车的传统优势地位。越来越多中国制造"走出去"，真的是一个好消息。

9.5 学会本土化

上汽通用五菱印尼工厂采用全散件组装（CKD）的生产方式。即使五菱宏光在国内已经是相当成熟的车型，但刚在印尼落地时，一下子还是有些不适应。2017年7月，五菱印尼公司首款产品——五菱Confero S正式下线，它的名字Confero是"相聚""在一起"的意思。它以国内的五菱宏光为基础，正式进军印尼市场。

在产品上市之前，广告已经播出，并发给经销商几十辆车进行试驾。但就在试车的过程中，却连续接到了变速箱出现故障的反馈，而这是在中国未曾出现过的故障。五菱宏光在国内市场销售数量达数百万辆，怎么会出现从未遇到过的故障？五菱印尼公司立刻启动了应急模式，十几个骨干被分到了各地经销商现场，随车观摩调查情况。

故障很快被聚焦了，居然是因为车速。印尼的道路上，基本没有安装摄像头，也没有对车速的限制。很多人会高速行驶，时速能超过150公里每小时，而中国高速公路往往限制时速在120公里每小时以内。有些经销商晚上下班开车回家，会持续十几分钟以150公里每小时左右的时速行驶，这让变速箱经历了从未有过的挑战。当时速达到150公里每小时且长时间行驶时，变速箱里的零部件很容易在离心力的作用下滑出来并卡在倒挡拨叉的位置上，从而引起了故障。

上市在即，时间紧迫，五菱印尼公司迅速从中国采购了6辆举升机到工厂，把几百辆车抬起来，拆卸变速箱总成，连夜调校。同时，做了几条简易生产线，从柳州总部火速调集人员前往印尼，把几千个零部件重新修正。紧锣密鼓地调整了两周时间，终于扫清故障，产品如期上市。

这种故障，如果仅仅通过标准动作的试驾，往往不会发生，也无从发现。然而这些不同的使用场景，在异国他乡可能就是惯例。这是国际化常见的陷阱，用惯常的思维往往会不知不觉地掉进去。

作为一个后来的进入者，上汽通用五菱要想在印尼汽车市场获得认可，就需要在产品配置上与日本品牌形成差异化。仅靠把国内畅销车型带过去卖，是远远不够的。首款产品在五菱宏光的基础上，针对右舵车型，结合当地路况，重新调校底盘。印尼的基础设施不够完善，高速公路比较少，公路质量不高。为了限制速度，设置有很多减速垄，而且过槛往往比较高。为了适应这些，在生产汽车时，通常不是靠调校就可以完成的，而需要重新做减震器、弹簧等。在国际化征程中，如果仅仅将国内制造的产品，直接拿到国外去销售，往往无法符合市场的需求。很难用全球标准，来适应不同地区的市场。

2019年，通用汽车向上汽通用五菱印尼工厂定制的2500辆汽车，以雪佛兰的品牌出口输出到泰国。这让印尼工业部长高兴不已，能够向国外输出大规模工业品，是印尼工业的开心时刻。然而，这批车辆刚到泰国，通用汽车就决定要退出泰国了。

真是猝不及防。在上汽通用五菱全球化的进程中，有一些很重要的板块是充分利用股东方的全球渠道推进的。通用汽车在泰国有渠道缺产品，上汽通用五菱刚好有产品缺渠道，原本是一拍即合的好事。但因为通用汽车的退出，上汽通用五菱变得孤掌难鸣。毕竟时间不等人，如果要以五菱品牌在当地重新进入市场，不仅要自建渠道，还要输入新产品，议价能力和品牌力都需要用时间去浇灌，这也意味着两三年的窗口期会被白白耽搁。这个变数，也阻碍了上汽通用五菱以印尼生产基地为桥头堡，辐射东南亚的策略。

在企业国际化的道路上，到处都是意外的坑。掉进坑里，一身泥水爬上来，继续闯关、继续爬坑。国际化那些形象高大的华丽长袍之下，滴答着满地泥水。

9.6 最好的外交

落地制造，是最受欢迎的外交土壤。上汽通用五菱团队在2015年第一次拜访时任印尼工业部长Saleh Husin的时候，后者感觉这种主机厂和供应商园区同时落地的项目，像是在痴人说梦。Husin有足够的理由半信半疑，因为从来没有中国制造企业会如此高调。对于印尼政府来说，这是一个投资很大，而且是第一个非日资的整车厂投资项目。上汽通用五菱到底是一个什么样的企业，敢进行这么大手笔的投资，他们该不会只是想找个理由见见部长吧？

半年之后，当上汽通用五菱团队再次去拜访的时候，Husin惊讶地发现，对方居然带着60万平方米的土地合约而来，而且要在两年内建立起汽车工业园。奇迹，正在落地。

随后Husin应邀来到上汽通用五菱的青岛基地，繁忙的车间让他为之折服。在五菱宏光和宝骏730前，这位兴致盎然的部长跟大家一起反复合影。他脱去厚重的防寒外套，穿着整洁的白衬衣，说要为五菱汽车留下最美好的形象。

"我要为五菱代言。"

"请将我和五菱汽车的照片发给所有的印尼主流媒体。"

"我为五菱做免费的广告。"

昔日的怀疑者变成了中国制造的粉丝。这位被中国制造的魅力所俘获的印尼部长，成为中国制造故事最好的讲述者。他后来不断地跟印尼内阁成员、地方官员、各路投资者等反复讲述五菱的故事。帮助一家敢想敢为、勇往直前的企业，帮助一家中国汽车企业挑战印尼市场日资企业独霸的局面，成为他任内最为自豪的一件事情。

"这个故事我会一直讲下去。"这位前工业部部长的誓言，并非客套，也不是孤例。在每一次汽车展览会上，印尼政府的工业部部长和商业部部长都会到五菱汽车展台上合影留念，这是他们认为最好的一种支持方式。总统先生也是常客，作为一个不会说印尼话的外资企业，上汽通用五菱敢于在印尼进行如此大的投资，让他钦佩不已。在印尼，很多工厂不愿意使用女工，因为担心工作效率不如男工高。而上汽通用五菱则做出了一视同仁的表率，五菱印尼工厂的流水线上有不少女工。由于很多当地员工是穆斯林，一天要祷告五次，在早上、中午、下午的上班时间内都要做祷告。上汽通用五菱为了尊重当地习俗，在车间里设置了祷告室。由于周五祷告需要集中礼拜，工厂里面还专门建有清真寺。这一切，让一位前来参观的印尼部长非常感动，他认为这才是造福本地的好企业。

制造业对于本地就业的推动及创新发展，正在受到全球各个国家的重视。东南亚地区更是如此，如何把制造留在本地，成为各个政府关注的主题。印尼是全球镍矿资源最丰富的国家，其镍矿资源储量约13亿吨，探明储量6亿吨。镍是制造锂离子电池的主要原料之一。印尼正在通过限制原材料出口，把制造留在本土。这正是中国制造走向国际化要面临的现实。

日本汽车在东南亚市场并非铁板一块，电动汽车就是一个巨大的软肋。上汽通用五菱的全球小型电动汽车架构（GSEV），重新定义了小型电动汽车的空间、安全、能耗、能源补给及相关服务。依靠本土基地的优势，上汽通用五菱积极参与印尼新能源汽车相关政策和技术标准制定、生态建设规划等工作。2021年4月，在印尼雅加达举办的国际车展（IIMS）上，印尼新能源汽车协会在五菱展台宣告成立，五菱汽车是印尼新能源汽车协会的主要成员。这是印尼汽车协会第一次脱离了日系车企的掌控。

电动汽车的法规需要遵循何种标准，如充电电压是380伏还是220伏、充电接口如何定义等，把中国业已成熟的标准移植到印尼，作为印尼的电动汽车规范，将为中国电动汽车的国际化迎来难得一现的窗口机会。如果说当年日本凭借低成本绿色汽车（LCGC）政策，圈住了印尼的小型车市场，那么电动汽车市场将是一个全新的机会。

随着"一带一路"的进一步深化，中国制造挑起主角的时候到了。中国在跨境电商和国际贸易方面已经有着充分的经验，但是如何围绕制造基地，向外部大市场增加影响力，还是一个新题目。上汽通用五菱正在努力做题。如果能够顺应本地化潮流，制造也将成为最完美的外交。

9.7 陡峭的爬坡之路

日本企业在全球的收益和规模，通常并不比在本土差。据统计，2021年日本的海外资产相当于国内GDP的2倍多，其制造的优势遍布全球。全球化旅程从来没有平坦路，汽车行业尤其如此。中国制造奋起直追，一批先行者正在杀入赛道。

在南美洲西北部安第斯山脉东侧的高原上，坐落着哥伦比亚共和国的首都波哥大。这里是哥伦比亚最大的城市[10]，以出产咖啡和翡翠闻名于世。然而，对于汽车而言，这里却到处充满了奇特的龟速行驶的景象。

波哥大城市近郊山岭环绕，这里有一条全长近80公里、平均坡度4%的公路，一直蔓延爬升直至海拔3200米，是全球自行车骑行者的爬坡天堂。美景当前，汽车驾驶人却无心欣赏，叫苦不迭。在长距离的上坡路段，有时候单向只有一条车道，当遇前方有公交车以较低速度行驶的时候，无法实现超车，就只能低速跟行，可能二三十公里的坡道要连续行驶半个小时甚至更久。而厄瓜多尔、哥伦比亚到处都是这种起伏不平的弯弯山路。坡起、坡停、坡起……每一个入场的汽车制造商都要解决高海拔地区汽车爬坡困难的问题。为了适应当地的地理环境，上汽通用五菱需要反复试车，通过增加变速器的传动比，从设计源头应对坡道起步频繁的状况。作为上汽通用五菱重庆公司生产的五菱宏光V出口车型，正挂着雪佛兰N400的金领结，愉快地吹着口哨向坡而上。

[10] 也是南美洲第三大城市，人口数量超过1000万。

墨西哥人口数量超过1亿，年汽车消费市场体量达130万辆，是中国整车出口的主要市场之一，也是中国车企必争之地。墨西哥平均海拔在2000米左右，在多鹅卵石的路面上行驶的噪声问题常年困扰用户。墨西哥气候多雨，内涝情况时有发生，汽车经常要过水，这对于制造涂装而言是一个不小的挑战。而且，要进入墨西哥市场，必须满足美标排放标准才行。

上汽通用五菱根据墨西哥市场的要求和特点，对宝骏530进行针对性开发，车身零部件的材料则反复优化，确保能抵御墨西哥多内涝的腐蚀环境。为了迎合墨西哥用户对手机投屏这一功能的大量需求，开发了宝骏530车机系统，支持苹果手机和安卓手机投屏功能。

在项目开发过程中，试验车在墨西哥的测试标定工作，由通用汽车技术团队协助完成。在高原标定试验中，工程师们需要在凌晨一两点钟，与通用汽车墨西哥工程师线上沟通。克服时差跟克服海拔差一样，都考验着中国工程师和墨西哥工程师的合作默契。

2021年3月，以宝骏530为原型的雪佛兰Captiva登陆墨西哥市场，不到半年就以18%的市占率力压本田、丰田等竞品，夺得紧凑型SUV细分市场第一名。到了2022年4月，它已经成为中国出口汽车数量排名第一的车型。每一个致力于全球化的制造商都在寻求一种普适车型，在全世界寻找合适的市场。这是延续产品生命周期最好的方式，这也是全球化策略给人留下的深刻印象之一。宝骏530正在悄无声息地成为全球车而征战西北东南，从2019年年初开始，已经陆续衍生出3种海外版本，分别以雪佛兰Captiva、五菱Almaz、名爵Hector的身份登陆印尼、南美、泰国、印度等市场，成为全球首款悬挂4种品牌车标并远销19个国家的SUV。宝骏530，成为一个跨国公司和跨国集团熟练配合演奏的乐章。国际化考验灵活性，而制造、品牌和渠道可以实现国家之间的交叉型组合，使得中国制造走向全球市场。

久久为功的含义，正在被耐心的中国汽车制造商重新表达。

9.8 退化与逆袭

对于全球化,不同汽车企业有各自的发展思路。日本车企的区域化标准适应性较强,美国车企的全球化标准则相对僵硬。日本车企往往会根植当地,做强本土化;而美国车企的全球化布局比较灵活,且全球化采购思路是哪里便宜去哪里进行采购。从这个意义来讲,美国制造的全球化更像全球候鸟式的策略。

中国制造的国际化,注定要扎根本土,结合当地用户的需求,挖掘当地人的特别关注点。上汽通用五菱这种"自主产品、自建基地、自主品牌、自建供应体系、自建营销网络体系"的"印尼模式",已经从单纯的贸易出口和价格战转型升级,进入了国际化的新时代。有竞争力的产品、低成本的运营模式、完整的供应链体系,成为中国制造的三大关键要素。

上汽通用五菱的发展已经远远超出了当初通用汽车最乐观的预期,成功地将全球资源与本土行业特点相结合,具有强烈的中国成本领先的特色。这是中国制造在全球化进程中的独特贡献,也是中国工厂现场独有的土壤,靠着车间里"黑手工程师"的智慧,摸索出独有的创新方式。美国创造业已经经历了结构性退化,售价20万元以下的汽车已经无法有效生产出来。德国车企恐怕也很难胜任,而日本也将面临中国低成本制造的深刻挑战。

大批量制造的生产节奏是高速机器的最爱。在满产时1分钟制造两辆车,工位要在

60秒完成装配任务，不能出一点差错。这得益于通用汽车全球制造体系（GMS），其也是从日本丰田引入了精益思想，并进一步改进而来。作为引入的一个全球性规范，上汽通用五菱年产量从十几万增长到两百多万辆，这种制造系统功不可没。

但是，这样的制造系统很难应对柔性化的生产需要。对于快速变化的订单，则较难支撑。上汽通用五菱的生产淡季每月可能只产5万~6万辆车，而在旺季的时候产能则要迅速拉升到20万辆。对于多品种小批量的柔性订单带来的冲击，过于标准化的制造系统很难完全适用。而上汽通用五菱坚持采用灵活的柔性生产线和低成本制造，以进一步强化自身的制造特色。

通用汽车全球制造体系作为一套全面的制造体系管理工具，上汽通用五菱从中受益匪浅。但它依然是一套工具，如何应用还需要灵活把握。比如通用汽车GMS有一条规范要求是"车身不能下地"，因为车身落地必然造成多余的动作，带来浪费和质量风险。正常生产时就应该要做到，直到总装下线之前的环节，车身都不能下地。通用汽车GMS就用这个来衡量，车身一旦挪下来，就无法按时入库；而且排序全部打乱，数量多的时候可能会直接乱套，整个系统都要改变。但是，2021年出现了缺芯片、缺电池这些前所未有的供应链危机，情况产生了大逆转。采购部门四处抢货，几十种短缺芯片，抢到哪一种算哪一种。每个月份的芯片和动力电池，到货节奏都不一样，有时会在月底集中到货。在宝骏基地，内部产能瓶颈集中在涂装环节。为了充分利用涂装的产能，同时应对每个月底的总装集中大批量生产，上汽通用五菱制造部决定打破"车身不下地"的禁忌。修改这样一个动作，会导致流程的全面修改。但有了这样的弹性系统，油漆车身就可以持续生产，然后下地存放，等芯片、电池在月底大批量到货后，再将这三样同时进入总装生产线。这样，就可以用最短的时间让好不容易抢到手的芯片、电池，摆脱涂装产能瓶颈的约束。毕竟，销售公司正在焦急地盼望着每一辆汽车的到来，到处都挤满了等待交付的订单。

汽车市场的竞争，早已经是以周甚至以天为单位，早一天把成品汽车传递到销售终端，就是早一天的胜利。这也牵涉出另外一个精益生产的概念，"零库存"多年来备受推崇，减少库存以减少资金占用。然而零库存的前提是，市场均衡和计划均衡。从目前新能源汽车爆发式的增长来看，芯片和电池极度短缺，零库存几乎完全失效。有多少芯片、电池、车身，都要进入存货，等条件都满足之后，再实现脉冲式的生产，满足井喷市场。通用汽车GMS有很多类似的规定，并没有应对弹性的变化，导致有时候会无法指导生产。这意味着，一套制造系统必须具备足够柔性，而不是都按照既定的标准。

即使在正常年份，制造现场也有无穷的创新花样，关键看是否可以吃透工艺。例如，在汽车的涂装生产线上，有一道工序是让车身所有表面都接触电泳涂料（底漆），从而起到防腐蚀的作用。通用汽车采用翻滚旋转浸涂的方式，将整个车身在电泳槽中进行360°翻转，对电泳槽的深度要求较高。上汽通用五菱柳东宝骏基地，采用的是U型池，把车身件浸入电泳池中，车身潜入进去再出来，动作轨迹像个在潜泳的人。看上去某些局部的位置可能会电泳不到，但根据车身结构、零件位置及车身电场等因素可以开设电泳孔，从而保证白车身局部密闭腔体表面可以有效电泳。而且，也可以在这些位置采用特殊材料等方法进行补偿。采用这种方式的优点是，涂漆设备简单、涂装工艺简便、生产效率高，不仅能够保证二十年内不会生锈，而且降低了设备投资。这让通用汽车从美国来的工艺专家也赞不绝口，并且在其他国家进行推广。

企业的厂房和工艺车间建设，如果只是照搬国外工厂的设备和图纸，极易导致投资成本居高不下。上汽通用五菱的管理层长期秉持着艰苦创业的精神，而且基本都具备工程师背景。只有保持在制造现场的"工作服精神"，才能读懂机器和工艺，建立起具有企业特质的专属制造系统，实现成本领先的战略。只有将车间当成现场作战室，解决现场、现物（物料）、现时（价值流）的"三现"问题，才能知其所以然，控制好细节，成为真正的成本大师。

除了制造系统的洼地挖潜，一辆车的低成本，又是如何实现的呢？

这是向来以微车之王自居的日本制造界非常感兴趣的话题。日本媒体对于宏光MINI EV的崛起，有着非常大的好奇心。一直关注宏光MINI EV的日本媒体对其低成本现象进行了仔细的剖析，并认为上汽通用五菱在超小型交通工具领域积累了开发经验，有可能占领日本汽车厂商无法涉足的市场。

宏光MINI EV的充电方式不完全依赖充电桩，而是采用了向下兼容的模式，可以直接使用普通家庭接地线的220伏三插电源进行充电。为方便用户，还配套了创新型充电插座，能够实现无须电网扩容的经济、便利化使用。此外，还创新性配备集成式高效能充电枪，体积小巧，收纳轻松。上汽通用五菱提出日行夜充，充电功率小于2千瓦，充满时长在6小时或9小时左右。这大大简化了它所需的充电基础设施。

许多应用细节都可以通过直面应用场景，而进行重新考量。

由于宏光MINI EV并不需要太长的续航里程，因此能够将刹车时车轮旋转力量回

297

收为电力的再生制动器，就完全可以去掉。这就节省了交直流转化的逆变器。电机的冷却，也采用空冷方式，而非水冷。这也是极简主义的实用性表现。由于无须搭载冷却水的循环系统，很多电子零部件也可以简化。宏光MINI EV的设计原则采用了容易替换和容易修理的原则。作为核心零部件的轴承并未采取专用设计，而是采用了符合性能的中国制造的通用产品。在某些地方，宏光MINI EV采用了消费电子类产品取代了部分车规级部件，如USB插口和摄像头等。而用户一旦有了更高的要求，也很容易自行购买更高规格的零部件进行升级。这是一种与个性化需求相结合的方式。

平台化也能很好地节省成本，如充电机、电池、空调压缩机都能用同一个电池支架模块，而且可以适用宝骏E100、E200、E300不同车型，这都会带来很好的规模化效益。

场景定义汽车，是宏光MINI EV带来的一个全新的启发。产品定位非常重要，要想清楚用户是谁。如果进一步聚焦，则是一辆车在什么场景下使用。在规划好的定位和场景下，考虑可能带来的新场景的验证和失效分析，成本空间就可以得到进一步优化。

"英国波普艺术之父"理查德　汉密尔顿在1960年2月的《设计》杂志上提出，在设计中，男人只能放弃原有的诚实理念——忠实于材料和功能且满足人类基本需求，而切换成另外一种理念，那就是面对市场需求。消费者必须和产品一样，"出自同一块绘图板"。换言之，如果要向通俗需求俯首称臣，那么最好还是先努力，去影响那种需求本身。伟大的汽车设计师阿瑟　德雷克斯勒则干脆说，设计师需要"接受精神分析的训练，培养这种爱好"[11]。

这意味着，年轻人的需求一旦被挖掘出来，不仅企业要在营销端进行调整，产品

---

[11] 贝维斯·希利尔 等：《世纪风格》，林鹤 译，河北教育出版社，2002，第160页。

设计更要快速进行适应性的变化。很快，市场营销部就发现，80%的宏光MINI EV用户都会对汽车进行改造，而且拉花、座椅套等都非常个性化。而这其中，60%的车主是女性，也是因为宏光MINI EV容易上手，不需要复杂的机械操作，而且停车极为方便。

执果索因，如何更好地满足女性用户的需求，迎合女性多样化的口味呢？汽车颜色的改变，无疑是最快的。于是上汽通用五菱紧急行动起来，跟彩通（PANTONE）色彩机构合作，共同开发汽车马卡龙颜色，如柠檬黄、牛油果绿、白桃粉等，定义汽车新时尚。这也是汽车行业第一个跟彩通色彩机构进行合作的案例。到了2021年3月，宏光MINI EV开始接受马卡龙配色预订，一时间引起了人们对汽车颜色的重新关注。颜色，本来一直是汽车制造最重要的事情。在过去几十年，汽车颜色的影响力似乎被削弱了，让位于外形和动力。

意想不到的颜色主宰重新回到了消费者的考量之中。实际上，大脑处理颜色的时间，最多只需要0.4秒，麻省理工学院的研究人员甚至认为只需要0.013秒。而营销学有一条"7秒钟色彩理论"，强调的是，在7秒钟以内，实物（汽车）就以色彩的形态形成坚固的第一印象。

颜色的作用，怎么能被汽车制造商所遗忘呢？红车身加黑车顶、绿车身加白车顶等汽车配色，受到了很多消费者的喜爱。涂装套色是一种当前主流的工艺，它可以将两种或者多种不同颜色喷涂在汽车上。但是要做成双色套色的车身，意味着原有工艺需要巨大的改进。按照原来的流程，二次套色的涂装成本往往很高。通常需要先将白车身喷涂主颜色，然后送出去烘干；烘干之后，覆盖薄膜进行遮蔽，然后再送回喷涂线上，换一种颜色继续喷涂。烘干需要时间，而烘干和喷涂各增加一次的话，会使得一条生产线的节拍直接下降一半，成为生产制造过程的节拍瓶颈。

如果重新定制全新的喷涂设备，是极其昂贵而不可想象的。这种生产线都是混装生产的，套色车与单色车都是在一条喷涂线上。如何利用现有设备提高生产线灵活性？上汽通用五菱的技术部门仔细研究喷色的流程，开发了一种新的材料配方，可以实现快速闪干，并且攻克了异类漆湿碰湿工艺、车体在线遮蔽工艺等难题。在喷涂线上一次流程没有走完时，采用快速闪干工艺，就进行第二种颜色的喷漆。同时增加工序，将喷涂程序拆解，增加手工辅助操作，从而一次流程实现两种颜色喷涂。

看上去，这是一种反自动化的操作，它甚至增加了工序和人工操作，但实现了一次面漆套色喷涂工艺。宝骏基地的汽车生产线上，大约7成的车型都需要套色喷涂，每月合计有数万台套色车。实现套色工艺的根本性变革，既能降低工艺能耗，又能大幅度提高产能。

识别用户需求，才能打造网红产品。而所有网红产品的背后，往往都是强大的制造系统在支撑。这也正是中国制造，可以进一步走向全球化的根基。用制造能力打底，守好工厂技术基本盘，与此同时更好地贴近用户需求，与已经结构性退化的国际汽车巨头进行策略性的错位竞争，占据更大的市场。

甚至，在局部地盘，可以更大胆地突围。从全球汽车发展史来看，美国、日本、德国、法国等汽车强国，统治了全球的汽车市场和标准。美国以其引领性的创新能力和庞大的消费能力，制定规则，然后做国际输出。日本以其强大的制造系统占据一席之地，德国则靠着精益求精的品质，引领中高档车的市场发展。

在电动汽车领域，在燃油汽车技术方面已经积累多年的国际车企，正在紧张地调整着未来的发展路线。中国从2009年开始就致力于电动汽车产业的发展，至今已经在电池、电驱、电控这三电领域，以及自动驾驶方面，都有了很好的积累。前方的路，黑暗不明的，需要用勇气的车灯才能照亮。中国探路者已经抢占了一丝先机。

传统汽车由欧洲、美国、日本等国外企业掌握着主导权，而现在新能源汽车还没有定义，这给中国电动汽车留下了发展机会。借助于电动小型汽车的先发优势，上汽通用五菱正在定义标准，以便在全球小型电动汽车架构产品方面抢占话语权。技术实践已经实现，而目前正是布局标准的国际化时刻。例如，以前的印尼汽车工业协会，80%的领导都是从日系车企退休的人，因此行业主导权，向来都掌握在日本车企手中。而新成立的印尼新能源汽车协会，则以上汽通用五菱为主。这是印尼的汽车工业协会多年以来第一次将独霸印尼市场的日本汽车工业排除在外。这里是为中国电动汽车实现国际化的最好舞台之一。未来，中国汽车会更坚定地走自己的路。独具的低成本能力、小型电动汽车的优势，有理由让中国成为未来电动汽车新规则的制定者。

中国制造走向中高端价值链，不能只局限在本地市场。就像当年那些勇敢的全球化企业来到中国一样，中国企业也需要逆向而行，反向寻找全球价值洼地，才能真正抬升中国制造的底盘。唯有，扬帆出海。

第十章

2022年

未来之路

10.1 电感时代
10.2 全面2C
10.3 从漏斗到沙漏
10.4 往事回甘

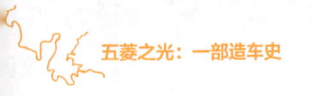

10.1 电感时代

2021年就像一个分水岭，撕裂了传统汽车制造商的赛道。混战局面在继续，但电动化和智能化正在给汽车制造带来不可逆的影响。汽车厂商在自动驾驶级别上谨慎尝试，而在动力方面则各不相让。燃油、纯电动、插混、混合动力等各种技术路线，都像是围场上的猎犬，各自扑向自己的目标。氢燃料电池也初露头角，焦急地寻找入场点。

造车新势力似乎显得更为扎眼，它们从不同的行业出发，跳过了几十年的积累，直接空降入场。它们以中央大屏幕、悬浮车顶、隐藏式把手、智能操作性等赋予汽车全新感觉，给人以一股电流般的触动。这种瞬时间击中消费者心脏的"电感"一刻，完全有别于传统汽车，正在成为新的体验追求。

初期，传统汽车制造商还略显迟钝，近两年则表现出绝地反击的姿态。老树新花起，正是争艳时。老势力能否造出新势力、与老面孔对决、与新势力对决，冲出这片混战之区？这将是一场史诗级的电感大战。

上汽通用五菱的新能源汽车从2017年开始发力，宏光MINI EV无疑是其产品中最闪亮的星，而它并不孤单。它向上的进化版，如定位为未来感摩登座驾的KiWi EV，还有迪士尼疯狂动物城限定款的五菱Nano EV，都在拓展小型电动汽车的类型空间。借助于群星战术，上汽通用五菱形成了全球小型电动汽车架构（GSEV），并且已经初具规模。它的开发理念是极简的物理平台、开放的硬件平台、融合的软件平台和智慧的云端平台。

一切触电，势不可挡。上汽通用五菱提出的柔性驱动架构（FDEV）实现了一个架构兼容纯电、混动及插电式混动等多个车型平台的战略定位。2021年11月，上汽通用五菱累计生产的第2500万辆车下线，成为中国首家产销量突破2500万辆的民族品牌车企。这些巨大的存量用户的激活，是混动平台将要征战的一个新战场。这些，都为未来的"触电"打开了一条巨大的门缝。电动汽车和燃油汽车的发展是一个此消彼长的进程，传统燃油汽车企业需要看剪刀差的形成和终止的寿命周期。在某些场景下，燃油汽车依然不可替代。而每一个传统车企，或许都需要很好地平衡油电。然而毫无疑问的是，所有的产品线都要连上电源，"触电"而生。主机厂的供应链也不可避免地需要向上游延伸。2022年3月，上汽通用五菱的股东方上汽集团，与全球最大的不锈钢生产企业青山集团，在柳州建立了电芯和电池系统的生产基地；而电芯进一步带动电池电解液精细化工和新材料的发展。这都是柳州以前未曾涉足的产业。制造的价值链正在随时代迁移，从钢铁到化工，从机械到电子，汽车厂也在变换自己的价值构成，而这也将显著地带动柳州整个产业触电。一辆汽车的电动化，也是一个城市的电气化。柳州的城市气质也在科技化、电感化。

10.2 全面2C

上游供应商变得更加紧密，而往下游看，企业更需要调整与用户的距离。多变的用户需求需要主机厂更好竖起耳朵去倾听。2022年，上汽通用五菱全面落实"2C"（To Customer，直面用户）战略。"2C"代表了一切围绕用户需求而敏捷行动的愿望。这也是上汽通用五菱在前几年智能网联汽车销售不利的情况下，重新反思而得出的新行动指南。

上汽通用五菱提出"人民需要什么，五菱就造什么"，这里包含一个重要的假设和能力。"人民需要什么"，其实是一个未来态，而不是进行时态。它一开始也许并不会被人所知，其实是一种隐蔽的需求。迟钝者想不到，怠惰者做不到。只有敏锐的洞察，通过感受社会心理无声的变化，捕捉到这一点，并且迅速采取敏捷行动，才能实现"五菱就造什么"。

当"人民需要什么"已经清晰可见的时候，以中国气势磅礴的制造力，这个市场意味着早已经成为红海。只有耳聪目明，先知先觉，才能捕捉到来自时间前方的一丝微弱的信号。时代的潮流总是一浪一浪地翻滚向前，做事后诸葛亮很容易，但人们身在其中，却是很难识别的。只有提前预判潮流的形态，才能捕捉人们潜在的需要。而这，正是考验企业家的战略判断能力。

如何将消费者心理需求的潜意识变化，转化成可以定位、可以定义、可以愉悦、可以信赖的汽车新质量。在这种情况下，由传统经销商构成的层层上报的信息网络，已经彻底失效。它跑不过时尚的速度。只有"2C"，直面用户，才能穿透传统需求感知所要经历的层层傲慢、无知和忽视。向上游看，所有的供应链也需要响应用户的需求。多个层级的供应链，被拴到一个节拍，同频波动。不用担心"2C"的商业活动是跟2B（面向企业）的商业活动相对应的。如果直面用户能做到极致，那么世界上再无2B企业，都要跟着自己的下游去适应来自终端消费者的需求变化。直面用户的节奏，最快速度响应用户的需求。

然而要实现这种节奏并不容易，首先就要打破每个人的信息茧房。企业的每个人都应该能听到用户的声音，这需要打破传统的思维。"2C"作为世界上最为简洁的口号，正是向每个人发出呼唤，作为连一个单词、一个文字都没有的最简组合，能够简化人的思维链条，最大限度地凝聚整个企业及上下游的共识。

这也正是上汽通用五菱拥有的文化特点。多年来，"目标生动化，语言简洁化"一直是其企业文化最重要的特点。2C！可以说是世界上所有组织里发出的最雄壮、最精炼的一次号角。

直面用户，读懂社会心理的潮流，差异化定位，全面"2C"地创造蓝海，才是上汽通用五菱"永远的神"。

10.3 从漏斗到沙漏

宏光MINI EV，使马卡龙颜色成了汽车的首要突出元素，让汽车与时尚有效结合，实现了边界突破。这一次，中国制造跑到了前面的无人区。它背后就是由大数据支撑的。智能产品可以跟消费者连接，因此，需要重新审视用户的使用场景，进而重新定义产品的特征。

场景驱动，使商品从眼球经济逐渐转向体验经济。而体验经济，核心在于"用"。物联网技术手段使场景得以捕捉。如电动汽车的电池，即使汽车静止的时候，电池的后台数据也是能够看到的，也就能进行预测。如果停放时间过长，也会产生放电。据此，上汽通用五菱就可以通知车主提前做好相应准备。

2017年前后，上汽通用五菱开始提供智能客服时，就发现了汽车后市场广阔的空间。由于汽车行业服务链较长，呼叫中心需求较大，涉及经销商、救援、供应商等第三方，对线下服务需求更大。

为此，沈阳的判断是，汽车企业经销模式将发生大的转变，从漏斗型的销售驱动，走向沙漏型的服务驱动。以前的销售模式是漏斗型经营，从海量陌生用户中寻找感兴趣的用户，然后引导成交，数量逐次递减，就像漏斗一样。而当车辆交付的一刹那，物主易人，车主与汽车厂家的联系基本上就被切断。然而在未来，汽车制造商的注意力将会转成沙漏型。交付车辆的一刹那，正是沙漏中间的节点，此后的售后服务就像时间沙漏的下方空间一样，才刚刚开始。在汽车交付之后，用户的个性化和功能化的需求将会得到快速反馈，促使厂家满足更多场景，从而产生"使用黏性"，创造新的现金流价值，而不仅是口碑和品牌忠诚度。

厂家的直营店，就是一种典型的沙漏型经营。汽车可以像家电一样，入驻直营店、专卖店、大卖场等多种业态。如果售价低于5万元，也可以在电商平台上搞定。

上汽通用五菱在位于上海黄金地带的南京路，建立的五菱体验中心LingHouse，就是一种生活体验空间。在这里，已经有奶茶店、蛋糕店、鲜花店、咖啡店等进驻，可以找到很多网红产品，这也是一个日常休闲之地。场景定义销售空间。这也意味着，一辆车的销售，也未必非得在4S店进行，而是可以出现在用户出入的场景之中。汽车主机厂的一个直营店的规模可能不如传统4S店，但有可能实现相当于10个传统4S店的销量。来这里的人们有着极好的服务体验，更容易产生购买行为。一天仅咖啡，也能卖1000多杯。体验中心宣扬的是一种生活理念。

上汽通用五菱决定走得更远，从而建立更多形态的沙漏型经济载体。在着重于体验的LingHouse旗舰店之外，它还开始大力推动建立LingLab服务店，提供更多美容、改造甚至洗车等服务。这里整齐洁净，富于亲和力的维修员工，很容易跟年轻的车主打成一片。

随着新能源汽车在城市物流中起的作用越来越大，上汽通用五菱与城内货运平台货拉拉的合作，也是一个沙漏型经济的典范。只要购买五菱红标品牌的汽车，成为"驾驶人之家"的会员，就可以将线下五菱4S店作为一个基地支撑。货拉拉作为平台接单，而五菱传统4S店将来或许可以变成一个个分布基地，提供换电甚至休息的场地。

再往前走一步，还可以拓展移动出行的服务。这就是沙漏型经济的魅力，从车子售出的那一刻起，它将与整个社会服务融合在一起。

一切都在探索中。那么汽车主机厂直营店的体验中心，跟传统经销商的关系是什么？这还不是一个立刻能回答的问题。但有一点，为用户提供最好的体验，是二者都要回答的时代命题。汽车厂催生发起的体验店和演化的4S店，将是未来十年最值得期待的场景。冲突之中，会寻找最好的形态。

百年老树，重回芬芳。

10.4 往事回甘

时间对于压缩过去的兴趣，超过了它想翻开的未来。任何一个人的过去所有记忆的重量，并不会比昨天来得更有分量。历史不假思索，人们无暇记忆。过去的一切，很容易像翻书一样略过，胜过一切勇敢与软弱、忙碌与悠闲、强大与脆弱的对抗。然而，人们急于找到的关于未来的答案，其实都已经以暗码的形式，藏在过去的细节之中。

1958年上马的柳州动力机械厂，是一个仓促的起点，但它点燃了柳州的工业火苗。这是中国绝大部分省市都经历过的漫无边际寻找生存的漫长工业化道路。花开花落，有些已成为缤纷落英，散落在历史的文档之中；少数存活下来的企业注定要经历反反复复岁月的清洗。这家幸运地存活下来的企业，在1999年国企改革的关键时刻，年轻的领导层，通过制度改革激发了人的热情，在危局之下，完成了精神状态的转换。而在2002年，就在中国汽车合资格局大决战的尾声，成功地抓住时代尾巴，完成了现代企业再生的决定性卡位。中国加入WTO，是一个中国制造大分流的决定性时刻，每个企业都需要回答用何种方式，叩开全球化的大门。

从2006年上汽通用五菱重夺微车市场占有率第一开始，它的"自主品牌、自主研发"的策略开始发挥决定性作用。这是在合资企业熊熊火光之中，难得留下来的"自主开发"的小火苗。它并非靠先天性的框架设计来保障，而是在血与火的战场上，用判断、用汗水、用结果，一点一滴地拼出来的。在一场看上去似乎是一边倒的拔河赛中，只有凭借判断力和意志力，才能让赛局回到势均力敌的状态，最后逆袭翻身。2009年，这家地处柳州的企业，迎来了产销量突破100万辆——而在它一开始合资的框架中，它的任务是在2010年实现30万辆。多年的造车梦想，几代人的传承接力，柳州终于迎来了自己的百万雄师。这一年，也正是中国汽车市场产销量排名全球第一的里程碑时刻。一切都是同步时，与中国制造的浪头同舞，是幸运者的奖励，也是奋斗者的特权。

在2010年，上汽通用五菱终于进入最具诱惑、也是竞争最残酷的乘用车市场，这是所有造车人的梦想。不到长城非好汉，不造轿车非车人。人在小时候会给旁人畅谈自己拥有的很多梦想，长大之后却往往会把这些愿望藏匿起来，对于将来的想法变得具象化，更容易变成油盐酱醋的重量。但对于企业家而言，这些梦想却开始越发变得单一、纯粹和执着。在合适的一刻，他们会选择告诉所有的人。

顺风顺水之时，好日子也会叠加。上汽通用五菱在2015年突破惊人的两百万辆销量、2016年销售额突破千亿元。企业的英雄主义，也得到了空前的释放，人声鼎沸。从2018年率先尝试智联汽车，上汽通用五菱则重新开始了摸石头的尝试，好像又回到了赛道零起点。在2020年新冠肺炎疫情最艰难的挑战之下，电动汽车也迎来了爆发性一刻。上汽通用五菱的宏光MINI EV，正在这个时候，第一次大规模地进入了年轻人群落。这是一片崭新的田野，正在等待耕耘。

进入2021年，芯片的短缺直接扭曲了供应链的生态，汽车工厂再也无法心平气和地采用原有的节拍来生产，一切都是从未经历过的新挑战。抢到芯片就是抢到销量，而芯片供给不由自主地向国外汽车大品牌倾斜，这对国内品牌形成了巨大的压力。即使如此，电动汽车已经走向了爆发性增长的决定性拐点。进入2022年的春天，芯片荒没有缓解迹象，上汽通用五菱也史无前例地推动"长臂创新"，牵手更上游的供应商，解决芯片国产化的问题。

供应链则继续混乱。控制器短缺，芯片荒似乎采用了车轮战，换着种类轮番缺，而动力电池的上游原材料价格也开始暴涨。目力所及，似乎所有的瓢都浮起来了。

汽车产业，面临着巨大的撕裂力。可以说，汽车秩序最近一轮的厮杀，还是发生在美国汽车和日本汽车之间的对决，并以日本汽车风靡美国市场而告终。韩国汽车的崛起也是这场对决的一个附加赛。此后至今的四十年来，全球化汽车格局，基本都是铁板一块，坚不可摧。然而电动化和智能化改变了这一格局。这块铁板正在被扔进熔炉，汽车品牌体系出现了全新的颠覆者。美国的特斯拉、中国的"蔚小理"等，在熔炉里翻腾着全新的花样。无论是老品牌还是新品牌都要为未来，背水而战。上汽通用五菱也不例外，而且努力融进全球化版图。2022年11月在印尼举办的G20峰会上，它将提供300辆五菱Air EV作为官方用车，为各国代表团提供出行保障。国际舞台驶来了中国电动汽车的身影。

从拖拉机、微型车到MPV、轿车、SUV，从五菱品牌、宝骏品牌、五菱银标的不断转型，上汽通用五菱像常青藤一般的绿意长存，跟随着每一个时代。身边的老队友渐渐不见了身影，换成了新的面孔，而它还在一直跑下去。可以说，自主品牌35年、合资公司20年的爬坡史，需要一路走来，识别社会消费心理的大周期。只有先看一眼，快人一步，才能捕获先机。上汽通用五菱能够一直走下来，靠的不仅是因为有五菱神车——神车终老，而是判断社会人口学发展趋势的五菱思维——神思常在。

时代永远是一个难以猜透的谜面。能够解码社会心理学的企业家，才是穿越周期的大师，才能跟随时代的风声，下出先手棋。望风破意，顺势而为。上汽通用五菱，比任何企业都更需要做到这一点。地处广西中北部，在造车上并无任何优势，无论是自然资源，还是供应链，或者人力资源。实际上，这里一直处于资源相对贫乏的状态，这就是为什么"艰苦创业"会成为上汽通用五菱的企业精神。长期处于饥渴生存的状态，对于战略目标，上汽通用五菱，必须争取做到一击而中。如果一击未中，就必须要快速做出反应，补击而中。就像是保龄球选手一样，最差也要在第二次出手时击倒全部。2010年，总经理沈阳前往重庆参加一个会议，同时参观了重庆长安，惊讶地发现这个昔日微车市场的老对手，有大约3000人的研发队伍，而上汽通用五菱当时只有1000人左右。对此，沈阳感慨万千，五菱一次只能做一件事情，只能开发一个产品。但做一个，就要做好一个，成功一个。毕其功于一役，才能弥补资源上的不足。

于是，一个企业跟一个城市也会形成攻守同盟。对大多数人而言，城市是人们生活与工作空间的总和，它也是人们所能见到的最好的人造组织。它有着漫长的寿命超过了父辈祖辈的记忆，用强大的自我进化能力抵御一切干扰。而企业作为最有创造价值的活力组织，从城市汲取养分、为城市提供财富，都是最重要的必修课。汽车的发展，赋予了柳州数百年来就是通衢之地的时代新含义：流动性。这正是这座城市常盛常青的全部含义，这也正是奔腾不息的U型柳江，给每一个市民带来的礼物。一年中绝大部分时候，周围的空气清爽如新，就像蛋糕上刚涂抹的奶油一样新鲜。团簇相拥的粉红色紫荆花、绿意盎然的小叶榕，纷纷点缀在街道两旁。水作青罗带，山如碧玉簪。外来的游人，很难不注意到这样独特而甜美的画意诗情。这样的山水不是没有代价的，奋斗者的汗水洒落在其中。那些每天上下班要穿越柳江两次，甚至是四次的人们，如果稍微凝视柳江片刻，或许就会意识到，在这座有记忆、有光线的江水之边，上汽通用五菱写就了一部完整的造车史，也同比浓缩了这个城市的进化史。

这就是"艰苦创业、自强不息"的真切含义。唯如此，方能跨越时代，生生不息。